PHILIPPE GRIMBERT

PAS DE FUMÉE SANS FREUD

Psychanalyse

HACHETTE
Littératures

Collection fondée par Georges Liébert
et dirigée par Joël Roman

Ouvrage paru dans la collection
« Renouveaux en psychanalyse », sous la direction
de Serge Tisseron et Éric Adda.

SOMMAIRE

PROLOGUE 11

CHAPITRE 1 *Freud, l'autre et le cigare* 13
CHAPITRE 2 *20, Maresfield Gardens* 19
CHAPITRE 3 *Freud et l'Alter* 25
CHAPITRE 4 *La cigarette de Gardel* 31
CHAPITRE 5 *Freud et sa part d'ombre* 37
CHAPITRE 6 *Une odeur de fumée (Pièce en un acte)* 43
CHAPITRE 7 *Abstinence de Freud* 53
CHAPITRE 8 *Les belles histoires de l'oncle Paul* 67
CHAPITRE 9 *Freud est prié de fermer les yeux* 75
CHAPITRE 10 *Oncle Paul ne désarme pas* 83
CHAPITRE 11 *Freud, l'adieu à l'Alter* 95
CHAPITRE 12 *Tabac à rouler* 107
CHAPITRE 13 L'Arbeitsmittel *de Freud* 121
CHAPITRE 14 *Havane* 143
CHAPITRE 15 *Freud et le cher néoplasme* 153
CHAPITRE 16 *On ne joue pas avec le feu (Autre pièce en un acte)* 165
CHAPITRE 17 *Freud, un îlot de souffrance* 173
CHAPITRE 18 *Smoking or no smoking* 185
CHAPITRE 19 *Freud, les cendres de Prométhée* 195
CHAPITRE 20 *La cigarette de l'Ange* 209
CHAPITRE 21 *Freud, la victorieuse bouche* 221
CHAPITRE 22 *Golder's Green* 227

Épilogue 235
Bibliographie 239

Remerciements

Merci à Éric Adda et à Alain Méry pour leur lecture exigeante et leurs conseils précieux, ainsi qu'à Michel Archimbaud.
Merci à Serge Tisseron pour ses pertinentes suggestions.
Merci à tous ceux, fumeurs ou non, qui m'ont fait part de leur point de vue sur la question et m'ont signalé des documents utiles à ma recherche.

POUR CELLE À QUI,
DEPUIS
LONGTEMPS DÉJÀ,
J'AI DÉCLARÉ MA FLAMME.

Eh ! M'sieur, une cigarette,
Une cibiche, ça n'engage à rien…
Si j'te plais, on f'ra la causette,
T'es gentil, t'as l'air d'un bon chien,
Tu s'rais moche, ça s'rait la même chose :
J'te dirais quand même que t'es beau,
Pour avoir, t'en d'vines pas la cause,
C'que j'te d'mande : une pipe, un mégot,
Non, pas d'anglaises ni d'bouts dorés
Ces tabacs-là c'est du chiqué…

Du gris que l'on prend dans ses doigts
Et qu'on roule,
C'est fort, c'est âpre comme du bois,
ça vous saoûle,
C'est bon et ça vous laisse un goût
Presque louche
De sang, d'amour et de dégoût
Dans la bouche.

Tu fumes pas, ben t'en as de la chance,
C'est qu'la vie pour toi c'est du v'lours.
L'tabac c'est l'baume de la souffrance,
Quand on fume, l'fardeau est moins lourd…
Y'a l'alcool, parle pas d'cette bavarde
Qui vous met la tête à l'envers :
La Rouquine, qu'était une pocharde
A donné son homme à des blaires…
C'est ma morphine, c'est ma coco,
Quoi, c'est mon vice à moi, l'perlot…

Du gris que l'on prend dans ses doigts
Et qu'on roule,
C'est fort, c'est âpre comme du bois,
ça vous saoûle,
C'est bon et ça vous laisse un goût
Presque louche
De sang, d'amour et de dégoût
Dans la bouche…

Sur les timbres à son effigie Malraux a perdu sa cigarette, un brin d'herbe a remplacé le mégot accroché à la lèvre de Lucky Luke, quand va-t-on faire disparaître de l'iconographie le cigare de Freud ?

Prologue

COMME LA FOIS PRÉCÉDENTE, lors de ma première visite, je suis ému de me trouver face au lieu où il vécut sa dernière année. La pluie londonienne a accepté de cesser un moment, pour me permettre cette pause. La maison me paraît toujours aussi charmante, une des plus élégantes de Hampstead, avec son cerisier en fleurs, sa barrière ouvrant sur un jardinet et l'avancée de son bow-window. Le quartier est calme en ce début d'après-midi, ses trottoirs luisants peu fréquentés. Je ne m'étonne pas, dans un tel moment, de ressentir le besoin d'une cigarette afin de mieux savourer cette parenthèse de tranquillité. Et bien évidemment, au moment de la première bouffée, l'image du cigare de Freud s'impose à mon esprit, inséparable de sa personne et sans doute de son œuvre.

Projetée dans l'air frais de cet après-midi anglais, la fumée de ma cigarette me fait penser à mon livre à venir : il épousera la forme de ces rêveries provoquées par le tabac, se laissant guider par le parcours fantasque des nuages parfumés qui se dispersent au gré du vent. Il empruntera des chemins de traverse, procédant de l'association libre, il vagabondera d'Hampstead à Golder's

Green, de Londres à Buenos Aires, de la tombe de Carlos Gardel à l'urne introuvable de Freud, d'un fumoir mondain mettant en scène partisans et adversaires du tabac au théâtre intime où se produisirent les premières hystériques de l'histoire psychanalytique, 19 Berggasse. Il donnera la parole à d'imaginaires théoriciens contemplateurs, élitistes, consommateurs sensuels amoureux du tabac sous toutes ses formes, historiens de l'herbe magique.

Mais surtout, sans jamais en perdre la trace, il suivra comme un fil rouge la relation de Freud à son objet de prédilection, le cigare. Car la psychanalyse, étroitement liée aux volutes échappées de la bouche de son créateur, n'est-elle pas le rêve d'un fumeur ?

1

Freud, l'autre et le cigare

DÈS SON ADOLESCENCE, bien avant d'imaginer la psychanalyse, Freud cherche un analyste. Un confesseur, aurait-on peut-être dit à l'époque, quand le terme d'analyste restait à inventer, ou bien encore un confident. Mais aucun sentiment religieux ne l'habite, qui le pousserait à faire l'aveu de ses faiblesses ou de ses manquements et il ne s'agit pas davantage pour lui de décrire dans leurs moindres détails ses expériences ou ses émotions à l'oreille affectueuse d'un proche. Non, ce que cherche le futur créateur de la psychanalyse n'est pas du côté de l'épanchement. Bien que très tôt il ressente la nécessité du « tout dire », ce « tout dire » à un ami d'élection ne consistera pas en confidences complaisantes, ses lettres de jeunesse en sont la preuve : déjà, il s'agit pour Freud de donner du sens à son expérience, du seul fait de l'adresser à un autre, l'auditeur privilégié, l'« Alter ».

Le premier à occuper cette place, Emil Fluss, originaire comme Freud de Freiberg, reçoit le 18 septembre 1872 ce message de son ami Sigmund :

> « Je tiens ma promesse de vous relater, une fois de retour chez moi, mon voyage... Je confesse la vérité nue, mais à vous seulement ; et j'espère

qu'aucun regard étranger n'apercevra ces lignes. Si cela, malgré tout, devait se produire et que vous ne soyez pas en mesure de l'empêcher, ne m'en dites rien, car alors c'en serait fait de la vérité, et vous ne recevriez plus que des phrases lisses comme des anguilles, dont vous ne sauriez quoi retirer. »

Entre ces quelques lignes écrites par un adolescent de seize ans, déjà peuvent se lire les préoccupations qui marqueront, des années plus tard, les concepts de la découverte freudienne. L'exclusivité de l'aveu, tout d'abord, destiné à un seul, l'autre, choisi pour ses qualités d'écoute, à qui l'on fait le crédit d'une honnêteté sans faille. Le « tout dire » qui porte en germe la règle fondamentale de l'association libre. Le jaillissement de la vérité, ensuite, vérité du désir qui s'énoncera exclusivement dans le strict cadre de cette relation absolue. L'idée de résistance enfin, envisagée par Freud au cas où le doute s'insinuerait dans la pureté de cette expérience, conférant alors à la parole l'aspect lisse et fuyant de l'« anguille », le poli d'un miroir, rendant inaccessible la révélation. Plutôt n'en rien savoir, dit Freud – « ne m'en dites rien » – que de mettre en péril le champ de cette relation privilégiée, dans le souci de lui conserver sa valeur unique, afin que son interlocuteur, déjà mis en position d'analyste dans ces années précoces, sache « quoi retirer » de la parole qui lui est adressée.

Avec le recul, et parce que son auteur est devenu Freud, voilà ce qu'on peut déjà lire dans cette lettre de jeunesse, en prélude à des milliers d'autres que cet intarissable correspondant, « épistolier d'une conscience rare », selon son fils Ernst, adressera tout au long de sa vie à ses âmes sœurs. Parions que Freud a donné sa faveur à ce mode d'expression non seulement en raison de la facilité de sa plume, mais encore et surtout parce que ses destinataires n'étaient pas dans le champ de son regard, cet éloignement lui permettant, comme le permettra à ses patients la trouvaille du divan, de leur livrer sans fard le contenu de sa pensée. Freud dira plus tard que l'idée de cet artifice, évitant le face à face, lui a été inspirée par son horreur d'être « dévisagé pendant des heures ».

L'intérieur de sa maison de Londres, des photographies prises avant son départ d'Autriche, mais aussi des témoignages de proches ou d'analysants nous permettent aujourd'hui d'imaginer l'atmosphère confinée du cabinet viennois de Freud, devenu le père fondateur de la psychanalyse, dans sa demeure bourgeoise typique de la fin du XIXe siècle, aux lourds meubles familiaux, aux murs surchargés de livres et de reliques archéologiques. On est tenté d'ajouter à ce cliché jauni par le temps quelques sensations auditives, celles d'un parquet ciré craquant sous les pas ou la rumeur étouffée de la vie résonnant dans l'appartement familial, de l'autre côté de la cloison. Mais la description serait incomplète si l'on omettait d'y adjoindre la touche olfactive, si souvent évoquée par les témoins de l'époque : le parfum capiteux des cigares du maître de maison dont la fumée, projetée au plafond, ponctue les interventions. Car c'est au milieu d'un brouillard odorant, allongés sur l'épais tapis d'Orient recouvrant le divan, que les visiteurs de la Berggasse sont invités à se laisser aller aux surprises de l'association libre.

> « Le mur avec la porte est derrière ma tête, et assis contre ce mur, tapi dans l'encoignure, dans cette niche à trois côtés constituée par les deux murs et le dos du divan, il y a le Professeur. Assis là tranquillement, comme un vieil hibou dans un arbre. Il ne dira rien du tout, ou bien il se penchera en avant et dira quelque chose, apparemment sans rapport avec ce qui se déroule ou au contraire dévoilant le contenu profond d'un rêve, d'une association de pensées. Il dressera son bras, quelquefois de façon un peu saisissante, pour souligner un point. Ou bien, donnant toujours à cela le caractère d'un événement, il se lèvera et dira "Ah, nous devons célébrer ceci !", et procédera au rituel élaboré – sélectionner, allumer – jusqu'à ce que finalement il s'asseye de nouveau, pendant que de la niche s'élèvera la fumée de l'encens brûlant, son doux et odorant cigare se consumant. »

Hilda Doolittle, la poétesse américaine, est l'un de ces visiteurs, logeant comme tant d'hôtes prestigieux à l'hôtel Regina et se rendant 19, Berggasse, pour sa séance quotidienne avec celui qu'elle appelle le Professeur. Lorsqu'elle fera le portrait de ce dernier dans son magnifique *Tribute to Freud*, elle ne manquera pas d'évoquer l'arôme de son cigare, attribut indispensable à la figure du maître.

Il faudra toujours à Freud un interlocuteur et un cigare, pour que son processus créateur parvienne à maturité. D'un côté l'ami de cœur, le correspondant admiré, le disciple ou l'un des membres du Comité Secret; de l'autre le Perle, le Reina-Cabana, le Soberanos ou le Trabuccos. Et autour du maître, à la mesure de celui des fidèles, le cercle des fumeurs s'agrandit. L'un d'entre eux, Hans Sachs, en témoigne:

> « Toute la journée, depuis le petit déjeuner jusqu'à ce qu'il aille se coucher, Freud fumait pratiquement sans arrêt. Il était un fumeur à la chaîne, dans tous les sens du terme. Son ordinaire était de vingt cigares par jour, généralement des Trabuccos, un cigare petit et assez doux, sans doute le meilleur produit du monopole des tabacs du gouvernement autrichien. Il aimait tant fumer qu'il était un peu irrité quand les gens autour de lui ne fumaient pas. Par conséquent, presque tous ceux qui formaient le cercle des intimes devinrent plus ou moins des fumeurs de cigare passionnés. »

Chez Freud, avant chacune des réunions hebdomadaires du mercredi où se pressent les premiers disciples, la bonne dispose des cendriers autour de la table, en destinant un à chacun des participants. Noyées dans une épaisse fumée, ces réunions, au cours desquelles se discute et s'élabore la doctrine, ont laissé un souvenir marquant à Martin Freud. L'enfant, ouvrant les portes du bureau de son père encore envahi d'un dense brouillard, s'étonnait qu'une assemblée de médecins ait pu y survivre:

> « La pièce était encore complètement enfumée et je me demandais par quel prodige des êtres humains pouvaient vivre dans une telle atmosphère et, qui plus est, y parler pendant des heures. »

Dans *La Vie quotidienne de Freud et de ses patients*, Lydia Flemm rend bien compte de l'ambiance qui régnait au cours de ces rencontres:

> « Ainsi le premier cercle intime des adeptes de Freud se réunissait chaque mercredi dans son bureau de consultation. Au bout de la longue table, le chercheur lui-même présidait, examinant avec soin son cigare de Virginie qu'il fumait, le regard grave.
> Après l'exposé de l'un des membres, du café noir et des gâteaux étaient abondamment servis... Cigares et cigarettes étaient également largement consommés; après quelques minutes de détente et de mondanités, la discussion s'amorçait, l'air bleuté enveloppant les mille et trois figurines patiemment collectionnées par le Don Giovanni du lieu. »

L'autre à qui il s'adresse et le tabac dont il s'imprègne font donc partie de la nourriture intellectuelle de Freud, qui ira jusqu'à forger un néologisme pour désigner ses cigares:

Arbeitsmittel, la « substance de travail ». Que le premier manque à l'appel et la consommation du second s'intensifie, prenant la place de l'absent quand il s'agit pour un Freud solitaire de mettre en forme sa pensée. À plusieurs reprises d'ailleurs, dans sa correspondance avec Lou Andreas-Salomé, Freud comparera la privation de tabac à l'absence d'un être cher :

> « Ma "fille-Anna" me manque beaucoup aussi : elle est partie le deux de ce mois pour Berlin et Hambourg. Il y a longtemps que je la plains d'être encore chez ses vieux (parents). Mais, d'autre part, si elle devait vraiment s'en aller, je me sentirais aussi appauvri que je le suis en ce moment, par exemple, ou que s'il fallait renoncer à fumer. » (13 mars 1922)
>
> « Jo-Fi, une sœur de ma Lün perdue, est arrivée depuis quelques semaines à peine (le 9 mars). Déjà elle m'est presque aussi indispensable que mon cigare. » (8 mai 1930)

Mais c'est aussi le tabac qui remplace le correspondant ou le contradicteur quand, dans la solitude de son étude, Freud élabore sa théorie, théorie qui – sans doute plus que d'autres – doit sa naissance aux volutes de fumée qui l'ont entourée. À d'autres moments encore, quand il s'adonne à sa pratique, c'est à l'abri des regards, « dans cette niche à trois côtés », que le maître, tirant sur l'un de ses cigares préférés, se livre à ce qu'il appelle l'« attention flottante », aussi flottante que la fumée aromatique qui se répand alors en nappes dans la quiétude de son cabinet.

Ainsi, au fil des années, se développe l'art d'une pure parole – comme on dit pur esprit – loin cependant d'être désincarnée, au vu de ses effets sur le corps qui la prononce. Parole aux antipodes d'un discours dans le désert car cet autre indispensable, relativement absent et ne se signalant que par un panache de fumée, y prend peu à peu la consistance d'une pure écoute.

L'écoute, la parole, la fumée : une trinité qui non seulement marque pour le siècle à venir l'imaginaire entourant la pratique de la psychanalyse, mais encore préside à son élaboration même, en cette Vienne fin de siècle qui assiste à la naissance de la science nouvelle.

2

20, Maresfield Gardens

JE VIENS D'ALLUMER MA CIGARETTE et me prépare, dans la solitude de Hampstead, à savourer ce moment de répit avant de retrouver les objets, les meubles, la collection d'antiquités, le divan et l'atmosphère feutrée des grandes pièces vouées à son souvenir. Je souffle ma fumée dans l'air humide, attentif aux moindres détails de la façade, imaginant au travers de la brume que j'exhale la porte s'ouvrir en cette année 1939 sur la frêle silhouette de Freud, lors de l'une de ses rares sorties

C'est alors qu'une grande femme promenant un chien s'avance sur le trottoir. Des cheveux dénoués encadrent un visage fatigué et des yeux perçants me dévisagent. Je souris poliment à son passage, ce qui la fait s'arrêter à ma hauteur.

« Vous êtes français ? » me demande-t-elle aussitôt, sans l'ombre d'un accent. « Non, non, vous êtes étranger, n'est-ce pas ? »

Je lui réponds que je suis de Paris même, et la félicite de la qualité de son français.

« C'est que je suis de Paris, moi aussi, mais je vis à Londres depuis vingt ans. »

Je lui fais compliment de la chance qu'elle a de vivre dans un quartier aussi agréable.

« Oui, bien sûr, mais c'est un peu – comment dire – *boring*, à la longue ». Elle rit, puis elle ajoute :

« Le musée n'ouvre pas avant midi, vous savez. »

Je lui dis aimablement que je suis au courant, venant ici pour la seconde fois.

« C'était un type génial, ce Freud, vraiment génial, vous ne trouvez pas ? » s'exclame-t-elle.

Je lui réponds que je partage son avis, que c'est même cette conviction qui me pousse à lui rendre visite de nouveau, n'ayant pas épuisé en une seule fois tous les trésors de cette maison.

« Vous qui l'aimez bien, vous devriez aller voir sa statue, elle est vraiment remarquable. Je ne sais pas pourquoi ils l'ont installée là-bas, deux rues plus loin, elle aurait été mieux à sa place ici. »

Elle marque un temps d'arrêt, plante son regard sur ma cigarette.

« Vous fumez beaucoup ? *I'm so sorry !* Je suis indiscrète ! C'était un grand fumeur aussi ce Freud, je crois, un grand fumeur de cigares, le sculpteur en a tenu compte, vous savez ? »

Sa bouche est animée de curieux mouvements involontaires, mâchonnements qui dévoilent une rangée de dents imparfaites, clairsemées. Elle se penche en avant et s'adresse à son chien, un petit animal broussailleux à l'œil vif, qui s'impatiente :

« Ne tire pas Angus, tu vois bien que nous parlons, Monsieur et moi ! »

Je me penche pour m'adresser au chien qui remue amicalement la queue pendant que je le flatte entre les deux oreilles :

« Tu es bien joli, Angus ! »

« Oh, ce n'est pas son vrai nom ! » s'exclame-t-elle.

Elle regarde la plaque bleue apposée à la façade.

« Nous passons tous les jours devant cette maison pour notre promenade, Angus et moi. Vous savez, nous avons gagné de nombreux concours, nous avons remporté trois prix, je suis allée avec lui chez des dresseurs afin de nous préparer. C'est toute une histoire, il faut se tenir bien droit, faire valoir ses qualités. En fait, ce sont surtout les maîtres que l'on dresse pendant ces séances, un véritable travail sur soi-même ! »

Nous nous retournons d'un même mouvement pour regarder le gardien du musée arriver, tout rouge dans son costume bleu marine. Essoufflé, il a dû gravir à la hâte le raidillon conduisant à Maresfield Gardens. Il est midi pile, le petit homme barbu sonne à la porte en s'annonçant par l'interphone. On lui ouvre la porte et, de l'intérieur, il retourne le panneau *Closed*. Sur un nouveau sourire aimable je me prépare à prendre congé de mon interlocutrice, mais elle ne me lâche pas du regard.

« Londres est la capitale des fumeurs, la moitié de l'année on y baigne dans une fumée épaisse, le fog, une véritable tabagie ! »

Elle rit, contente de sa plaisanterie.

« Un type vraiment génial, ce Freud. Mon père était médecin, il m'a expliqué comment cela marchait, quelle trouvaille tout de même ! »

Elle fait un geste éloquent qui part de ses vertèbres cervicales pour remonter jusqu'au sommet de son crâne.

« Des choses que vous avez vécues sont restées là, il faut les faire remonter ici, et alors vous comprenez pourquoi elles vous viennent, ces idées bizarres. »

Elle me demande une cigarette, que je lui allume. Elle en tire une longue bouffée les yeux fermés, pendant que j'écrase la mienne. J'attends qu'elle recrache la fumée mais rien de tel ne se produit. Les mouvements involontaires de sa bouche m'évoquent ceux que j'ai vu faire à Freud, gêné par sa prothèse dans les dernières années de sa vie, sur le film qui passe en boucle au premier étage du musée. Elle s'absorbe dans le plaisir de sa cigarette – inspiration de nouveau, mais toujours pas d'expiration – puis me regarde, un éclair dans les yeux :

« Bientôt, avec toutes ces réglementations sur le tabac, on nous demandera de dénoncer les fumeurs ! “Connaissez-vous dans votre entourage des gens se livrant à la consommation de tabac ?” Les coupables en seront réduits à se cacher pour se livrer à leur vice. Comme des enfants, à la cave ou dans les toilettes ! »

Chacun des mots qu'elle prononce sort de sa bouche enveloppé d'un halo de fumée. Pour la forme je m'indigne avec elle des persécutions dont sont victimes les fumeurs tout en lorgnant sur la porte qui affiche maintenant son écriteau *Open*. Je suis venu juste avant l'heure de l'ouverture dans l'espoir de me trouver un moment seul à me promener dans la maison de Freud. Cette perspective s'amenuise, à mon grand désespoir.

« Tout cela me touche plus que cela ne devrait, c'est sans doute à cause de ma dépression. »

Soudain méfiant, je hoche la tête d'un air compatissant, prenant garde de ne poser aucune question.

« Vous savez parfois j'entends des voix, ça fait comme des aiguilles dans ma tête. »

J'ai eu raison de me méfier. Elle fait mine de se piquer les tempes avec les ongles :

« *I'm so sorry*, je vous ennuie avec mes histoires ! Papa disait que c'était sûrement ça, ces idées qui me reviennent, c'est ce qui doit se passer quand je fais des bêtises. »

S'installe entre nous un moment de silence. Elle en profite pour écraser sa cigarette, dont le minuscule mégot lui a brûlé les doigts.

« Au fait, vous qui êtes intéressé, vous avez vu la statue de Freud là-bas ? Ils l'ont déplacée plusieurs fois, maintenant, allez savoir pourquoi, ils ont choisi de la mettre au coin de l'avenue ! Alors que devant sa maison, sous cet arbre, ce serait plus logique, non ? »

Je lâche un « bien sûr » prudent, mais elle s'anime et insiste :

« C'est extraordinaire, cette idée du sculpteur de le représenter dans la pose du fumeur ! Vous savez qu'un admirateur glisse tous les jours un cigare allumé entre les doigts de sa statue ? C'est comme à Buenos Aires, pour ce Français chanteur de tango, vous en avez entendu parler ? »

Elle ne me laisse pas le temps de répondre.

« Vous l'avez vue, cette statue, n'est-ce pas ? »

Je pèse le pour et le contre, puis me disant que dans la négative elle voudra sans doute m'y conduire, je lâche un « oui » prudent. Elle s'enthousiasme :

« Elle est magnifique, parfaitement réussie, et ce cigare allumé ça le rend vraiment vivant, n'est-ce pas ? »

« Très impressionnant ! » dis-je avec conviction pour faire bonne mesure.

« Ah, vous aussi vous avez été saisi par son regard ! Quelle intensité, quelle sagesse ! »

Elle paraît sincèrement heureuse de me voir partager son point de vue. Elle lance un regard vers la porte laissée entrebâillée par le gardien.

« C'est intéressant là-dedans ? Beaucoup de choses à voir ? »

Saisi par sa question, je m'étonne que passant tous les jours devant la maison elle n'y soit jamais allée faire un tour. Elle se trouble légèrement :

« Pas le temps, pas le temps pour rien. »

Un taxi apparaît dans l'avenue et s'arrête à notre hauteur, libérant deux touristes, appareil photo en bandoulière. Mon espoir de visiter seul la maison de Freud s'évanouit définitivement, mais l'arrivée des deux nouveaux venus attire l'attention de la maîtresse d'Angus, qui se précipite à leur rencontre :

« Vous êtes français ? »

Je profite de la diversion pour m'éclipser après l'avoir saluée et gratouillé une dernière fois le petit chien entre ses deux oreilles pointues. Elle se retourne pour me lancer :

« *I'm so sorry*, j'espère que je ne vous ai pas trop ennuyé avec mon bavardage, mais la vie ici est – comment dire – *so boring !* »

Je me retrouve dans le hall de la maison, face à la mezzanine, avec à ma droite les deux pièces tapissées de livres, de vitrines chargées de statuettes. Avant de me diriger vers la véranda pour m'acquitter de mon droit d'entrée, je suis soudain saisi d'un doute qui me cloue sur place : cette statue au coin de l'avenue avec son cigare allumé entre les doigts, cette statue du célèbre fumeur au regard si profond existe-t-elle vraiment ? Je me trouve à quelques pas du lourd divan recouvert de tapis, tout près de ce meuble sur lequel se sont allongés tant d'analysants célèbres, devenus des figures historiques de la psychanalyse et je ne peux plus avancer, taraudé par cette question qui m'apparaît tout à coup essentielle. Cette statue de Freud, si chère à la femme que je viens de rencontrer, existe-t-elle vraiment ? Et si ce n'est pas le cas, qu'ai-je répondu de façon si légère dans le seul souci de m'éviter la corvée d'une promenade non souhaitée ? À Londres, devant le portillon même de la maison du père de la psychanalyse, là et nulle part ailleurs, ai-je commis cette erreur, impardonnable de la part d'un analyste : donner consistance à un délire, confirmer, en rajoutant même que j'en avais été impressionné, la vision d'un objet n'existant que pour cette seule femme ?

Ah, je m'allongerais bien tout de suite sur le tapis moelleux du divan pour y évoquer ma culpabilité ! Pour me soulager de ce poids me vient l'idée d'aller demander au gardien, dans mon mauvais anglais, de me renseigner sur l'existence ou non de ce monument :

« *Is there a statue of Freud smoking at the corner of the avenue ?* »

Mais j'hésite, craignant tout à coup le ridicule, un regard éberlué de l'homme au complet bleu. Quelle qu'en soit la réponse l'important est maintenant dans cette question qui ne me lâchera plus, et par faiblesse je prends la décision d'en caresser le doute, sans chercher davantage à l'élucider. Si une sévère interdiction de fumer n'était affichée dans le hall je me précipiterais sur mon paquet de cigarettes.

Je passe un long moment dans la maison, respirant la poussière de tous ces souvenirs amassés, contemplant sur son bureau les lourds cendriers de marbre au fond desquels Freud a dû écraser tant de cigares. Je m'arrête devant ses nombreux portraits, mais jamais le regard du maître, sur ces images pourtant bien connues, ne m'est apparu aussi sévère qu'au cours de cette visite. Avant de partir, je reste un moment à feuilleter le livre d'or, déposé sur une table de l'entrée à l'usage des visiteurs. Puis, mû par une impulsion, je me décide à y écrire mon nom, mon adresse, la date de ma venue, et dans la case réservée aux commentaires, sous la colonne parsemée des « *Magnificent !* » et des « *Impressing !* » des visiteurs du monde entier, j'ajoute simplement, d'une écriture un peu tremblée :

« *I'm so sorry.* »

Came elle, chest air field,
weak end, cap orales...

3

Freud et l'Alter

> « On pense là, malgré soi, à une question généralement posée pour plaisanter, mais que nos adversaires formulent avec une certaine gravité : "Par qui et comment le fondateur de la psychanalyse a-t-il été analysé lui-même, puisqu'il considère qu'un tel processus est indispensable pour tous les membres de la Société ?" Eh bien ! c'est justement ce processus qui a fait de lui le fondateur : c'est sa lutte avec ce que nous appelons dans notre langage la "résistance", la résistance de sa nature envers ce qu'elle aurait aimé garder "refoulé", envers ce qui gênait son goût, y "résistait" – et c'est de ce conflit avec lui-même qu'est née une œuvre de génie. D'avoir été votre premier analysant, vous avez créé la psychanalyse. »

LOU ANDREAS-SALOMÉ écrit ces lignes en 1931, dans sa *Lettre ouverte à Freud*, rendant hommage à son maître et ami. Elle aborde ici une notion essentielle, trait distinctif qui a conféré à la psychanalyse son caractère unique, discipline occupant une place à part dans le champ du savoir, l'inconscient de son créateur y révélant au monde la notion même d'« Inconscient ». L'un des traits non négligeables de son originalité réside dans le fait que l'objet de la science s'y conjoint de façon inaugurale avec le trop longtemps négligé sujet de la science, l'observateur. Depuis cette découverte ouvrant l'intime sur l'universel, tout dévoilement d'une vérité cachée, tout acte manqué, toute interprétation formulée dans l'intimité du cabinet d'un analyste, toute production dans ce champ sera marquée du sceau de l'inconscient freudien, de l'inconscient de Freud lui-même. De Sigmund Freud, le grand fumeur, dont l'image et l'œuvre mêmes sont inséparables d'un cigare, suffisant seul à les signifier.

On ne s'étonnera plus, dès lors, que le psychanalyste soit traditionnellement représenté dans l'imagerie populaire son indissociable attribut aux lèvres : cigarette, pipe ou cigare. Qu'il se livre à sa pratique méditative dans un profond fauteuil, ou qu'il se réunisse en congrès avec ses collègues, ce sera toujours entouré d'un épais et odorant nuage.

Freud, on le sait, s'analysa lui-même, mais paradoxalement il arriva, dans le même temps, à la conclusion que l'auto-analyse était une pratique impossible. C'est ce qu'il affirme dans cette lettre à Wilhelm Fliess datant de 1897 :

> « Une vraie auto-analyse est réellement impossible, sans quoi il n'y aurait plus de névrose. »

Y eut-il alors un autre analyste de Freud que Freud lui-même ? C'est ce que l'on peut supposer à la lecture de cette lettre. On se souvient que c'est entre 1895 et 1899 environ, des *Études sur l'hystérie* à la *Science des Rêves* – avec une période plus intensive en 1897 – que l'inventeur de la psychanalyse se livra à cette démarche d'une extrême rigueur qui lui permit, levant son propre refoulement, de dégager ses découvertes fondamentales sur la logique inconsciente.

Sachant quelle place occupait l'écrit dans le développement de sa pensée et si l'on repense, entre autres, à son conseil de noter scrupuleusement le récit d'un rêve afin de se livrer plus aisément à son déchiffrage quelques jours plus tard, il paraît alors évident que Freud s'est servi de l'outil de l'écriture pour se livrer à cette auto-analyse. Les centaines de feuillets probablement nécessaires à cette démarche ont-ils fini en fumée, dans l'âtre de sa cheminée, comme cela fut le cas pour beaucoup de ses écrits, afin de jeter dans l'embarras ses « futurs biographes » ? Plus vraisemblablement sont-ils dispersés, rendus anonymes et méconnaissables, dans la *Science des rêves* ou dans la *Psychopathologie de la vie quotidienne* ? Ou bien, plus certainement encore, constituent-ils la matière de sa correspondance de l'époque, quand on sait à quel point Freud, de son propre aveu, y livra son âme ?

Englobant cette période d'auto-analyse se situent les dix-sept longues années de son amitié épistolaire avec Wilhelm Fliess. Une amitié émaillée de rencontres trop rares – que ce soit en tête à tête ou en compagnie de leurs familles – rencontres à ce point empêchées que l'on pourrait sans peine y lire la volonté inconsciente des deux hommes de se tenir à distance raisonnable l'un de l'autre, comme le laisse entendre Ernest Kris, préfaçant la correspondance Freud-Fliess :

> « Toutefois, la similitude des origines, des cultures et des situations familiales (de Freud et de Fliess), pas plus d'ailleurs que les facteurs personnels et privés, ne suffiraient à expliquer cette correspondance ; même pendant les années de leur amitié la plus intime, les deux familles ne se rapprochèrent jamais beaucoup et ne cherchèrent jamais à passer ensemble les vacances. »

Une indéniable amitié cependant, se nourrissant pour l'essentiel de cette correspondance assidue, composée de quelque 300 lettres écrites entre 1887 et 1904. Certaines d'entre elles sont réunies en un recueil dont le titre, *La Naissance de la psychanalyse*, en dit assez long sur leur importance dans l'histoire de cette science. Freud y déroule sa pensée, ses hésitations, ses doutes et ses certitudes ; il s'y livre à des hypothèses et à des développements d'une incroyable audace, bien plus encore que dans ses publications officielles, pourtant déjà en rupture avec la pensée de l'époque. Mais l'homme surtout s'y dévoile, au travers de la relation passionnée qui le lie à son confrère médecin, obéissant implicitement à ce qui fera l'essentiel de la règle fondamentale en psychanalyse, l'absence d'auto-censure. C'est cette correspondance, témoin d'un intense échange intellectuel mais surtout tentative passionnée de découverte des terres inexplorées de l'inconscient, qui reste inséparable de l'auto-analyse de Freud, peut-être simplement parce qu'elle la constitue.

Véritable analyse, correspondance proche de la libre association, cure par l'écrit, en faut-il davantage pour nous permettre de situer Wilhelm Fliess en place d'analyste à partir du moment où Freud lui-même lui assigne cette place, dès le début de leur relation ? Mais poussé par quelle nécessité ? Sans doute agi par cette urgence qui l'amène, depuis son adolescence, à faire d'un autre le dépositaire de sa parole, parfois en connaissance de cause, parfois au mépris de la réalité des faits : la force du transfert.

Sans aucun doute, ce qui lie Freud à Fliess est bien ce qu'il convient d'appeler un transfert massif, puissant sentiment le poussant à surestimer les qualités de ce dernier, à donner obstinément crédit à des théories qui pourtant s'éloignent souvent du sens de ses recherches et de ses convictions, mais sentiment ayant la vertu – typiquement transférentielle – de servir de moteur à l'avancée de sa propre analyse. Octave Mannoni en fait le constat dans *Un Commencement qui n'en finit pas*, au chapitre « L'Analyse originelle » :

> « Tout cela était déjà en germe lors du transfert de Freud sur Fliess, transfert qui, évidemment, a produit l'analyse, mais qui ne s'est pas dévoilé, de tout le temps où il la produisait. C'est Freud qui nous a montré par la suite ce que c'est que le transfert, et c'est nous qui le voyons là où lui n'était pas encore en état de le voir. »

Dès ses deux premières lettres (24 novembre et 28 décembre 1887) à celui qui sera pendant des années son correspondant préféré, Freud laisse transparaître un enthousiasme, fondé sur de simples impressions, qui cadre mal avec l'image qui est la sienne, celle d'un homme plutôt réservé dans l'expression de ses affects :

> « Je vous avoue que j'aimerais bien rester en contact avec vous. Vous m'avez fait une profonde impression, capable de m'amener facilement à vous dire franchement dans quelle catégorie d'hommes je vous range. »

> « Je ne sais toujours pas comment j'ai pu réussir à vous intéresser... mais quoi qu'il en soit je suis ravi... j'entends parfois parler de vous, et naturellement à propos de choses prodigieuses. »

Impressions qui gagneront en intensité quelques années plus tard pour aboutir (dans la lettre du premier janvier 1896) à une véritable reconnaissance de dette envers un ami dont Freud, avec une surprenante humilité, dresse la statue, lui faisant cumuler les fonctions prestigieuses de maître à penser et de médecin au pouvoir curatif sans pareil :

> « Des êtres comme toi ne devraient jamais disparaître. Nous manquons trop, nous autres, de gens de ton espèce. Que ne te dois-je pas pour la consolation, la compréhension, l'encouragement que tu m'apportes dans ma solitude ; tu m'as fait saisir le sens de l'existence et, dernièrement, tu m'as rendu la santé, ce que nul autre n'aurait pu faire. C'est avant tout ton exemple qui m'a permis d'acquérir la force intellectuelle, de me fier à mon propre jugement... et d'affronter, comme toi, avec une résignation voulue, toutes les épreuves que me réserve peut-être la vie. Pour tout cela, accepte mes humbles remerciements. Je sais que tu n'as pas besoin de moi autant que j'ai besoin de toi, mais je sais aussi la place solide que j'ai dans ton affection. »

Thérapeute et philosophe, mais aussi Autre absolu, qui donne à lui seul tout son sens au travail d'élaboration de Freud, sa lettre du 18 mai 1898 en faisant l'aveu :

> « ... Je suis si immensément heureux que tu me fasses cadeau d'un Autre, un critique et un lecteur... Je ne peux écrire si je n'ai pas du tout de public, mais je puis fort bien me contenter d'écrire pour toi seul. »

Nous savons aujourd'hui, Freud nous l'a appris, que le transfert est un concept fondamental de la psychanalyse, le levier même de la cure et la condition *sine qua non* de son succès. Le dispositif de la cure – relatif silence et invisibilité de celui qui mène la cure, frustration du patient de toute satisfaction immédiate, mise en place d'un « sujet supposé savoir » – précipite ce phénomène dans un cadre imposé, phénomène existant cependant, mais souvent de manière non repérable, dans d'autres situations de la vie quotidienne.

Dans l'histoire de l'amitié Freud-Fliess, on est alors amené à se demander ce qui a favorisé l'apparition d'un transfert d'une telle intensité, permettant à Freud de faire l'expérience inaugurale de sa propre analyse et l'engageant sur la voie de sa découverte.

Comme premier élément de réponse à cette question, on peut noter, au travers des modalités de la relation mise en place par les deux hommes, l'éloignement physique de l'interlocuteur, maintenu par une réalité géographique – l'axe Vienne-Berlin – mais également par le désir de Freud. On peut remarquer également, comme deuxième élément, l'importance du savoir supposé à Fliess, Freud accordant un crédit exagéré à la valeur des découvertes de son ami. Mais surtout, on peut repérer, dans ce dialogue à distance, le rôle de tout premier plan tenu des années durant par une frustration sévère, imposée à Freud par Fliess, dimension dont nous apprendrons, de la plume de Freud lui-même, qu'elle est essentielle au développement d'une relation transférentielle. Cette frustration, dont Fliess s'est fait l'intraitable agent, s'est exercée sur l'objet de prédilection du père de la psychanalyse, objet aimé et tyrannique, ressenti par lui comme menaçant et cependant indispensable à sa réflexion : le tabac.

4

La cigarette de Gardel

LES VENDEUSES D'ŒILLETS du cimetière de la Chaquarita sont toujours souriantes. Comme chaque dimanche, elles accueillent Teresa devant leur étalage avec des paroles affectueuses, emballent d'une feuille de papier journal son bouquet de fleurs écarlates et le lui déposent dans les bras. « Tu diras bonjour à Carlitos de notre part ! ». La vieille dame fouille dans son porte-monnaie et leur tend son billet. Elle prend des nouvelles de leurs maris et de leurs enfants – elle les connaît depuis si longtemps – mais ne s'attarde guère. Elle est venue pour lui, elle ne doit pas être en retard à son rendez-vous. Rosita, la plus jeune des vendeuses, lui lance : « Tu n'as pas oublié l'essentiel au moins ? ». Teresa lui rend son sourire et tapote son sac à main d'un air entendu. « Certainement pas ! Tu crois que je viendrais ici sans sa marque préférée ? » Elles s'amusent ensemble de la plaisanterie rituelle puis la vieille dame s'éloigne dans l'allée principale du cimetière, silhouette chétive sur l'avenue de mausolées, sa voix grave fredonnant un tango d'autrefois.

Comme à chaque fois, son cœur s'emballe lorsqu'elle arrive devant le monument blanc aux murs recouverts de plaques gravées, un coin de rue inondé de soleil où l'attend la statue de Carlos, comme l'attendrait un homme aimé, nonchalamment adossé à un mur. D'une élégance insolente dans son costume de bronze, avec à son cou le nœud papillon du danseur mondain, il avance une jambe. En marche pour l'éternité, il a glissé une main dans sa poche ; une gerbe fleurie sous le coude, il lui sourit. Son autre bras est plié à hauteur de poitrine, où sa main fait jouer un médaillon dont la chaîne serpente entre ses doigts. À sa gauche, une porte aux gonds noircis protège son sommeil, surmontée d'une pleureuse agenouillée, le visage enfoui dans un fouillis de fleurs.

Teresa contemple les médailles, les cœurs de métal fermés sur des messages d'amour, les plaques commémoratives qui tapissent les murs comme des ex-voto sur les murs d'une chapelle, des télégrammes sur le miroir d'une loge. Elle s'applique à lire toutes ces phrases convenues qu'elle pourrait citer de mémoire.

Ayer, Hoy, Manana,
Los amigos del Tango del Bar Julio,
La Societa de Vendedores de Diarios
A
Carlitos Gardel

Elle promène ses ongles peints sur les inscriptions, comme si elle voulait les graver une nouvelle fois. Elle s'assure que tout est en ordre, balaie de la main les pétales qui jonchent le sol immaculé et contemple le lieu avec une satisfaction de propriétaire.

En hommage à Carlos Gardel
Toulouse, sa Ville Natale,

Paramount Films
A la memoria inolvidable de Carlos Gardel,

À la base de la tombe, sur une plaque plus imposante que les autres, noircie par les ans, un éclat doré : le sourire du chanteur que les doigts de ses admirateurs ont poli. La voix du peuple et l'âme enchantée de l'Argentine sont là, sur ces lèvres qui ont murmuré à l'oreille de Teresa d'inoubliables tangos, qui l'ont faite chavirer sur les parquets des *milongas*, noyées dans l'épaisse fumée des cigarillos.

Comme chaque dimanche, la vieille dame se laisse aller à sa mélancolie et ferme ses yeux soulignés d'un trait noir de charbon.

Elle se souvient des musiciens de La Ventana, le pianiste, les deux violonistes et surtout ses quatre vieux complices, cambrant sur leurs genoux le corps pantelant de leur bandonéon. Elle revoit l'élan nerveux des couples de danseurs de tango s'affrontant dans l'épaisse fumée du cabaret. Femmes aux robes fendues et à la bouche de sang, collées à leurs partenaires sanglés dans des costumes d'une toile aussi sombre et luisante que leur chevelure, soufflant à leur visage les âcres volutes du tabac argentin. Teresa fut l'une d'entre elles, elle garde encore dans ses placards la robe noire brodée de perles qui ruisselait sous les projecteurs pendant que l'orchestre hachait le rythme obsédant de *La Comparsita.*

Le salut de Luis la fait sursauter. Le vieil homme vient d'arriver, son lecteur de cassettes à la main, pour se livrer à son petit négoce. Il pose l'appareil sur le marbre blanc et le met en marche. Au milieu des crachotements, la voix de Gardel résonne, couvrant l'orchestre qui martèle les accords du tango. Teresa regarde la mélodie se dérouler comme la fumée d'une cigarette, la voix aimée flotter autour de la statue et s'en aller répandre ses arômes dans les allées du cimetière de la Chaquarita. À côté du lecteur de cassettes une sébile remplie de quelques pièces fait appel à la générosité des passants.

Teresa sourit à l'écoute de la chanson familière, elle tangue, accroche sa main à une épaule imaginaire, enroule ses jambes nerveuses à celles d'un partenaire invisible et souffle un halo de fumée pour y déployer sa danse. Depuis toujours, elle a lié l'ivresse du tango au parfum du tabac, à l'atmosphère enfumée des cabarets de Buenos Aires. Elle n'a jamais pu dissocier entrelacs de la danse et volupté de la cigarette, séparer le plaisir de la mort, le risque de la passion. Toujours, elle a fumé dans ces lieux insomniaques des cigarettes qui duraient le temps d'un tango sur la piste d'un dancing des faubourgs, qui s'embrasaient et se consumaient durant les quelques minutes nécessaires aux amants pour se combattre et se défaire, l'une de ces cigarettes portant en elle sa braise et sa cendre, sa promesse de plaisir et son parfum d'interdit.

Le tango de Gardel vient de s'achever, le silence invite un oiseau à lancer un trille. Teresa fouille dans son sac et en sort une cassette qu'elle tend à Luis. « Mets-moi ça s'il te plaît ! » Un nouveau tango déploie ses volutes :

Fumar es un placer genial,
Sensual...

Le soleil décline et envoie ses ombres obliques sur les monuments vaniteux du cimetière. « *Fumando espero...* » murmure Teresa de sa voix d'alto que le tabac a rendue plus âpre encore. Un dimanche de plus est passé, il est l'heure pour elle de rentrer. Son appartement encombré de souvenirs des cabarets de Buenos Aires, ses placards remplis de costumes de scène l'attendent et le chemin est long pour les rejoindre, mais Teresa n'oublie pas le geste qu'il lui reste à accomplir. Ce geste, Carlitos l'attend, son éternel sourire aux lèvres.

Du désordre de son sac elle extrait un étui d'argent qui s'ouvre dans un claquement sec. Elle y prend délicatement une cigarette qu'elle porte à ses lèvres et se penche vers Luis dont l'antique briquet à essence fait jaillir sa flamme. Teresa en tire une longue bouffée, les yeux fermés pour mieux savourer la brûlure parfumée.

Fumar es un placer genial,
Sensual...

Puis elle se hisse sur la pointe des pieds et glisse la cigarette allumée entre les doigts de son idole, à la place exacte qui la réclame, là où le bronze jauni atteste de la fidélité du geste. L'écart entre les doigts de Gardel, à côté de la médaille, semble calculé pour accueillir le petit cylindre parfumé, dont le filtre écarlate brûle, comme l'extrémité, d'une violente empreinte de rouge à lèvres. La pose négligente du bras de la statue, d'une rare élégance, devient aussitôt celle d'un fumeur. « D'un fumeur de tango » pense Teresa redescendue du socle et regardant le chanteur projeter son mince filet de fumée au ciel.

Carlos !!
Tu voz fue arbullo
Del pobre
Tu alma se hizo carne
En cancion
Humildes et poderosos
Rindieron pleitesias a tu arte

Esta es una ofranda mas...
Son flores del alma...
Exaltacion de mi espirito
Ante tu recuerdo...
Devotamente
Teresa

Le soir est tombé, la vieille dame salue son ami Luis et quitte le cimetière d'un pas fatigué, laissant à la nuit le témoin rougeoyant de son office du dimanche, telle la lampe du saint sacrement dans l'ombre d'une chapelle de Buenos Aires. La fumée délicate déploie son ruban dans l'air tiède au-dessus du marbre blanc et Teresa, la très vieille danseuse de tango, toute petite face à l'orgueil des monuments de l'avenue Chaquarita, adresse sans se retourner un signe de la main au gardien de ses souvenirs, rendu à la vie par la grâce de sa cigarette.

Fumando espero
Al hombre que yo quiero
Y mientras fumo
Mi vida no consumo
Porque flotando
El humo me suele endormecer...
Dame el humo de tu boca
Dame que mi pasion provoca
Corre que quiero enloquecer
De placer
Sintiendo ese calor
Del humo embriagador
Que acaba por prender
La llama ardiente del amor.

5

Freud et sa part d'ombre

FREUD EST UN CONSOMMATEUR de tabac passionné. C'est à vingt-quatre ans, en 1880, alors qu'il poursuit ses études dans le laboratoire de Brücke, qu'il commence à découvrir le plaisir de la cigarette. Sa correspondance avec sa fiancée, Martha, dans les années qui suivent (1883, 1884, 1885), est émaillée d'allusions à sa jouissance de fumeur, où perce parfois une pointe de culpabilité :

> « N'est-il pas extraordinaire que je t'écrive tout à coup sur un papier à en-tête tout en fumant des cigares insipides à dix pfennigs ? »

> « Ta petite lettre et ton paquet m'ont apporté une joie indicible... Les cigares sont excellents : mon ami Teych a parfaitement raison, ils sont meilleurs que ceux que j'avais l'habitude d'acheter chez lui et que je compte lui acheter l'été prochain. »

> « Nous sommes allés au théâtre au Badener Arena dans une loge où l'on peut fumer ! »

> « Si je n'étais obsédé par la misère qui règne à la maison je me sentirais tout à fait bien. Mais je me sens si vieux ou si faible ou si mauvais que je ne puis rien me refuser. Je mange tout mon saoûl, je fume et ne puis rien faire d'autre que... le regretter ! »

Dans sa jeunesse, Freud fut également un consommateur assidu de cocaïne et publia à ce sujet, en 1884, l'un de ses premiers essais : *Uber Coca.* Ayant remarqué le pouvoir de cette substance sur ses états anxieux et ses recherches lui ayant permis de faire l'expérience de ses effets stimulants et euphorisants, il prit l'habitude d'en absorber à chaque fois qu'une situation angoissante se présentait. Ainsi, en 1886, il écrit de Paris à Martha, à propos d'une soirée chez Charcot au cours de laquelle il craignait de se sentir mal à l'aise :

> « Moi, très calme grâce à une petite dose de cocaïne... au début, j'ai bu une tasse de café offerte par Mme Charcot, plus tard j'ai bu de la bière, j'ai fumé comme une cheminée et me suis senti très à mon aise, sans que m'arrive aucun malheur... telles ont donc été mes performances (ou plutôt celles de la cocaïne) et j'en suis très satisfait. »

Il devient un prosélyte enthousiaste, ses expériences lui ayant donné très vite l'occasion de découvrir les possibilités analgésiques de cette substance, son pouvoir d'influer sur l'humeur générale et ses qualités anesthésiques. Son espoir est immense de découvrir dans la cocaïne le moyen de guérir un grand nombre d'affections, d'en faire un remède miracle agissant sur les troubles gastriques, le mal de mer, la « neurasthénie », les névralgies faciales, la sciatique : quasiment une panacée. Il en vante également les vertus curatives sur la fatigue, la dépression et même sur la morphinomanie. C'est d'ailleurs dans cet espoir qu'il l'expérimente sur Fleischl, un de ses amis admirés, associé de Brücke, ne sachant pas encore que la cocaïne peut elle aussi donner lieu à une addiction, aux conséquences plus dangereuses encore que la morphinomanie.

À cette époque, il sera vivement reproché à Freud d'avoir fait l'apologie d'un produit dangereux, et pendant un temps il refusera farouchement de reconnaître les propriétés de stupéfiant de cette substance. Durant quelques années encore, il en prendra lui-même de temps à autre. Plus tard, sa sinusite l'amènera à l'utiliser en applications locales. Pour sa défense, il utilisera l'argument majeur que la cocaïnomanie ne peut survenir que chez une personne dotée de certaines caractéristiques mentales, ce qui n'est heureusement pas son cas. Max Schur, qui fut le médecin des dernières années de sa vie et l'auteur de *La Mort dans la Vie de Freud*, fournit une amorce d'explication à ce sujet :

> « Freud ne prenait ni barbituriques ni opiacés. On peut se demander pourquoi, alors qu'il avait utilisé la cocaïne pendant plusieurs années, il n'est jamais devenu cocaïnomane, comme son ami Fleischl, et s'en est tenu aux cigares. L'une des réponses possibles est qu'il n'éprouvait ni le besoin ni le désir d'obtenir l'effet euphorique temporaire que procure la cocaïne – effet qui stimule ce qu'on appelle le "processus primaire" de pensée – et que la nicotine, en revanche, stimulait chez lui l'attention et le processus secondaire de pensée. La tendance à l'addiction à la cocaïne, à la morphine, etc. n'a généralement pas sa racine dans la même constellation de forces psychiques que la tendance à l'addiction au tabac – malgré leur dénominateur commun (la masturbation) que Freud attribuait à tous ces besoins. »

Freud manque cependant de peu l'occasion d'attacher son nom à une découverte importante dans ce domaine, celle des effets anesthésiques de la cocaïne sur l'œil. Ne s'intéressant que de loin à ces propriétés, il en parle à deux amis ophtalmologistes, Königstein et Koller et c'est grâce à cette découverte que ce dernier, précédant Freud d'un mois, se rend célèbre en septembre 1884.

Mais bientôt le risque de l'accoutumance fait reculer Freud et sa constatation de l'état de cocaïnomanie aiguë survenu chez Fleischl le conduit à renoncer progressivement à l'usage de cette drogue. Il se reporte alors sur le cigare pour en faire le compagnon obligé de tous les moments de sa vie et le stimulant indispensable à sa réflexion. La place du tabac dans son existence devient centrale, il fume sans mesure et parvient rapidement au rythme moyen d'au moins vingt cigares par jour. Il l'écrit à ses intimes : l'acte créateur est étroitement lié pour lui à la consommation de tabac et il a conscience des excès et des troubles de santé auxquels son penchant le mène. Mais jamais, quelles que soient les proportions que prenne son addiction, il ne tentera d'en analyser les causes, contrairement à ce qu'il a pu entreprendre dans tous les autres secteurs de sa vie personnelle. Didier Anzieu en fait le constat dans *L'Auto-analyse de Freud* :

> « Alors que Freud étendra peu à peu la compréhension psychanalytique à la plupart des manifestations psychopathologiques, la toxicomanie restera

pour lui un champ inexploré, signe d'une "résistance" ancrée sur une faille personnelle. »

On sait à quel point les trouvailles théoriques de Freud sont nées d'une plongée dans ses propres formations de l'inconscient, rêves ou actes symptomatiques, devant lesquels il n'a jamais reculé, aussi gênante ou choquante que fût la révélation qui devait s'en dégager. Ceci apparaît dans ses ouvrages, mais de façon plus évidente encore dans sa correspondance. On sait également à quel vaste éventail des productions de la psyché humaine il s'est attaché, que ce soit l'inventaire explicatif de ces actes manqués dont la vie quotidienne abonde, la dissection des perversions, l'analyse des œuvres littéraires ou picturales : il est fort peu de domaines où l'audace de Freud ne se soit manifestée. Mais il s'évitera cette démarche, pourtant intimement liée à sa nature de découvreur, en ce qui concerne le tabac, qui occupe une place absolument centrale dans son existence. Il n'y fera pratiquement aucune allusion théorique, ne tentant pas la moindre explication qui, partant de son cas propre, aurait pu prendre valeur d'universalité. Le tabac restera l'inanalysé freudien.

Le petit théâtre freudien[1]

Beaucoup de lecteurs connaissent les *Études sur l'hystérie* ou les *Cinq psychanalyses*, mais ont-ils remarqué à quel point certains des récits dialogués qui les émaillent sont construits comme des pièces de théâtre ? Freud, en effet, s'y révèle auteur dramatique, à l'instar de son illustre contemporain, Arthur Schnitzler. Il évitera d'ailleurs de rencontrer ce dernier, par crainte de se trouver face à son double, dans un sentiment d'inquiétante étrangeté.

Unité de temps, de lieu et d'action : à Vienne au crépuscule, dans l'intimité feutrée du cabinet du maître, se jouent de multiples drames à deux personnages. Rebondissements, surprises, révélations, rires et larmes : tout est en place pour que le rideau se lève sur le théâtre freudien...

---

1 On y trouvera *Une Odeur de fumée* (p. 43) et *On ne joue pas avec le feu* (p. 165), librement inspirées des *Études sur l'hystérie* et des *Cinq psychanalyses*, de Freud et Breuer.

Sein miche elle, win stone,
âme ster dame meurs...

6

Une odeur de fumée
(PIÈCE EN UN ACTE)

PERSONNAGES

- Miss Lucy, gouvernante anglaise, (jeune personne de constitution délicate, pâlotte, souffrant d'humeurs noires et de fatigue, poursuivie par des sensations olfactives. Employée chez un directeur d'usine de la banlieue de Vienne, veuf et père de deux fillettes).
- Le Docteur Freud (on ne présente plus le Docteur Freud).

DÉCOR

- Le cabinet du Docteur Freud.

ÉPOQUE

- Fin 1892.

Scène I

Dr Freud – Une odeur dites-vous ? Quelle est donc cette odeur qui vous poursuit partout ?

Miss Lucy – C'est celle d'un entremets brûlé, docteur.

Dr Freud – Vous souvenez-vous des circonstances qui ont entouré l'apparition de cette sensation olfactive ?

Miss Lucy – Oh ! oui, je m'en souviens très bien, c'était il y a deux mois environ, deux jours avant mon anniversaire. Je jouais avec les fillettes à faire la cuisine. On me remet une lettre que le facteur vient d'apporter. D'après le timbre et l'écriture, je reconnais que c'est une lettre de ma mère, qui habite Glasgow ; je veux l'ouvrir et la lire, mais les enfants m'arrachent la lettre des mains en criant : « Non, ne la lis pas maintenant, c'est sûrement une lettre pour ton anniversaire, nous allons la mettre de côté ! » Tandis que les enfants s'amusent ainsi autour de moi, voilà qu'une odeur de brûlé se répand tout à coup. Les enfants avaient planté là l'entremets qu'elles faisaient cuire, et il brûlait. C'est cette odeur qui me poursuit, je la sens tout le temps et elle devient même plus forte quand je m'énerve.

Dr Freud – Vous revoyez distinctement cette scène ?

Miss Lucy – Tout à fait Docteur, exactement comme je l'ai vécue.

Dr Freud – Qu'est-ce qui a pu vous frapper à ce point dans cet incident ?

Miss Lucy – Eh bien... j'ai été touchée de voir combien les enfants se montraient affectueuses à mon égard.

Dr Freud – Ne l'étaient-elles pas toujours ?

Miss Lucy – Si, mais c'était juste au moment où je venais de recevoir cette lettre de ma mère.

Dr Freud – Comment les témoignages d'affection des enfants et la lettre de votre mère ont-ils pu susciter ces sentiments contrastés auxquels vous faites allusion ?

Miss Lucy – J'avais justement l'intention de partir chez Maman et il me parut alors bien pénible de quitter ces chères enfants.

DR FREUD (*saisissant une statuette sur son bureau et la contemplant*) – Parlez-moi de votre mère. Se sent-elle seule, veut-elle que vous reveniez ? Ou bien est-elle malade en ce moment et attendez-vous de ses nouvelles ?

MISS LUCY – Non, elle est maladive mais pas vraiment malade et elle a auprès d'elle une dame de compagnie.

DR FREUD – Pourquoi, alors, allez-vous quitter les enfants ?

MISS LUCY (*s'agitant*) – La maison est devenue intenable ! L'intendante, la cuisinière et la Française semblent me trouver prétentieuse ; elles ont intrigué ensemble contre moi et ont raconté au grand-père des enfants toutes sortes de choses sur mon compte. Quand je m'en suis plainte, je n'ai pas trouvé auprès des deux messieurs l'appui sur lequel je comptais. Alors j'ai offert ma démission au père des fillettes, le directeur. Il m'a dit très amicalement de réfléchir encore deux semaines avant de lui faire part de ma décision définitive... C'est précisément dans cette période de flottement que s'est produite la scène de l'entremets. Je pensais quitter la maison... mais j'y suis restée.

DR FREUD (*choisissant avec soin un cigare et l'allumant*) – Bien... En dehors de l'affection des enfants, y aurait-il quelque chose d'autre qui vous attacherait à cette maison ?

MISS LUCY – Oui... Alors qu'elle était sur son lit de mort, j'avais promis à la mère des enfants, qui est une parente éloignée de ma mère, de me consacrer aux petites de toute mon âme, de ne pas les abandonner et de leur tenir lieu de maman. Évidemment, en donnant ma démission, je trahissais ma promesse !

(*Absorbé par sa réflexion, le Docteur Freud tire longuement sur son cigare.*)

DR FREUD – Cela n'explique pas entièrement vos sentiments à l'égard des enfants ; ne seriez-vous pas plutôt amoureuse de votre patron, peut-être sans vous en rendre compte vous-même ? Vous devez espérer prendre vraiment la place de la mère. À cela s'ajoute le fait que vous êtes devenue très susceptible à l'égard des domestiques avec qui vous entreteniez depuis des années de bonnes relations. Vous craignez qu'elles ne s'aperçoivent de vos espoirs et qu'elles ne se moquent de vous à cause de cela.

(*Un silence*)

MISS LUCY – Oui, je crois bien que c'est ça.

DR FREUD (*surpris du peu de résistance de sa patiente*) – Mais puisque vous savez que vous aimez le directeur, pourquoi ne me l'avez-vous pas dit ?

MISS LUCY – Je l'ignorais ! Non, plutôt je ne voulais pas le savoir. Je voulais le chasser de mon esprit, ne plus jamais y penser, et je crois y avoir réussi ces temps derniers.

DR FREUD (*au public, en aparté*) – Je n'ai jamais disposé d'une autre et meilleure description de cet état singulier où le sujet sait tout sans le savoir ! (*Il tire sur son cigare et s'aperçoit que ce dernier est éteint.*) J'ai moi-même un très bizarre souvenir de ce genre. J'ai vu à cette époque quelque chose... quelque chose qui allait à l'encontre de ce que j'attendais, mais cela ne m'a nullement fait renoncer à certains projets bien déterminés que cette perception aurait pourtant dû me faire abandonner. (*Il observe son cigare éteint, semble hésiter, puis se décide à le rallumer, tirant quelques bouffées les yeux fermés.*) En somme, je me suis trouvé atteint de cet aveuglement des non-aveugles que l'on s'étonne de constater chez les mères quand il s'agit de leurs filles, chez les maris quand il est question de leurs femmes, chez les souverains à l'égard de leurs favoris ! (*à Miss Lucy*) Pourquoi donc ne vouliez-vous pas vous avouer cette inclination pour le directeur ? (*Il se soulève légèrement de son siège et se penche vers sa patiente.*) Étiez-vous honteuse d'aimer un homme ?

MISS LUCY – Mais non ! Je ne suis pas aussi stupidement prude ! D'ailleurs, on n'est pas responsable de ses sentiments. Ce qui m'était pénible, c'est qu'il s'agissait de mon patron, que je suis à son service, que je vis dans sa maison et que devant lui, je ne peux pas me sentir aussi libre que devant les autres... Et puis, il y a autre chose aussi, je suis une fille pauvre et lui est un homme riche appartenant à une famille considérée ; on se moquerait de moi si l'on soupçonnait cela.

DR FREUD (*se rasseyant*) – Parlez-moi de ce sentiment, comment est-il né ?

MISS LUCY – Les premières années que j'ai passées dans cette maison furent tranquilles, je n'avais alors en tête aucun souhait irréalisable ! Mais un jour, cet homme sérieux, accablé de travail et qui s'était toujours montré réservé à mon égard, a longuement parlé avec moi de l'éducation des enfants. Ce jour-là... il s'est montré plus cordial, plus aimable que d'habitude, il m'a dit combien il comptait sur moi pour les soins à donner à ses enfants privés de mère... et...

DR FREUD (*visiblement intéressé*) – Poursuivez !

MISS LUCY –... en même temps, il m'a regardée d'une certaine façon...

DR FREUD (*triomphant*) – Et c'est à partir de ce moment que vous vous êtes mise à l'aimer !

MISS LUCY (*tranquillement*) – Oui, c'est ça.

DR FREUD –... et à nourrir en vous les espérances que cet entretien avait fait naître.

MISS LUCY – C'est bien ça. Mais j'ai vite constaté qu'il n'en résulterait rien, et que, malgré mon espoir, aucun autre échange de ce genre n'avait eu lieu. Alors j'ai décidé de ne plus y penser.

(*Le Docteur Freud souffle dans la pièce un épais panache de fumée bleutée.*)

DR FREUD – Vous est-il venu à l'idée, au cours de cet entretien, que le directeur, en vous regardant, pensait peut-être à sa défunte femme ?

MISS LUCY (*un peu agacée*) – Mais oui, docteur, j'y ai pensé, et je me rends parfaitement compte que tout cela est sans espoir !

SCÈNE II

Retour de Miss Lucy après Noël

MISS LUCY – Pour la Noël j'ai reçu de nombreux cadeaux des deux messieurs et même des domestiques de la maison, comme s'ils avaient tous souhaité se réconcilier avec moi, effacer le souvenir des conflits récents.

DR FREUD (*satisfait*) – Ah !

MISS LUCY – Mais je n'ai pas été très impressionnée par cet étalage de bienveillance.

DR FREUD – Bon... et cette odeur d'entremets brûlé ?

MISS LUCY – Elle a tout à fait disparu.

DR FREUD (*encore plus satisfait*) – Ah !

MISS LUCY – Mais une autre odeur la remplace maintenant, tout aussi pénible !

(*Assez mécontent, le Docteur Freud se penche vers sa patiente.*)

DR FREUD – Une autre odeur ?

MISS LUCY – Oui, l'odeur de la fumée de cigare !

DR FREUD (*cette fois vraiment contrarié*) – Ah !... (*Il tousse en expulsant de petits nuages de fumée puis, au public, en aparté.*) Je ne suis pas très satisfait du résultat de mon traitement. Il s'est produit ce qui se produit toujours quand on applique une thérapeutique aux seuls symptômes : j'ai remplacé un symptôme par un autre ! (*à Miss Lucy*) Cette odeur de cigare, pourriez-vous retrouver la circonstance certainement importante qui a entouré son apparition ?

MISS LUCY – On fume tous les jours chez nous, alors je ne sais vraiment pas si l'odeur que je sens est liée à un incident important.

DR FREUD – Essayez, je vais vous aider : vous allez vous en souvenir sous la pression de ma main. Je vous ai déjà expliqué comment cela fonctionne : au moment où la pression cessera, vous verrez quelque chose devant vous ou bien une idée vous passera par la tête, une idée qu'il faudra saisir, ce sera celle que nous cherchons !

(Il tire sur son cigare avant de le déposer sur le bord du cendrier, pose sa main sur le front de Miss Lucy, la laisse appuyée un moment puis doucement la soulève.)

DR FREUD – Alors, qu'avez-vous vu ou pensé ?

MISS LUCY *(sans conviction)* – J'ai vu la salle à manger de la maison...

DR FREUD – Oui, poursuivez, que voyez-vous d'autre maintenant ?

MISS LUCY – Je suis en compagnie des enfants, nous attendons que les messieurs reviennent de l'usine.

DR FREUD – Et puis ?

MISS LUCY – Nous voilà tous autour de la table, les messieurs, la Française, l'intendante, les enfants et moi. C'est comme tous les jours.

DR FREUD – Allons, considérez encore cette image, vous allez voir qu'elle va se développer et se préciser.

MISS LUCY – Oui, oui, en effet... il y a un invité, le comptable chef, un vieux monsieur qui aime les fillettes comme si elles étaient ses propres nièces. Mais rien d'extraordinaire là-dedans, car il vient très souvent déjeuner.

DR FREUD *(persuasif)* – Persévérez, regardez cette image, quelque chose va sûrement se passer.

MISS LUCY – Non, rien. Nous quittons la table, les enfants doivent dire au revoir comme tous les jours, et monter avec nous au second étage.

DR FREUD – Et ensuite ?

MISS LUCY – Ah oui ! C'est vrai, un incident se produit ! Je revois maintenant cette scène ! Au moment où les enfants lui disent au revoir, le chef comptable veut les embrasser. Le patron se lève brusquement et lui crie : « N'embrassez pas les enfants ! » Cela me donne un coup au cœur et... Ah ! Je comprends maintenant ! Comme les messieurs sont en train de fumer, c'est l'odeur du cigare qui me reste dans la mémoire. Voilà.

(*Préoccupé, le Docteur Freud s'agite dans son fauteuil, fait tomber de la cendre de cigare sur son pantalon, s'en débarrasse vivement du revers de la main.*)

DR FREUD – Lequel de ces deux incidents s'est produit le premier, celui du chef comptable ou celui de l'entremets brûlé ?

Miss Lucy – Eh bien... l'incident de l'entremets brûlé.

Dr Freud – Combien de temps avant celui du chef comptable ?

Miss Lucy – Oh, je ne sais pas... deux mois environ.

Dr Freud – Mais pourquoi cette réaction du père vous a-t-elle donné un tel coup au cœur puisque la remontrance ne s'adressait pas à vous ?

Miss Lucy – Ce n'était pas bien de rudoyer de cette façon un vieil homme, un grand ami de la maison et, de plus, invité ! On aurait pu le lui dire plus gentiment !

Dr Freud – Donc, c'est la façon cavalière dont votre patron a parlé qui vous a blessée, peut-être avez-vous été gênée pour lui... ou bien en le voyant traiter son vieil ami avec tant de rudesse pour une bagatelle vous êtes-vous demandée comment il agirait envers vous si vous étiez sa femme ?

Miss Lucy (*dans un sursaut*) – Non, ça n'était pas ça !

Dr Freud – Mais c'était bien à cause de sa violence ?

Miss Lucy – Oui, à cause des baisers aux enfants ; il ne voulait jamais qu'on les embrasse.

Dr Freud (*impatient*) – Je vais de nouveau poser ma main sur votre front.

(*Encore une fois, il dépose son cigare avec précaution pour procéder au même cérémonial.*)

Miss Lucy – Ah oui ! J'avais oublié cela... plusieurs mois auparavant une dame était venue en visite et, en partant, avait embrassé les enfants sur la bouche. Le père s'était obligé à ne rien dire à la dame mais après son départ c'est à moi qu'il a fait de violents reproches ! Il m'a dit qu'il me tiendrait pour responsable si quelqu'un embrassait les petites sur la bouche, que je ne devais pas supporter cela et que je manquais à mes devoirs en le tolérant. (*Avec un sanglot*) Il a ajouté que si cela devait se reproduire il confierait à quelqu'un d'autre l'éducation de ses enfants !

Dr Freud – Cette scène s'est produite à l'époque où vous vous imaginiez encore être aimée...

MISS LUCY (*des larmes dans la voix*) – Et où j'espérais encore un entretien pareil au premier, oui ! Inutile de vous dire que cette scène a anéanti mes espoirs ! Si cet homme était capable de s'en prendre ainsi à moi pour une bagatelle, dont je n'étais d'ailleurs pas responsable, c'était bien là le signe que je m'étais trompée et qu'il n'éprouvait pour moi aucun sentiment !

SCÈNE III

Séance suivante, deux jours plus tard.

DR FREUD (*l'air jovial*) – Eh bien, que vous est-il arrivé d'heureux ?

MISS LUCY – Pourquoi cette question, Docteur ?

DR FREUD – Vous êtes souriante, vous semblez transformée ! Vos souhaits se sont-ils réalisés ?

MISS LUCY (*avec un petit rire*) – Mais non, rien n'est arrivé ! C'est que vous ne me connaissez pas : vous m'avez toujours vue malade et déprimée, alors qu'en général je suis toujours gaie. Hier, au réveil, mon oppression avait disparu, et depuis je me sens bien.

DR FREUD – Et votre situation dans cette maison, que pensez-vous qu'elle devienne ?

MISS LUCY – Je me rends bien compte qu'il n'y a rien à en espérer, mais je ne m'en ferai plus à ce sujet.

DR FREUD – Allez-vous désormais vous entendre avec le personnel ?

MISS LUCY – Je crois bien que c'est ma susceptibilité qui a surtout joué à ce point de vue !

DR FREUD (*un brin d'ironie dans la voix*) – Continuerez-vous à aimer le directeur ?

MISS LUCY – Certainement ! Je l'aime toujours, mais cela ne me fait plus rien. (*se redressant du divan et se retournant vers le Docteur Freud*) On est libre de penser et de sentir ce que l'on veut, n'est-ce pas ?

DR FREUD (*pensif, enveloppé d'un halo de fumée*) – « Libre de sentir ce que l'on veut ! » On ne saurait mieux dire, Miss Lucy !

MISS LUCY (*Elle se lève, règle le docteur et sort, souriante.*) – Mille mercis Docteur Freud, et au revoir !

DR FREUD *(au moment où Miss Lucy claque la porte)* – Et cette odeur de fumée ?...

(*Resté seul, songeur, le Docteur Freud considère son cigare finissant de se consumer, puis l'écrase dans le cendrier.*)

(Rideau)

7

Abstinence de Freud

LORSQUE DÉBUTE SA CORRESPONDANCE avec Fliess, Freud est déjà un fumeur invétéré. S'il ne présente pas encore explicitement le tabac comme l'excitant indispensable à son travail créateur, il l'utilise cependant abondamment comme anxiolytique. Toute situation de conflit le voit augmenter sa dose quotidienne, toute contrariété ajoute un cigare au nombre déjà important nécessaire à sa satisfaction.

En cette année 1887, lors de sa rencontre avec celui qui sera durant des années le destinataire de ses lettres les plus intimes, le tabac est donc pour Freud un objet de jouissance installé, dont il ne pourrait sans angoisse envisager de se séparer. Mais son corps regimbe et très rapidement plusieurs zones sensibles se signalent, sur le mode psychosomatique : les fosses nasales, le cœur, les intestins. Freud destine-t-il les premiers de ces symptômes à son ami oto-rhino-laryngologiste, dont l'objet privilégié de recherche est le rapport entre le nez et les organes génitaux ? On est en droit de le supposer lorsque dans les années 1890 il adresse à ce dernier une plainte concernant un catarrhe nasal, offre d'une souffrance se situant précisément dans la zone d'intérêt de Fliess. À cet indéniable signe transférentiel, ce dernier répond immédiatement par un ordre strict d'abandonner le tabac. Inaugurée par une série d'infections nasales commence alors une longue théorie de catarrhes, puis de problèmes cardiaques aigus, énumérés et décrits par Freud avec un luxe de détails dans lequel peut se lire son attachement à la jouissance de son symptôme. Ces lettres provoquent à chaque fois une réaction sévère de son ami, celui-ci lui intimant à maintes reprises l'ordre de mettre fin à sa tabagie.

Il est important de noter que Fliess est non fumeur et que l'objet dont il prive son ami n'est pas pour lui un objet de jouissance. Ces interdits répétés donnent parfois à Freud l'occasion de se soumettre, souvent de se rebeller, d'implorer, mais surtout, la plupart du temps, de résister énergiquement à l'autorité de Fliess.

L'accélération des symptômes de l'analysant lors de la mise en place du transfert est un phénomène bien connu, souvent repéré dans les débuts de la cure, moment au cours duquel les difficultés physiques et psychiques du sujet se précipitent à la rencontre d'un destinataire enfin incarné. Les longues descriptions de ses troubles dans les sphères nasale et cardiaque avec leurs détails complaisamment exposés, nous confirment, s'il en était besoin, que durant de nombreuses années la relation de Freud à Fliess fut placée sous ce signe. Elle n'échappa donc pas, dans ses débuts, à ce phénomène transférentiel d'efflorescence des symptômes.

Partant de ce constat, on peut alors repérer sur la durée de cette amitié, comme on le ferait pour le développement d'une cure psychanalytique, des moments aussi importants que l'installation et la résolution du transfert, les crises génératrices de prise de conscience, et la sortie de l'analyse. On pourrait de cette façon isoler quelques périodes clefs dans la longue correspondance entre Freud et Fliess : l'installation et le développement du transfert autour de la question cruciale du tabac, qui lui servit de « starter » ; l'analyse proprement dite (qualifiée d'auto-analyse par Freud) avec ses découvertes fondamentales, en particulier celle du complexe d'Œdipe ; le début de l'affaiblissement des phénomènes transférentiels lors de la préparation de la *Traumdeutung*; la sortie de l'analyse accompagnée de son sentiment de « désêtre » après la parution du livre et, enfin, le deuil du transfert avec l'élaboration de la *Psychopathologie de la vie quotidienne,* contemporaine de la rupture amicale avec Fliess.

Il est donc tentant de « déplier », comme on le dit de l'histoire d'un cas clinique, le trajet de cet échange épistolaire en choisissant comme axe la question du tabac. Il est évident qu'en centrant délibérément l'attention sur cet aspect aux dépens de tout autre une impression fausse pourrait se dégager, amenant à penser que dans les premières années de la correspondance Freud-Fliess ce sujet fut en permanence au centre du débat. Ce serait donner une vision bien réductrice des échanges personnels et scientifiques des deux hommes qui ne se limitèrent évidemment pas à cette question mais abordèrent un éventail immense de sujets personnels et furent le théâtre d'essentiels débats théoriques. Cependant, il est indéniable qu'entre 1893 et 1897 cet aspect rémanant, insistant avec une extraordinaire fréquence dans les lettres de Freud, est une indication précieuse nous permettant de repérer l'objet qui servit de catalyseur à la naissance du transfert sur Fliess, et, par là même, à la naissance de la psychanalyse : l'objet tabac.

Alors que cette correspondance assidue se poursuit déjà depuis des années sur le mode d'une estime mutuelle – échange scientifique entre collègues engagés dans le même domaine de recherches – un ton plus intime devient sensible à partir de juin 1892, période à partir de laquelle Freud opte pour le tutoiement. Les choses s'accélèrent ensuite rapidement : dans une lettre datée du 29 septembre 1893 Freud exprime à Fliess son allégeance. L'amitié des deux hommes est solidement établie et Freud, dans ces quelques lignes, donne la mesure de l'empire que son ami, posé comme détenteur d'un savoir absolu, a étendu sur lui :

> « Que ton diagnostic fût juste, je le savais déjà, tant tu as l'art de réduire à néant mes facultés critiques, et que je te fais une confiance absolue en toutes choses. »

Dans la lettre suivante, datée du 18 octobre 1893, Freud laisse entendre que la question du tabac a déjà été l'objet d'une discussion de vive voix entre son ami et lui, sur le quai d'une gare. Souvenons-nous que ce lieu était une source d'intense angoisse pour Freud qui souffrait alors d'une phobie des voyages en train. La discussion ce jour-là tourna sans doute autour de la description de ses symptômes, aggravés par la situation anxiogène. Dans cette lettre, Freud fait de nouveau à Fliess l'aveu de sa tabagie et envisage encore, non sans difficulté, de se soumettre à l'autorité de son ami. Il reconnaît cependant implicitement avoir déjà passé outre un interdit et évoque la dimension du manque occasionné par cette privation :

> « Je n'ai pas l'intention de m'étendre avec toi sur mon état cardiaque. À présent cela va beaucoup mieux quoique le mérite ne m'en revienne pas puisque je fume abominablement par suite des énervements de ces derniers jours. Je crois que (mon cœur) va à nouveau s'emporter dans les prochains jours, et très sérieusement. Pour ce qui est du tabac, je suivrai douloureusement une de tes prescriptions ; je l'ai déjà fait une fois alors que tu m'avais dit ton opinion là-dessus (quand nous attendions à la gare). Cela m'a évidemment beaucoup manqué. »

Dans sa lettre du 27 novembre de la même année, centrée autour de la question du tabac – ce qui deviendra le cas pour de nombreuses lettres à venir – il remet trois fois en question l'autorité de son ami, d'abord en doutant de l'efficacité du traitement nasal, puis en bravant l'interdit et enfin en ajoutant, comme pour contredire Fliess, que le non-respect de cette prescription n'a pas eu sur lui d'effets nocifs particuliers :

> « Je me suis encore laissé cautériser (le nez), ai retrouvé du plaisir à travailler, mais en dehors de cela je suis assez peu satisfait du succès de cette thérapie locale. Je ne respecte pas ton interdiction de fumer, crois-tu que c'est un destin si admirable que de vivre de longues années dans la misère ? Et cependant je n'en ressens pas les méfaits habituels. »

Le 11 décembre suivant, après avoir dédié à Fliess un nouveau symptôme nasal, Freud se livre à une véritable provocation en se jouant de la prescription et en se permettant de contester le diagnostic de son ami, non sans y ajouter une pointe d'ironie sur les limitations imposées à un passionné de tabac par l'ignorance d'un non-fumeur :

> « Mon nez a été affecté d'un catarrhe ; mais enfin il va bien de nouveau et maintenant j'ai l'esprit clair et suis de bonne humeur. "Aujourd'hui" j'ai commencé à me restreindre de fumer – c'est-à-dire réduire le fait de fumer continuellement à une quantité limitée, discontinue. J'ai vraiment l'impression que toute cette affaire est organique et cardiaque ; quelque

chose de névrotique serait plus difficile à supporter ; on ne peut être indifférent à ce point que lorsqu'il s'agit de problèmes organiques. De plus, ton interdiction de fumer n'est pas en accord avec le diagnostic nasal. Je crois que tu satisfais à ton devoir médical ; je ne dirai rien de plus à ce sujet et j'obéirai partiellement (mais non sagement). Deux cigares par jour – c'est à cela qu'on reconnaît le non-fumeur ! »

Le 19 avril 1894 Freud se soumet de nouveau. Il est à noter que pour la première fois il emploie dans sa lettre le terme d'*Abstinenz* (abstinence), terme qui deviendra des années plus tard un concept important de la technique psychanalytique mais qu'il utilise déjà – à l'exclusion de tout autre – pendant cette période, à chaque fois qu'il s'agit de la privation de tabac. Quelques lignes plus haut on remarquera, avec son évocation d'une sensation de chaleur entre les lèvres, le choix qu'il fait d'une formule ambiguë, fortement teintée de sexualité, pour décrire son plaisir de fumer :

« Après ton aimable lettre je vais cesser de me contraindre et de te ménager. Je sens que j'ai le droit de te parler de mon état de santé. Les nouvelles scientifiques et personnelles suivront.
Tout être humain, afin d'échapper à ses propres critiques, a besoin de subir l'influence de quelqu'un. C'est pourquoi depuis ce moment-là (c'est-à-dire depuis trois semaines aujourd'hui), je n'ai rien eu de chaud entre les lèvres et je suis même capable de voir fumer les autres sans les envier. Je puis actuellement concevoir que l'on soit capable de vivre et travailler sans cet adjuvant. Il n'y a pas longtemps que j'en suis arrivé là, je ne me figurais pas à quel point l'abstinence pouvait être pénible, ce qui est évident après tout. »

Comme à chaque fois qu'il accepte de tomber sous le coup de l'interdit, sa résistance ne tarde pas à se manifester, apparaissant quelques lignes plus loin dans l'évocation des symptômes cardiaques qui viennent par leur insistance réduire à néant l'action thérapeutique de son ami :

« Ce qui semble peut-être moins compréhensible, c'est, à d'autres points de vue, l'état de ma santé. Les jours qui suivirent mon renoncement furent assez supportables et je commençai à exposer à ton intention la question de la névrose. C'est alors que se produisirent soudain de grands troubles cardiaques, pires que je n'en avais jamais eu quand je fumais : violente arythmie, tension cardiaque perpétuelle, oppression, sensation de brûlure dans la région du cœur, sensation douloureuse dans le bras gauche, un peu de dyspnée – faible et pouvant faire soupçonner une origine organique – tout cela par accès, c'est-à-dire survenant deux ou trois fois par jour, se prolongeant et s'accompagnant d'une dépression psychique qui se manifeste par des idées de mort et d'adieux et vient remplacer ma normale hyperactivité. »

Un curieux *lapsus calami* (lapsus portant sur un mot écrit) se produit alors : au moment où Freud veut parler de son humeur dépressive il emploie le terme d'« état hypomaniaque » – signifiant dans la clinique une sorte d'exaltation pathologique de l'humeur – au lieu d'« état dépressif » qui, à l'évidence, eut été davantage à sa place. Parler d'hypomanie, dans cette période, n'est certes pas significatif de son humeur. Mais sans doute ce lapsus trahit-il la jouissance éprouvée par Freud autour de son symptôme, ou, plus certainement encore, l'efflorescence (maniaque) de ce dernier, en relation avec le transfert, redoublée par ce qu'elle apporte de contradiction à celui qui le prive de tabac.

« Depuis deux jours, mes malaises organiques ont diminué mais l'état hypomaniaque persiste tout en se montrant assez poli (comme hier soir et aujourd'hui) pour cesser soudain et permettre à un être humain d'envisager à nouveau avec confiance une longue vie et d'espérer récupérer totalement le plaisir de fumer. »

Freud termine sa lettre sur la même lancée, convoquant Breuer contre Fliess, pour mieux ironiser sur la réponse équivoque du premier et pointer au second ses contradictions. On voit là quel enjeu représente pour lui l'interdiction de fumer, intolérable frustration qui l'amène à inverser la tonalité de son transfert dont le pôle négatif se manifeste alors en toute liberté, allant jusqu'à suspecter son infaillible ami d'un diagnostic peu sûr et même de dissimulation à son égard :

« Quelle tristesse pour un médecin qui consacre toutes les heures de la journée à l'étude des névroses d'ignorer s'il est lui-même atteint d'une dépression raisonnablement motivée ou bien hypocondriaque ! On a besoin, en pareil cas, d'être secouru. C'est pourquoi je me suis hier soir adressé à Breuer et lui ai dit qu'à mon avis les troubles cardiaques n'étaient pas imputables à une intoxication nicotinique mais plus probablement à une myocardite chronique, maladie à laquelle la fumée ne convient pas. Je me rappelle très bien que cette arythmie s'est déclarée assez inopinément en 1889, après une influenza. À ma grande satisfaction, Breuer déclara que l'une ou l'autre cause était possible et que la première chose à faire était de me laisser examiner. Je le lui promis, tout en sachant que ces examens ne donnent généralement rien. J'ignore jusqu'à quel point il est possible de distinguer entre ces deux cas, mais j'imagine que l'on peut s'appuyer sur les symptômes subjectifs et le cours de la maladie et que vous autres savez alors à quoi vous en tenir. Cette fois-ci, c'est de toi que je me méfie particulièrement, car c'est à l'occasion de mes troubles cardiaques que je t'ai vu, pour la première fois, te contredire. La dernière fois, tu m'as expliqué qu'il s'agissait d'une affection nasale et qu'à la percussion aucun indice de nicotinisme n'était perceptible ; maintenant, tu parais très inquiet et tu m'interdis de fumer. Je ne puis comprendre cela qu'en pensant que tu veux me dissimuler mon état véritable. Je te prie de ne pas agir de la sorte. Si tu peux me dire quelque chose de sûr, n'hésite pas à le faire. Je ne m'exagère ni mes responsabilités ni mon indispensabilité. Je saurai supporter vaillamment le diagnostic de myocardite, la précarité de la vie et sa courte durée ; peut-être, au contraire, pourrais-je, après cela, organiser pour le mieux mon existence et profiter au maximum du temps qui me reste à vivre. »

Le 25 avril 1894, un retournement spectaculaire se produit de nouveau, permettant au transfert de reprendre sa coloration positive, transformation nécessaire à la poursuite du travail de Freud sur lui-même. Il assure Fliess de sa confiance retrouvée et de la façon la plus claire lui dédie sa maladie au point de la présenter, dans les dernières lignes de sa lettre, comme la cause même de leur amitié et de leur correspondance. De ce fait, ses symptômes deviennent une incarnation du transfert :

« Je te considère assurément comme plus compétent que quiconque pour faire un diagnostic nuancé sur ces problèmes épineux, et une fois encore je ne sais que penser de mon état... Apparemment, je ne souffre pas d'une dilatation du cœur ; souffle cardiaque, arythmie et le reste continuent malgré mon abstinence. Depuis longtemps, ma libido est réprimée. C'est le *status idem*. L'idée de ne pas quitter ce beau monde sans te convoquer pour te faire mes adieux personnels s'est installée dans mon esprit depuis que j'ai commencé à me sentir malade... Dans quelques jours je t'enverrai plusieurs pages de matériel brut : une analyse rapidement esquissée où l'on peut apercevoir la source de la névrose... J'espère que tu vas bien. Je crois qu'au cours de ces derniers jours je me suis réjoui de ma maladie pendant une bonne heure. Ce devait être quand j'ai reçu ta lettre ! »

Avec une infatigable pugnacité, le jour de son trente-huitième anniversaire, le 6 mai 1894, Freud se bat de nouveau contre le diagnostic de Fliess. Il convoque même à la barre, pour témoigner en sa faveur, des symptômes rencontrés dans sa propre clientèle. En cette période où il termine les *Études sur l'Hystérie,* il souffre à la fois de ses troubles cardiaques et de la privation de son stimulant d'élection. La tentation d'abandonner le domaine psychique pour se réfugier sur le terrain stable de l'anatomie se fait alors sentir, en relation logique avec la résistance, qu'il manifestera à plusieurs reprises, à considérer ses symptômes sous l'angle psychosomatique :

> « Je vais mieux, parfois beaucoup mieux, mais les symptômes ne m'ont pas quitté plus d'une demi-journée ; mon humeur et ma capacité de travail sont bien bas. Je ne crois quand même pas que c'est la nicotine ; il se trouve que ces dernières semaines, j'ai rencontré dans ma clientèle de nombreux phénomènes du même genre, et je crois que c'est une myocardite rhumatismale, maladie dont on ne se débarrasse jamais complètement... Cet été, j'aimerais me remettre un peu à l'anatomie ; tout compte fait, c'est la seule chose qui donne de la satisfaction. »

Cette fois, la réponse de Fliess se fait attendre : il oppose à son ami un silence analytique de quelques semaines. Freud en fait état dans sa lettre du 21 mai 1894 dans laquelle sa réaction au mutisme de son correspondant se manifeste sous la forme d'une réactivation du transfert. Ainsi, par son silence, Fliess a gagné son retour en place d'Autre absolu :

> « Il y a eu une interruption dans tes lettres qui commençait à me paraître étrange... puis est arrivée ta lettre qui réfutait minutieusement mes fantasmes d'interniste dilettante, mais qui ne disait pas un mot de ta propre santé... Je promets de t'envoyer sous peu un rapport de maladie détaillé, je vais mieux mais c'est loin d'être bien ; du moins puis-je de nouveau travailler. Aujourd'hui je m'accorderai une bonne heure et ne causerai que de science avec toi. Ce n'est pas une faveur extraordinaire que j'ai de pouvoir disposer d'environ cinq heures par an pour échanger des idées avec toi, alors que je ne puis guère me passer de l'autre – et tu es le seul autre, l'Alter. »

Incorrigible, le 22 juin de la même année, Freud se lance dans une longue justification de sa désobéissance réitérée, arguant du fait qu'il n'a plus de raisons valables d'abandonner le cigare si la nicotine n'est pas la cause directe de ses troubles. Après un humble plaidoyer en faveur de sa faiblesse coupable, il retourne son agressivité contre Breuer, un « Autre » plus facilement atteignable, ce qui lui permet aussitôt après de se déclarer prêt de nouveau à se conformer à l'interdit de Fliess, si celui-ci le juge nécessaire et en dépit de ses protestations. Résigné, il termine sa lettre par une vision stoïcienne de son avenir et de sa mort :

> « Voilà maintenant mon histoire de cas, la vérité sans fard, avec tous les détails qui paraissent importants à un malheureux patient et qui pourtant ne le méritent probablement pas.
>
> Je n'ai pas fumé pendant sept semaines, depuis le moment où tu m'en as donné l'ordre. Au début, je me suis senti, comme on pouvait s'y attendre, mal comme cela n'est pas permis – troubles cardiaques avec indisposition et, en plus, l'horrible misère de l'abstinence. Cette dernière s'est dissipée au bout de trois semaines environ, et les troubles cardiaques ne se sont améliorés qu'au bout de cinq semaines à peu près, mais je suis resté totalement incapable de travailler, un homme assommé. Après sept semaines, contrairement à la promesse que je t'avais faite, je me suis remis à fumer, et voici ce qui a concouru à cela :
>
> 1) Pendant cette période, j'ai vu des malades du même âge dont l'état était presque identique au mien ; les uns n'avaient jamais fumé (deux femmes), les autres avaient renoncé à fumer. Breuer, à qui j'ai dit plusieurs fois que je n'attribuais pas mon état à une intoxication nicotinique, l'a enfin admis... Je n'avais donc plus le motif à propos duquel tu m'avais fait dans tes précédentes lettres cette si juste remarque : l'on ne peut renoncer à quelque chose que si l'on est fermement convaincu que c'est la cause de la maladie.
>
> 2) Dès les premiers cigares, j'ai pu travailler et être maître de mon humeur : avant cela, la vie était insupportable. Je n'ai pas non plus remarqué d'aggravation des symptômes consécutive aux cigares. Je fume maintenant modérément et suis progressivement passé à 3 *pro die* ; je vais bien mieux qu'avant, de mieux en mieux en vérité, mais, bien sûr, pas encore tout à fait bien... Ce qui me tourmente, c'est l'incertitude : comment il faut prendre l'histoire. Il me serait pénible de trahir un diagnostic d'hypocondrie, mais je n'ai aucun critère pour en décider. Je suis très mécontent de la façon dont on me traite ici. Breuer est plein de contradictions apparentes. Quand je dis que je vais mieux, il me répond : "Vous ne savez pas à quel point je suis heureux d'entendre cela." Ce qui laisse supposer une affection sérieuse. Si je lui demande de quelle maladie il s'agit vraiment, il me dit : "Ce n'est rien ; de toute façon, c'est quelque chose qui est passé." D'ailleurs, il ne me prête aucune attention, et ne me voit pas pendant deux semaines d'affilée. Je ne sais si c'est par politique, par pure indifférence ou si cela est pleinement justifié. Bref, je constate que l'on me traite évasivement et malhonnêtement, comme un patient, quand on pourrait m'apaiser en me disant tout ce qu'il y aurait à dire en pareille circonstance, c'est-à-dire tout ce que l'on sait.
>
> Ce serait pour moi un immense soulagement si j'avais pu avoir ou pouvais avoir maintenant ton sentiment ; même une nouvelle période de

désaccoutumance (du tabac) serait moins difficile aujourd'hui, mais cela me paraît un *sacrificio d'intelletto.* C'est la première fois que nous avons des opinions divergentes sur un problème. Avec Breuer, cela m'est plus facile ; il ne formule aucune opinion !

L'exemple de Kundt *[Fliess avait probablement relié la mort prématurée du célèbre physicien allemand avec le fait qu'il s'agissait d'un grand fumeur]* m'a moins effrayé ; celui qui pourrait m'assurer les treize années précédant mon cinquante et unième anniversaire ne gâcherait pas le plaisir que je prends au cigare. Le point de vue auquel je parviens, sans base scientifique, est que je vais continuer à souffrir de symptômes variés pendant encore quatre ou cinq ou huit ans, avec de bonnes et de mauvaises périodes, et qu'ensuite, entre quarante et cinquante ans, je mourrai très brutalement d'une crise cardiaque. Si ce n'est pas trop près de quarante ans ce ne sera pas si mal. Je te saurais infiniment gré, néanmoins, de m'informer définitivement à ce sujet, car je crois secrètement que tu sais exactement ce que c'est et que tu n'as prononcé de manière si sévère et absolue l'interdit de fumer – qui n'est que relativement justifié – qu'à cause de son effet éducatif et apaisant. »

À en juger par sa réponse, Fliess semble avoir entendu le vœu inconscient de son ami de se soumettre à un nouvel interdit (« une nouvelle désaccoutumance me serait moins difficile ») car il lui lance, comme une interprétation, un ordre sans doute plus formel encore. C'est ce que nous laisse entendre la réaction de Freud dans la lettre suivante, qui, fait exceptionnel dans sa correspondance, n'est pas datée :

« Je comprends trop mal ces questions pour être à même de juger ta réplique si assurée, mais de toute évidence, j'ai suffisamment de motifs physiologiques (psychologiques, serait-on tenté de dire) pour me soumettre à tes ordres ; j'entame donc aujourd'hui une seconde période d'abstinence, qui, je l'espère, durera jusqu'à notre rencontre du mois d'août. »

L'intraitable Fliess persiste dans son interdiction, plongeant Freud dans des manifestations pathétiques de résistance, (allant jusqu'à célébrer l'anniversaire de l'interdit par la dégustation d'un cigare !), dont témoigne sa lettre du 14 juillet 1894, que Freud achève par une promesse à la tonalité régressive, une promesse d'enfant sage :

« Depuis, préoccupé par l'abstinence, j'ai produit très peu... Mon état – car je me sens maintenant obligé de ne pas te laisser soupçonner que je puisse te cacher quelque chose – est le suivant : depuis ta lettre d'il y a deux semaines, jeudi dernier, abstinence qui a duré huit jours ; le jeudi suivant, dans un moment d'indescriptible tristesse, un cigare, et puis à nouveau huit jours d'abstinence ; le jeudi d'après, un cigare à nouveau ; depuis ce moment la paix est revenue. Bref, le rythme d'un cigare par semaine s'est instauré – pour célébrer ta lettre qui m'a de nouveau privé du plaisir du tabac. Cela revient pratiquement à l'abstinence. Depuis, j'ai parlé à Oser, qui proclame avoir surmonté la même *angina nicotina* et qui parle avec beaucoup d'enthousiasme du long maintien de sa bonne condition... La mienne est inchangée. À la fin de la semaine dernière, j'ai dû me remettre à la digitaline ; le pouls était de nouveau en délire et les sensations asystoliques terribles. Avec de la digitaline, je suis mieux, mais pas vraiment à mon aise. Dois-je prendre de la digitaline fréquemment ou rarement ? Je promets d'obéir. »

Le 25 juillet suivant, Freud capitule, au point de faire sienne l'opinion de son ami sur le cigare, d'« introjecter » celle-ci, pourrait-on dire, en allant jusqu'à prétendre ne plus prendre aucun plaisir à fumer. On relèvera cependant l'ironie inconsciente de la résistance qui lui fait utiliser le terme « insolemment » pour qualifier son mieux-être et l'amenant à jouir encore de son seul cigare hebdomadaire, le jour de sa lettre à Fliess, ceci sans manquer de lui en faire part :

« Je me sens insolemment bien ; depuis le dernier gramme de digitaline, tous les symptômes se sont évanouis et cela me donne le sentiment qu'ils ne réapparaîtront vraiment plus. J'ai été très raisonnable, de toute façon. Quand je fume mon cigare de la semaine (par exemple, aujourd'hui), je n'y prends plus aucun plaisir et il m'en reste une impression particulièrement inconfortable. Je commence – ce que j'aurais dû faire plus tôt – à te croire. »

Le 12 juin 1895, probablement stimulée par ce renouveau transférentiel, la recherche théorique de Freud fait un bond en avant, du côté de la défense et de la construction psychologique :

« Tu as raison de soupçonner que je suis submergé par les nouveautés, même par les nouveautés théoriques. La "défense" a fait un grand pas en avant... Mais la construction psychologique semble elle aussi avoir pris le chemin de la réussite, ce qui me causerait une joie immense... »

Mais c'est en angoisse qu'il paye le prix de ces avancées théoriques, la suite de sa lettre en fait état. Parallèlement à ces progrès scientifiques, on ne peut manquer de remarquer que dans le cadre de sa relation à Fliess, la résistance de Freud est davantage à l'œuvre que sa clairvoyance analytique.

Par ailleurs, si l'on cherchait un exemple vivant de la formule lacanienne selon laquelle « la résistance est du côté de l'analyste », on le trouverait dans la phrase suivante :

> « J'ai besoin de beaucoup de cocaïne. J'ai également recommencé à fumer, modérément, ces deux ou trois dernières semaines, depuis que l'origine nasale *[des troubles cardiaques]* m'est devenue évidente. »

Le souhait transférentiel de se conformer aux vues théoriques de son ami pousse Freud à se tourner vers une origine nasale de ses manifestations cardiaques. Cette explication, offerte aux théories de Fliess, l'éloigne de la voie psychosomatique et le détourne de toute interprétation susceptible de donner du sens à ses symptômes. Dans cet exemple, on voit que le transfert – Freud le découvrira plus tard – peut à certains moments se révéler paradoxalement un obstacle à la cure.

Après cet oubli symptomatique, ou ce pieux mensonge (il a recommencé à fumer bien avant « ces deux ou trois dernières semaines »), Freud poursuit son inlassable combat contre l'interdit de Fliess, plaidant pour le ménagement de son « brave psychisme » qui ne pourrait plus produire sans ce stimulant :

> « Je n'ai pas observé de conséquences pénibles. Si de nouveau tu me l'interdis, de nouveau je devrai l'abandonner. Mais avant de le faire demande-toi bien s'il s'agit seulement d'une intolérance et non d'une étiologie. J'ai recommencé parce que cela m'a constamment manqué (après quatorze mois d'abstinence) et parce qu'il faut bien que je traite décemment mon brave psychisme, sans quoi il ne travaillerait plus pour moi. J'exige beaucoup de lui et sa tâche est la plupart du temps surhumaine. »

Fliess ne reste pas sourd à cette nouvelle demande implicite de privation de tabac (« Si de nouveau tu me l'interdis... »), à en juger par la réponse, le 17 juin 1895, d'un Freud de mauvaise humeur, dans l'ignorance qu'il est d'avoir reçu de son ami son propre message sous une forme inversée, et protestant pour la forme :

> « Je ronchonne, je vais de nouveau être terriblement privé, mais je ne peux faire autrement que t'obéir. Mais j'ai l'espoir qu'après avoir reconsidéré soigneusement la situation tu me le permettras de nouveau. »

Alors Fliess se tait une fois encore, se réfugie dans un silence « diabolique », permettant cette fois à Freud, le 24 juillet 1895, de prendre en partie conscience du fait que sa plainte est le principal aliment de leur correspondance :

> « Démon, pourquoi n'écris-tu pas ?... Ne te soucies-tu donc pas de ce que je fais ?... C'est vrai, cette année je suis malade et je dois venir à toi, mais qu'arrivera-t-il si par chance nous restons tous deux en bonne santé toute une année ? Ne sommes-nous donc amis que dans l'infortune ? »

Le 16 octobre suivant, sa période de repos estival passée, Freud semble une fois de plus avoir fait sien l'argument de Fliess, car c'est à un interdit interne qu'il obéit maintenant, faisant état d'un renoncement spontané, tout en le justifiant par un raisonnement logique :

> « J'ai de nouveau renoncé à fumer, afin de n'avoir rien à me reprocher au sujet de mon mauvais pouls et pour me débarrasser de la misérable lutte contre l'irrésistible désir d'un quatrième ou cinquième cigare. Mieux vaut lutter tout de suite contre la tentation du premier. »

En lisant ces lignes, on penserait volontiers à la célèbre hystérique de Charcot, obéissant à l'ordre qui lui a été donné sous hypnose d'ouvrir – une fois réveillée – son parapluie et qui, s'exécutant, justifie son geste par le besoin d'en vérifier le bon fonctionnement.

La résistance de Freud faiblit ; le 8 novembre 1895, on peut sentir chez lui le désir d'en finir avec la série des malaises organiques, occasionnés ou non par le tabac. Comme issue, il choisit de pactiser avec les prescriptions de son ami, mais sur le mode d'un compromis :

> « De crainte d'oublier de te renseigner sur mon propre état, et pour n'avoir plus à le faire, je te dirai que je me sens, depuis quinze jours, incomparablement mieux. Je n'ai pu supporter une abstinence totale de tabac, car, étant donné tous les soucis théoriques et pratiques qui m'accablent, l'intensification d'hyperesthésie psychique m'a paru intolérable. Mais, dans l'ensemble, j'obéis à la prescription. Ce n'est que le jour de la non-homologation de Lueger que, dans ma joie, j'ai dépassé la dose. »

Il se veut alors plus discret dans la description de ses misères physiques, sans manquer, cependant, le 13 février 1896, de glisser à Fliess une petite phrase sur l'abstinence, témoin de sa résistance toujours vigile :

> « Mon état de santé ne mérite pas qu'on s'y intéresse. La suppuration du côté gauche est réapparue la semaine dernière ; les migraines sont assez fréquentes. L'abstinence indispensable ne m'aide guère. »

Une rencontre entre les deux hommes, début avril 1896, a des vertus fortifiantes sur la détermination de Freud à prolonger le compromis. Cette conversation de vive voix semble agir comme pourrait le faire l'intervention ponctuelle d'un analyste dans la réalité, misant habilement sur une vacillation du transfert. Elle se place sur un plan différent de celui des échanges de lettres, qui déroulent quant à eux leur contenu sur une « autre scène », l'intervention de l'« autre » se situant à un niveau essentiellement symbolique. Une semaine plus tard, Freud rend compte à Fliess de l'impact sur lui de ce « congrès » (c'est ainsi que Freud nommait leurs rencontres) :

> « Tu m'as considérablement aidé à modérer mon usage du tabac et, d'ailleurs, je me sens plus tranquille et plus rassemblé depuis notre rencontre. Elle m'a fait beaucoup de bien et elle était nécessaire. »

L'effet positif se poursuit jusqu'à la fin de l'année et, en décembre 1896, Freud peut se permettre d'affirmer :

> « L'abstinence me fait du bien ; ma consommation oscille entre un et quatre *[cigares]* par jour. »

Cette lettre doit retenir notre attention : c'est, en effet, la dernière dans laquelle Freud fait part à Fliess de son indéfectible attachement au tabac. Cette douloureuse question l'amènera dorénavant à s'épancher auprès d'autres interlocuteurs, mais plus une seule fois auprès de l'« Alter » pendant les huit longues années que va encore durer leur correspondance.

Cette mise en réserve de la question du tabac, ressort qui l'a lancé sur la voie de la psychanalyse, va ouvrir sur une autre période de son analyse, féconde en découvertes et mieux connue sous le nom d'« auto-analyse » de Freud.

Dieu est un fumeur de Havanes.
Serge Gainsbourg

8

Les belles histoires de l'oncle Paul

CONFORME À L'IDÉE que l'on se fait d'un oncle et d'un fumeur de pipe, rassurant, tranquille, il est vêtu de tweed et de velours. Il pourrait avoir une barbe. Une de ses poches est déformée par la présence de son indispensable accessoire. Sans trop savoir pourquoi, les enfants associent le nuage dont il s'entoure et le cérémonial auquel il se livre plusieurs fois par jour à une certaine idée de la sagesse, parfois aussi à une certaine image de l'ennui. Cette pipe ne le quittant jamais souligne la pensée de leur oncle, accompagnant les gestes de sa main. Ses bouffées odorantes donnent du poids à ses paroles et l'on est tenté de lui faire confiance, à cet homme solide et bienveillant. Souvent, il réunit autour de lui un cercle de neveux curieux, avides d'entendre quelque nouvelle histoire. Alors il sourit, sort de sa poche son inséparable compagne pour entreprendre de la bourrer méticuleusement avec le contenu de sa blague à tabac. Respectant ces préparatifs, les enfants font silence, ils savent qu'aucun récit ne sortira de la bouche du conteur avant que les premiers cercles de fumée ne s'élèvent du fourneau, comme des signaux d'Indiens dans les films dont ils raffolent.

Aujourd'hui, les sages écoliers savent que l'oncle ne leur parlera pas de la conquête de l'Ouest mais de celle du tabac ; ce sera un peu difficile – souvent, les récits du sage gagneraient à être plus courts – ils vont dodeliner de la tête et probablement s'endormir au milieu de la leçon mais la torpeur qui va les gagner leur laissera cependant un agréable souvenir. Leurs yeux vont se fermer pendant que peu à peu la voix grave et berçante s'éloignera, petit train du Far-West, à l'avancée sereine rythmée par les « pout ! pout ! » et les ronds de fumée de la machine.

Nous commencerons par les légendes, dit la voix rassurante projetant un nuage parfumé dans la pièce. Le tabac est une herbe magique, un peu maléfique peut-être, mais porteuse de mystère, et dotée de pouvoirs surhumains, c'est pourquoi elle a une place de choix dans la mythologie. Un grésillement dans le fourneau annonce l'arrivée du prochain panache odorant, l'atmosphère brumeuse est propice à l'évocation des origines légendaires du tabac, l'oncle peut commencer.

Le dieu maya Atuyi, comme tous les dieux, s'ennuya très vite dans sa solitude divine et entreprit de créer des êtres à son image. Ainsi vinrent au monde le premier homme et la première femme, chargés par leur père éternel d'une mission : ils allaient se hasarder à la découverte du monde, avec pour seule protection contre les dangers d'un univers inconnu de petits sacs dont ils dénoueraient les lacets lorsqu'un obstacle se présenterait. Le dernier de ces sacs contenait un épis de maïs, des graines de haricots et des graines de tabac. Un tel présent de la part d'un dieu ne pouvait être qu'un trésor inestimable et l'homme pensa qu'il devait le protéger. L'idée germa en lui de les cacher sous terre et il devint ainsi, sans le savoir, le premier cultivateur. La récolte ne tarda guère : appétissants épis de maïs et haricots succulents dont il se régala. La troisième plante, cependant, resta mystérieuse pour lui et il pensa que ces herbes incomestibles étaient sans doute destinées à être brûlées pour lutter contre les rigueurs du froid. Il les enflamma donc et la fumée s'en dégageant eut sur lui des effets apaisants ; enchanté par ce parfum, il s'endormit dans une grande quiétude, et, premier homme à vivre cette expérience, il rêva.

Vous ne connaissez pas encore Freud, chers enfants, dit l'oncle à ce moment de son récit, eh bien, apprenez les choses étonnantes que cet esprit fertile a énoncées à propos du rêve : cette activité nocturne de l'esprit est l'occasion – rêvée – pour l'homme de réaliser ses désirs, d'une façon déguisée, se les présentant à lui-même à la manière d'un rébus, afin qu'ils lui soient acceptables. Car l'homme est étranger à son propre désir, voilà qui ne cessera jamais de nous surprendre, nous qui pensons tout savoir sur nous-mêmes. Ce mythe, qui nous montre le tabac à l'origine du premier rêve de l'histoire de l'humanité, rétablit donc un lien pacifique entre l'homme et son désir par la grâce de cette herbe délicieuse, une réconciliation en quelque sorte. Est-ce que vous saisissez ?

Poursuivons, dit le conteur enthousiaste voyant déjà, sans s'en inquiéter outre mesure, s'incliner les têtes blondes. Cette pipe que vous me voyez fumer a un ancêtre connu de vous, jeunes amateurs de westerns : le calumet.

Soudain tirées de leur somnolence par ce terme évocateur, les têtes se redressent.

Selon la légende, il fut créé par le Grand Esprit, qui le modela à partir d'une boule de terre dont il fit une pâte rousse se transformant bientôt en une pipe, telle que nous la connaissons, avec son tuyau et son fourneau. Il ne lui restait plus qu'à prononcer quelques paroles magiques et le calumet était né. Les ancêtres indiens avaient pour coutume de se réunir autour du feu de camp pour échanger leurs idées et leurs vues sur le monde. Le Grand Esprit leur offrit son cadeau, pensant qu'il manquait quelque chose à ces réunions, un moyen de transmission pour ces sages paroles. La pipe sacrée aurait donc cette fonction : elle conserverait le trésor de ces sentences et en redistribuerait la manne à qui voudrait bien les entendre. Ce fut une incitation à la sagesse, le calumet passa de bouche en bouche, comme une parole échangée, gardant avec la chaleur de sa braise les légendes racontées pendant cette nuit mythique. Depuis lors, le calumet est devenu pour les peuples indiens un signal : rouge, il prouve que l'étranger vient avec des intentions pacifiques ; gris et blanc, il annonce la guerre.

Notre grand poète Baudelaire, que vous étudierez bientôt, a mis en vers cette légende :

« ... Avec sa main terrible il rompit un morceau
Du rocher, dont il fit une pipe superbe,
Puis, au bord du ruisseau, dans une énorme gerbe,
Pour s'en faire un tuyau, choisit un long roseau.

Pour la bourrer il prit au saule son écorce ;
Et lui, le Tout-Puissant, Créateur de la Force,
Debout, il alluma, comme un divin fanal,
La Pipe de la Paix. Debout, sur la Carrière
Il fumait, droit, superbe, et baigné de lumière...

Et lentement montait la divine fumée
Dans l'air doux du matin, onduleuse, embaumée.

... Bientôt vous recevrez de ma main un Prophète
Qui viendra vous instruire et souffrir avec vous.
Sa parole fera de la vie une fête ;
Mais si vous méprisez sa sagesse parfaite,
Pauvres enfants maudits, vous disparaîtrez tous !

Effacez dans les flots vos couleurs meurtrières.
Les roseaux sont nombreux et le roc est épais ;
Chacun en peut tirer sa pipe. Plus de guerres,
Plus de sang ! Désormais vivez comme des frères,
Et tous, unis, fumez le Calumet de Paix ! »

Gonflant sa voix, l'oncle a fait ronfler les vers du poète, le fourneau de sa pipe, sur laquelle il tire entre chaque strophe, est devenu incandescent. Ainsi, s'exclame-t-il, dès son origine le tabac est associé au pire comme au meilleur, deux significations contradictoires qu'il continuera d'incarner tout au long de sa prodigieuse carrière. Ne trouvez-vous pas cela admirable ? dit-il, nullement démonté par le spectacle de son assemblée somnolente. Eh bien, ce double visage du tabac on le retrouve dans beaucoup d'autres légendes, en Syrie, par exemple, où l'on raconte que le Prophète fut mordu par une vipère et suça sa plaie pour en extraire le venin. La substance empoisonnée qu'il cracha à terre fit sortir de cet endroit même un plan de tabac, amer comme le venin du serpent et doux comme la salive du Prophète.

Ne retrouvons-nous pas ici le même paradoxe ? Le tabac comme bienfait et malédiction ?

Je vous affirme n'y voir, quant à moi, que des bienfaits, et je chéris cet ustensile que vous voyez toujours à ma main. La pipe est la fidèle compagne de l'homme, si différente par nature de la cigarette ou du cigare, ses collatéraux volages, identiques et indifférents, voués à finir leur carrière au fond d'un cendrier. La pipe, au contraire, bien loin de se détruire dans la combustion, se bonifie, se « culotte » au fil des années, se parant de l'empreinte indélébile de son propriétaire : ses dents auront marqué son tuyau, sa pratique de fumeur aura laissé sa trace dans son fourneau. Elle sera à ses côtés tout au long de sa vie, associée à son existence au point de pouvoir signifier sa mort, d'où l'expression « casser sa pipe ». Et quelle consolatrice ! Pansue et tranquille, tout le contraire de la mince et nerveuse cigarette ; son simple contact à travers la poche suffit à vous rassurer.

Dans leur clairvoyance, les poètes l'ont exprimé avant moi, ils ont chanté la grâce de l'instrument et son incomparable pouvoir. Baudelaire, encore lui, n'a pas manqué d'en noter le féminin réconfort dans ses *Fleurs du Mal* :

« Je suis la pipe d'un auteur.
On voit, à contempler ma mine
D'Abyssinienne ou de Cafrine,
Que mon maître est un grand fumeur.

Quand il est comblé de douleur,
Je fume comme la chaumine
Où se prépare la cuisine
Pour le retour du laboureur.

J'enlace et je berce son âme
Dans le réseau mobile et bleu
Qui monte de ma bouche en feu,

Et je roule un puissant dictame
Qui charme son cœur et guérit
De ses fatigues son esprit. »

Rimbaud lui-même a su reconnaître quelle part prenait la pipe dans son travail créateur, et lui a rendu hommage dans son sonnet *Oraison du Soir*:

« Je vis assis, tel qu'un ange aux mains d'un barbier,
Empoignant une chope à fortes cannelures,

> L'hypogastre et le col cambrés, une Gambier
> Aux dents, sous l'air gonflé d'impalpables voilures. »

Voyez comme il a chanté l'évasion procurée par le tabac ! Et si vous vous demandez où se trouve la pipe dans ces vers, sachez que vous la trouverez cachée sous le vocable Gambier, du nom – célèbre à l'époque – de son fabricant, installé à Givet, dans les Ardennes. Un point d'histoire : au XIXe siècle, les fabriques du Nord tournaient à plein régime et l'on prétend qu'en 1850 Gambier sortait de ses établissements 100 000 pipes par jour !

Les poètes n'ont pas été les seuls à se montrer sensibles au charme de la pipe : les peintres l'ont magnifiée dans leurs œuvres. Je vous emmènerai un de ces jours, chers enfants, contempler les merveilles de la peinture hollandaise du XVIIe siècle et vous constaterez que le noble ustensile manque rarement à l'appel dans les tableaux de cette époque. L'école française en a suivi l'exemple, sensible elle aussi à l'aspect sensuel de la fumée et à sa symbolique, touchant à l'éphémère de la vie et à la vanité de toute chose. Je vous conduirai devant Georges de La Tour et son *Souffleur à la Pipe*, je vous présenterai la *Tabagie* des frères Le Nain, ou celle, plus tardive, de Chardin. Puis nous suivrons Ingres jusqu'en Orient où les vapeurs du tabac enveloppent odalisques et bains turcs, et, passant au XIXe siècle, nous admirerons la pipe de Courbet dans ses autoportraits, enfin, scandale, des femmes s'adonnant aux plaisirs du tabac dans les peintures de Manet.

Les enfants émergeant de leur somnolence se jettent à la dérobée un regard inquiet : le programme chargé promis par l'oncle pour occuper leurs vacances commence à les préoccuper.

Et notre Cantor lui-même, poursuit-il, a mis le tabac à l'honneur dans sa musique céleste en nommant l'un de ses arias *So oft ich meine Tabakpfeife* !

À ce moment, le conteur marque une pause, chantonne quelques mesures de Bach, le temps de s'apercevoir que sa pipe est éteinte, de même que son auditoire. Il pense alors dans sa grande sagesse que le moment est venu de donner congé à son public assoupi, lui promettant pour le lendemain de nouvelles aventures. Mais les enfants, jurant secrètement de vivre l'expérience de la première cigarette un jour sans oncle, décident entre eux de se passer de sa seconde leçon d'histoire du tabac et de faire du lendemain un jour d'école buissonnière. Bambous, chiffons rouges, la journée sera consacrée à la pêche à la grenouille.

9

Freud est prié de fermer les yeux

La fin de l'année 1896, moment où Freud choisit de ne plus parler de son addiction à Fliess, est une date importante tant dans l'histoire de l'amitié entre les deux hommes que dans l'évolution de l'analyse de Freud. Il s'agit d'une année charnière ouvrant sur la période où ce dernier va se livrer à ce qu'il appellera son auto-analyse. Nous pouvons comprendre maintenant que celle-ci ne fut possible qu'à partir du moment où son ami Fliess se trouva conforté par lui dans sa position d'analyste. Le lit de cette situation propice à l'analyse fut creusé les années précédentes, lettre après lettre, au fur et à mesure de l'installation du transfert, autour de la difficile question de l'abstinence de tabac.

C'est bien plus tard, en 1915 puis en 1918, que l'on pourra lire sous la plume de Freud des considérations qui développent et théorisent, comme un rappel de ces années de correspondance, les expériences qu'à son insu il aura déjà vécues. En effet, presque vingt ans auparavant, au cours de cette période d'amitié épistolaire intense, Freud aura fait l'expérience du transfert, de l'association libre, de la résistance comme effets de la règle d'abstinence, ces phénomènes se précipitant sous l'effet de la privation de tabac.

Dans l'article intitulé : « Observations sur l'amour de transfert », paru dans le recueil *La Technique psychanalytique*, on peut reconnaître, sous les traits de celle qu'il appelle la « patiente », le jeune Freud en proie aux aléas de son transfert sur Fliess. En lisant cet extrait de l'article, comment ne pas penser à ce qui se produisit pour le futur inventeur de la psychanalyse lorsque son ami lui ordonna de cesser sa tabagie, laissant subsister chez lui « besoins et désirs » comme autant de forces « favorisant le travail et le changement » :

> « J'ai déjà fait entendre que la technique analytique impose au médecin l'obligation de refuser à la patiente avide d'amour la satisfaction qu'elle réclame. Le traitement doit se pratiquer dans l'abstinence, je n'entends pas parler seulement de l'abstinence physique... non, je me contente de poser en principe qu'il faut laisser subsister chez le malade besoins et désirs, parce que ce sont là des forces motrices favorisant le travail et le changement. Il n'est pas souhaitable que ces forces se trouvent diminuées par des succédanés de satisfactions. »

Freud l'affirme sans équivoque dans le passage qui va suivre : la règle d'abstinence déborde de beaucoup la simple prohibition d'une relation amoureuse entre le patient et son analyste pour s'élargir à la notion d'une attitude calculée de ce dernier visant, par la privation de satisfactions réelles, au maintien du transfert nécessaire au bon déroulement de la cure :

> « Avouons que la question de l'abstinence, au cours des analyses, déborde de beaucoup le cadre du cas particulier ici étudié et doit être discutée beaucoup plus à fond, si nous voulons déterminer les limites de sa possible application. »

Freud, identifié à « la patiente », a pour le moins manifesté des résistances aux ordres de Fliess et, par ses multiples allées et venues autour de la question de la privation de tabac, ainsi que nous avons pu le constater, n'a pas hésité à entraîner son ami dans le « cercle vicieux » de son indétermination :

> « L'analyste doit surtout insister sur le rôle indiscutable que joue la résistance dans cet amour... La résistance que la patiente manifeste prend la forme de l'amour et elle n'hésite même pas à placer l'analyste dans un cercle vicieux. »

Enfin, la description qu'il fait de l'amour de transfert n'est-elle pas à l'image des sentiments que la situation analytique fit naître en lui, provoquant sa résistance tout en le poussant à la surestimation des qualités de son ami ?

> « … Quoi qu'il en soit, l'amour de transfert présente quelques traits propres qui lui assurent une place à part : 1. C'est la situation analytique qui le provoque ; 2. La résistance qui domine la situation l'intensifie encore ; 3. Ne tenant que fort peu compte de la réalité, il s'avère plus déraisonnable, moins soucieux des conséquences, plus aveugle dans l'appréciation de l'être aimé, que ce que nous attendons d'un amour normal. »

En 1918, un texte paru dans le recueil *La Technique psychanalytique*, intitulé « Les Voies nouvelles de la thérapeutique psychanalytique », permet à Freud de préciser encore davantage sa conception élargie de la règle d'abstinence :

> « Je me contenterai d'énoncer un principe fondamental sans doute appelé à régir tout ce domaine et qui est le suivant : le traitement psychanalytique doit autant que possible s'effectuer dans un état de frustration, d'abstinence. En parlant d'abstinence, nous ne songeons pas à priver l'analysé de toute espèce de satisfaction, ce qui serait évidemment impossible. Nous n'entendons pas non plus donner à ce mot le sens qu'on lui attribue vulgairement et ne voulons pas interdire au patient tout rapport sexuel ; il s'agit ici de quelque chose de différent, qui se rapporte bien davantage à la dynamique de la maladie et de la guérison.
>
> Vous n'avez pas oublié qu'une frustration avait causé la maladie du sujet et que ses symptômes lui servaient de satisfaction substitutive. Au cours du traitement, vous pourrez constater que toute amélioration de son état morbide ralentit l'allure du rétablissement et diminue la force pulsionnelle qui l'aiguillonne vers la guérison. Or cette force pulsionnelle nous est indispensable et sa diminution compromettrait l'accession au but que nous poursuivons. À quelle conclusion inéluctable sommes-nous alors obligés d'arriver ? Eh bien, quelque cruel que cela puisse sembler, nous devons veiller à ce que les souffrances du malade ne s'atténuent pas prématurément de façon marquée. Au cas où les symptômes ont été ainsi détruits et dévalués, nous sommes obligés de recréer la souffrance sous les espèces d'une autre frustration pénible, faute de quoi nous courrions le risque de n'obtenir jamais qu'une faible et passagère amélioration. »

Fliess, en privant Freud de tabac, a donc veillé à ce que les souffrances de son ami ne « s'atténuent pas prématurément » et s'est donc bien comporté, selon la vision de Freud, en analyste maniant la règle d'abstinence. Et ne voyons-nous pas, dans ce texte théorique, la description d'un phénomène que Freud expérimenta au travers d'une amitié passionnée : la force pulsionnelle le poussant, à travers l'état morbide provoqué par la frustration, vers l'amour de transfert ? C'est sans doute saisi par cette prescience qu'il écrivit à Fliess :

> « Ne sommes-nous donc amis que dans l'infortune ? »

Mais, en cette fin d'année 1896, au moment où cessent dans sa correspondance les allusions au tabac, un événement non moins majeur se produit dans la vie de Freud : la mort de Jacob Freud, son père, dans la nuit du 23 octobre.

> « Hier nous avons enterré mon vieux père, mort dans la nuit du 23... Tout cela s'est produit pendant ma période critique et je suis vraiment à bout. »

L'agonie du « vieil homme » aura rendu impossible l'un des si rares « congrès » des deux amis, que Freud remet à plus tard dans une lettre du 30 juin 1896 :

> « Mon vieux père [*il a 81 ans*] se trouve à Bade dans un état de santé très critique... Dans ces conditions, je ne puis songer me rendre dans un endroit situé à douze heures d'ici... »

Des années après, et non sans humour, le père de la psychanalyse se posera la question de savoir si le fait qu'un patient manque une séance pour assister aux obsèques de son père doit être considéré comme une résistance...

Le travail du deuil qui commence dans les mois qui suivent n'est pas pour rien dans l'intensification des recherches de Freud sur lui-même et dans la mise entre parenthèses de la question du tabac. Le 2 novembre 1896, annonçant l'entrée dans la période la plus féconde de son auto-analyse, il écrit, à propos de son vieux père :

> « Il se survivait depuis longtemps, mais, du fait de sa mort, tout le passé ressurgit. »

Aussi éloignées puissent-elles paraître, la mort du père et la question du tabac sont cependant à mettre en relation. Ces deux dimensions, qui se lient à une troisième, le transfert sur Fliess, se révèlent de façon inattendue dans un rêve devenu célèbre, relaté dans cette même lettre du 2 novembre :

> « Il faut que je te raconte un joli rêve que j'ai fait pendant la nuit qui a suivi l'enterrement. Je me trouvais dans une boutique où je lisais l'inscription suivante :
>
> "On est prié de fermer les yeux."
>
> J'ai tout de suite reconnu l'endroit, c'était la boutique du coiffeur chez qui je vais tous les jours. Le jour de l'enterrement, j'avais dû attendre mon tour et étais, à cause de cela, arrivé un peu en retard à la maison mortuaire. La famille m'en voulait beaucoup alors d'avoir décidé que les obsèques se feraient sans bruit, simplement, ce qu'elle devait, par la suite, approuver. Ils prirent aussi très mal mon retard. La phrase de l'écriteau a un double sens. Elle signifie : "Il faut faire son devoir envers les morts." (Il s'agit donc d'une excuse, comme si j'avais manqué à mes devoirs et que j'eusse besoin d'indulgence et "devoir" est pris dans son sens littéral.) Le rêve émane donc d'une tendance au sentiment de culpabilité, tendance très générale chez les survivants. »

Ce rêve sera repris quatre ans plus tard dans la *Science des Rêves*, Freud de toute évidence s'y aidant, pour sa rédaction, de notes prises au moment des faits. À le lire, on est surpris d'y remarquer quelques différences pouvant paraître anecdotiques mais revêtant toute leur importance si l'on pense à l'attention portée aux moindres détails du récit d'un rêve par celui qui s'en fit le premier déchiffreur.

> « La nuit qui précéda l'enterrement de mon père je vis en rêve un placard imprimé, une sorte d'affiche, quelque chose comme le "Défense de fumer" des salles d'attente des gares. On y lisait : "On est prié de fermer les yeux" ou "On est prié de fermer un œil", ce que j'ai l'habitude d'écrire ainsi :
>
> On est prié de fermer les yeux
un œil
>
> Chacune de ces formules a son sens particulier et dirige l'interprétation de manière différente. J'avais choisi le cérémonial le plus simple, sachant ce que mon père pensait de ces sortes de choses ; certains membres de la famille m'avaient désapprouvé, objectant le qu'en-dira-t-on. D'où l'expression allemande "fermer un œil" (user d'indulgence). Il est facile ici de comprendre la confusion exprimée par le "ou bien". Le travail du rêve n'a pu parvenir à trouver un mot unique, mais ambigu, qui représentât les deux pensées ; ainsi, dans son contenu même, les deux idées principales sont déjà séparées. »

La première différence concerne la date précise où Freud fit ce rêve : dans le récit fait à Fliess, il indique qu'il s'agit de la nuit suivant l'enterrement de son père ; dans la *Traumdeutung*, il situe le rêve la nuit précédant cet événement. Il paraît évident, au vu de l'interprétation qu'en fait Freud dans sa lettre à Fliess, que la date réelle est bien le lendemain des obsèques, puisque son retard à celles-ci – et les reproches familiaux qui s'ensuivirent – a été l'un des éléments déclenchants du rêve. Son désir de ne pas rendre public cet incident privé pourrait suffire à expliquer cette erreur – ou cette modification.

La seconde différence est une transformation apportée à « On est prié de fermer les yeux ». Freud y adjoint : « ou bien "On est prié de fermer un œil" », ajout qui lui permet dans le livre une réflexion sur les deux pensées du rêve et l'échec de leur traduction par un seul mot au caractère ambigu. Là encore, cet ajout peut s'expliquer, en supposant, cette fois, qu'au moment de sa lettre à Fliess, Freud n'avait pas encore eu l'occasion de lire l'ouvrage de Karl Abel (paru en 1884) sur les sens opposés dans les langues primitives, lecture l'amenant à cette réflexion préliminaire qu'il développera et qui fera de sa part l'objet d'un article plus complet en 1910. L'ajout de « fermer un œil », terme moins radical que « fermer les yeux » peut également être entendu comme un compromis, semblable à celui pour lequel Freud a opté concernant le tabac et qui a clos ce sujet dans sa correspondance avec Fliess. Ce terme est, en outre, la meilleure façon de définir le symptôme, dont Freud dira qu'il est situé, précisément à la manière d'un compromis, au juste milieu entre refoulé et retour du refoulé.

La troisième différence est certainement, dans la logique qui nous a amenés jusqu'ici, la plus importante. Dans la *Traumdeutung* Freud prend soin d'expliquer d'où lui vient l'image du placard imprimé « On est prié de fermer les yeux », alors qu'il a évité d'en faire mention dans sa lettre à Fliess. Il nous apprend que cette représentation est liée à l'affiche « Interdit de Fumer » « que l'on rencontre dans les salles d'attente des gares » ! « Fumer », « Gare », deux signifiants maîtres de sa problématique inconsciente qu'il se contente d'évoquer, sans aucunement y insister, mais qu'il n'a cependant pas révélés à son ami. Il ne se livre à aucune association à partir de cette image, touchant pourtant à un élément crucial de sa vie personnelle et de sa relation transférentielle à Fliess. Fliess, l'« Alter » sévère qui, à de multiples reprises, s'est fait la vivante incarnation de cet « Interdit de fumer » et qui, de plus, l'a probablement prononcé pour la première fois sur un quai de gare, lieu où se manifestait la phobie de Freud. « Fumée » et « gare » résonnent donc pour lui d'une façon particulière : il fait d'ailleurs l'analyse de cette phobie durant la même période et en trouve l'origine infantile partielle autour d'un souvenir de gare où pourrait bien se réaliser l'équation feu-flammes-fumée, qui symboliquement est en écho avec la question du tabac :

> « J'avais trois ans quand nous passâmes par la gare de Breslau en allant de Freiberg à Leipzig et les flammes du gaz que j'y vis pour la première fois me firent penser aux âmes brûlant en enfer. »

Freud a atteint l'acmé de sa relation à son ami et se trouve, en 1896, dans ce moment essentiel et douloureux de la vie, aux portes de sa véritable analyse. L'objet tabac qui a participé, par le biais de la frustration, à l'établissement de ce transfert massif restera pourtant tout au long de son existence un *punctum cæcum*, un point aveugle dont sa théorie n'essaiera jamais de faire le tour, alors qu'il reconnaîtra plus tard que celle-ci n'aurait jamais vu le jour sans l'apport indispensable de ce stimulant. Une seule allusion de quelques lignes aux toxicomanies comme substitut de la masturbation dans l'une de ses lettres à Fliess et une réflexion dans les *Trois Essais sur la théorie de la sexualité* sur les fumeurs et les buveurs, seront les seules incursions que Freud se permettra dans ce domaine de la psychopathologie qui le touche pourtant de si près.

C'est la logique de l'inconscient qui pourrait nous permettre d'expliquer pourquoi, au moment de la mort de son père, Freud introduit Fliess de façon détournée dans son rêve en tant qu'interdicteur, agent privateur de l'objet désiré, comme un père peut l'être au cours du conflit œdipien. Peut-être lève-t-il ainsi un coin du voile sur la nature du transfert paternel ici à l'œuvre dont il ne veut pourtant rien savoir, pas plus qu'il ne veut savoir ce qu'il en est de l'objet-tabac qui le provoque : oui, sans aucun doute, « on est prié de fermer les yeux ».

Un rêve oraculaire, voilà certainement la plus belle façon de mettre fin à une période ou d'annoncer un bouleversement, même si ce rêve exprime un désir de n'en rien savoir. Le temps est donc venu pour Freud d'imaginer commencer son auto-analyse, de s'attacher à ce travail solitaire inconsciemment refusé à un destinataire. En fait, l'analyse est engagée, depuis longtemps déjà et l'année qui s'annonce n'en verra qu'un renforcement, sous la forme d'un moment fécond en découvertes essentielles.

Il y a quelques décennies un concours fut lancé par les cigarettes Camel : il s'agissait de retrouver sur le célèbre paquet la date de création de la marque. Elle n'était pas cachée dans le dessin du chameau, mais on pouvait la découvrir en retournant le texte imprimé au dos : les lettres hibi *du mot* prohibits *se transformaient alors en* 1914, *révélant ainsi la solution.*

10

Oncle Paul ne désarme pas

IL EN FAUDRAIT DAVANTAGE pour démonter l'oncle fumeur de pipe : malgré l'absence de ses neveux, le jour dit, à sa place sur l'estrade, il est déjà en train de bourrer son instrument. Il a même apporté des documents afin d'étayer ses propos et, marchant de long en large, il n'hésite pas à poursuivre sa réflexion solitaire.

Revenons à Freud que nous évoquions hier, dit-il, s'adressant à son auditoire fantôme en tirant sa première bouffée. Ce Champollion du rêve, lui-même fumeur invétéré, connaissait les apports bienfaisants du tabac à la réflexion. Chef de file d'un mouvement international, objet de l'admiration sans bornes de ses disciples, il écartait paisiblement louanges et comparaisons flatteuses, comme il aurait chassé de la main la fumée de son cigare. Lorsque Ferenczi s'obstina à le rapprocher de Goethe, Freud refusa ce parallèle, pourtant honorifique, au nom d'une différence essentielle entre ce géant de la pensée et lui. Devinez laquelle : Goethe ne partageait pas son goût pour le tabac !

Écoutez-le :

> « Comme vous ne voulez pas renoncer à la comparaison avec Goethe, je peux moi-même ajouter encore certaines choses, positives et négatives... parmi ces dernières, il y a mon rapport au tabac dont Goethe avait une sainte horreur, tandis que moi je ne trouve au fond aucune autre excuse au forfait de Colomb. »

Le tabac, seule excuse au forfait de Colomb ! Ici l'oncle marque une pause, fermant les yeux afin de savourer la formule de Freud, et, après avoir tiré rêveusement sur le tuyau de sa pipe, projette sur l'écran de fumée la silhouette des trois caravelles abordant au Nouveau Monde. Ah ! Si les enfants pouvaient voir les voiles gonflées de la *Niña*, de la *Pinta* et de la *Santa María* ondulant sur les volutes odorantes de la lanterne magique ! Mais là-bas, tapis au milieu des roseaux, ils ne prêtent attention qu'à l'agitation de leurs chiffons rouges.

Le 12 octobre 1492, annonce l'oncle, Christophe Colomb, envoyé des Rois Catholiques, jette l'ancre dans l'archipel des Bahamas, devant l'île de Guanahani. Quelques jours plus tard, notant sur son journal de bord ses premières observations, il remarque :

> « [...] des feuilles sèches auxquelles les gens d'ici attachent une grande importance. »

Le navigateur abordant à ces rivages croit avoir découvert les Indes alors qu'il découvre le tabac. Intrigué par l'étrange habitude des Indiens, il note dans son journal :

> « Je rencontrais beaucoup d'Indiens qui se rendaient à leur village avec un tison d'herbe à la main, pour prendre leurs fumigations quotidiennes... allumé à un bout, et par l'autre ils le sucent ou le reçoivent avec leur respiration. »

Encore inconnu en Europe, le tabac est depuis longtemps consommé par les autochtones d'Amérique et même par ceux d'Océanie. L'herbe aux pouvoirs magnifiques a chez les Indiens son dieu attitré, Centzon Totochin, dont la fonction consiste à assurer de bonnes récoltes. Il faut dire que le tabac doit également sa prospérité au sang des victimes qui lui furent autrefois immolées, fertilisant la terre assoiffée d'où jaillissaient les plants.

Des calumets rituels découverts par les archéologues dans des sépultures mayas datant du IIIe siècle donnent une idée de la place qu'occupait cette plante vénéneuse dans la civilisation précolombienne.

Tectziztecatl, dieu de la Lune et des Enfers, figure sur l'un des linteaux du temple de la Croix, dans le sanctuaire maya de Palenque. De sa pipe s'échappent deux volutes de fumée gravées : l'une s'élève vers le Ciel et l'autre descend dans les Ténèbres. Cette scène figure également sur plusieurs vases retrouvés dans des tombes du site de Uxmal.

Encore une image de l'aspect paradoxal du tabac, annonce l'oncle d'une voix triomphante, cette herbe dont la jouissance trouve ses racines dans l'Éden comme dans le Styx, dans le bien comme dans le mal ! Pour les jeunes Mayas, le tabac était traditionnellement lié aux rites initiatiques destinés à aider les adolescents à accéder au statut d'homme adulte, de guerrier, de défenseur de la collectivité. En est-il autrement de nos jours, où le rite de la première cigarette signe l'entrée dans l'âge d'homme ? Pour les Mayas, le tabac était à la fois remède et drogue rituelle supposée capable d'éloigner les esprits maléfiques. On appliquait ses feuilles macérées pour traiter les furoncles. Notez que c'est sous cet aspect médicinal, astuce diabolique, qu'il fera son entrée sur le Vieux Continent. Il faut cependant savoir que le tabac ne constituait nullement le seul ingrédient des cigares, ni chez les Mayas, ni chez les anciens Mexicains. Afin qu'elles répandent leur fumée narcotique, bien d'autres plantes entraient dans la composition des pipes richement décorées. Sur une planche du *Livre des Destinées*, on peut voir des prêtres offrant aux condamnés des roseaux à fumer, tout en soufflant sur leur visage des bouffées de tabac. Comme on peut le constater, la tradition de la dernière cigarette du condamné ne date pas d'hier !

Ces mystérieux hommes à demi nus qui exhalent de la fumée par leurs narines intriguent Colomb et ses compagnons. Luis de Torres et Rodrigo de Jerez, envoyés à terre, découvrent les indigènes en train de fumer des herbes sèches, observation qui sera consignée sur le livre de bord :

> « Ils boivent de la fumée et se régalent de son parfum. »

En mars 1493, Christophe Colomb est de retour, impatiemment attendu par les souverains Ferdinand et Isabelle qui l'espèrent chargé d'or et de diamants. La cour, solennellement réunie en son honneur, assiste à un défilé de matelots porteurs d'objets précieux, annonciateurs de merveilles, puis, à la surprise de tous, arrive un groupe d'Indiens apeurés, coiffés de plumes, qui se prosterne humblement devant leurs Majestés. Le Nouveau Monde présente ses hommages à la vieille Europe. Colomb fait alors don au roi Ferdinand des « herbes divines », ainsi que des calumets et des pipes destinés à leur consommation. La déception du roi est grande, il ne peut imaginer que les feuilles de tabac faisant ce jour-là leur entrée en Espagne vont apporter au trésor royal des richesses égales en importance à toutes les pépites de la terre des Indiens. Comment pourrait-il deviner que l'Eldorado est là, devant ses yeux, sous la forme de ces feuilles brunes fumées par les sauvages ?

Ainsi en est-il des premiers contacts du tabac avec l'Europe. Ils ne se déroulent d'ailleurs pas sans quelques accrocs : les vertus magiques de l'herbe sacrée, création du diable, lui valent aussitôt l'acharnement de l'Église, toute-puissante à cette époque. Le fait qu'un homme puisse souffler de la fumée par la bouche et les narines est, sans aucun doute, une pratique de sorcellerie, une évidence de sa possession par le diable. Le premier à en faire les frais est Rodrigo de Jerez : ayant rapporté une importante quantité de ces fameuses feuilles, il est emprisonné quelques années sur ordre de l'Inquisition. On ne le brûle cependant pas, à l'image de ses herbes condamnées : cette première réaction de l'Église, quoique brutale, restera sans suite et, plus tard, Charles Quint acceptera volontiers les plants de tabac que lui feront parvenir ses missionnaires.

À partir de 1519, les Espagnols et les Portugais importent du Yucatán les premières feuilles et l'usage délicieux du tabac se répand dans toute la péninsule Ibérique. Trente ans plus tard, de Lisbonne où il est alors installé, Jean Nicot lui fait franchir les Pyrénées et l'herbe magique fait son apparition à la cour de France.

Dès 1520, la demande de tabac se fait pressante en Espagne. Pour répondre à ce besoin, déjà impérieux, sa culture est organisée dans le Nouveau Monde. Amérique du Nord, Antilles, Cuba, voient s'installer des plantations. Peut-on, dès lors, charger le tabac du poids de l'un des premiers péchés capitaux de la colonisation ? Sans doute, diront ses détracteurs, puisque c'est pour fournir ces plantations en main-d'œuvre que commencent les premiers trafics d'esclaves. Ratissant les côtes africaines, les négriers déportent des cargaisons d'hommes et cette pratique, abolie trois siècles plus tard, sera légalisée en France sous la forme du Code Noir édicté par Louis XIV, attachant juridiquement les esclaves noirs à leur plantation. Une souillure supplémentaire s'ajoute ainsi à l'histoire du tabac, déjà entachée par les sacrifices humains, souillure vraisemblablement oubliée aujourd'hui, mais non moins indélébile. Qui sait si elle ne joue pas son rôle souterrain dans la réputation sulfureuse attachée depuis à cette herbe ?

Si les enfants étaient présents, et non en train de taquiner la reinette, ils trouveraient sans doute que leur oncle, dans son audace interprétative, pousse un peu loin le bouchon.

Comme il en est souvent des grandes découvertes, deux inventeurs se disputent la paternité de l'introduction du tabac en France : Nicot et Thévet.

> « Je puis me vanter d'avoir été le premier en France qui a apporté la graine de cette plante et pareillement semé et nommé ladite plante : l'herbe angoumoisine. Depuis, un quidam qui ne fit jamais le voyage, quelque dix ans après que je fus de retour en ce pays, lui donna son nom. »

C'est en ces termes qu'André Thévet se plaint d'avoir été dépossédé de sa découverte par le « quidam » Nicot, ambassadeur de François II à Lisbonne. En effet, Thévet se trouve au Brésil en 1555-1556, participant à la fondation de Rio. Cordelier, aumônier d'une expédition, il sème des graines de cette herbe que les Indiens appellent *pétun* et lui donne le nom d'« herbe angoumoisine », dont il constate les effets comparables à ceux des vapeurs de l'alcool :

> « Or, si l'on prend de cette fumée plus que de raison, elle entête et enivre ni plus ni moins que font les fumées de quelque fort vin à celui qui le tire trop longuement. »

Mais, hélas pour Thévet, dit l'oncle, assez content de sa formule, l'engouement provoqué par sa découverte ne va pas dépasser les frontières de la région d'Angoumois. Il guette un sourire sur les lèvres de son auditoire. N'en décelant aucun – et pour cause – il décide de poursuivre son exposé.

Si la priorité de la découverte de l'herbe miraculeuse doit être concédée au cordelier, on ne peut nier que celle-ci doive sa renommée dans notre pays à Nicot, jouissant d'appuis autrement puissants. Nommé à Lisbonne par François II, qui meurt prématurément, Jean Nicot est témoin dans la capitale portugaise de l'extraordinaire vague de popularité dont bénéficie le tabac. La réputation de panacée de ces herbes venues d'Espagne le pousse à en expérimenter les vertus curatives sur son cuisinier. Il prend lui-même plaisir à les fumer et trouve opportun d'en faire part à ses protecteurs. Le cardinal de Lorraine est le premier informé :

> « J'ai recouvré d'une herbe d'Inde de merveilleuse et expérimentée propriété contre le Noli me Tangere et les fistules déplorées comme irrémédiables par les médecins et de prompt et singulier remède aux nausées. Si tôt qu'elle aura donné sa graine, j'en enverrai à votre jardinier, et, de la plante même, dedans un baril avec une introduction pour la replanter et entretenir... »

C'est le premier pas d'une démarche qui va l'amener à expédier à la Régente elle-même, Marie de Médicis, du tabac en poudre pour la guérir des migraines dont elle souffre depuis l'enfance. Le miracle se produit, la reine mère s'en trouve mieux, il n'en faut pas davantage pour que la cour suive. La carrière prodigieuse du tabac est lancée. Ses vertus thérapeutiques, reconnues par tous, lui valent d'être utilisé sous toutes ses formes : vapeur, sirop, bonbons, tisanes, clystères, baumes, pommades.

La querelle de préséance qui opposa Thévet à Nicot n'a peut-être pas lieu d'être si l'on pense que dès les premières années du XVIe siècle on fumait déjà dans les ports français, ainsi qu'en témoigne en 1525 un cartographe dieppois, Pierre Grignon :

> « Hier j'ai rencontré un vieux matelot et j'ai bu avec lui un broc de vin de Bretagne. Tout en buvant, il a sorti soudain de sa bougette un objet de terre blanche... on eut dit un encrier avec un long tuyau... il a rempli le gros bout de feuilles brunes, cassées par lui dans le creux de la main, a bouté le feu dessus au moyen d'un briquet et, l'instant d'après, ayant mis le tuyau entre ses lèvres, il soufflait de la fumée par la bouche, ce qui fort m'émerveilla. Il m'apprit alors que les Portugais lui avaient appris cela et qu'eux-mêmes le tenaient des Indiens mexicos. Il appela cela "pétuner" et dit que ce pétunage éclaircit les idées et donne des pensées joyeuses. »

Jusqu'au milieu du XVIIIe siècle, c'est en effet le terme *petun* qui a valeur d'usage. Le terme *tabac*, (de *tobago*, roseau ou cornet entourant les feuilles roulées), ne fera son apparition qu'à la fin du XVIe siècle, sans pour autant détrôner son prédécesseur.

En 1570, Liébault donne à la plante récemment introduite le nom de *Nicotiana*, plus scientifique que « herbe à la Reine » ou « herbe à l'Ambassadeur ». C'est la première apparition de cette appellation, reprise plusieurs fois par la suite et dont l'usage sera définitivement consacré par Linné, en 1737, dans son *Genera Plantarum*. Notons au passage que de nos jours le nom de Nicot, dans le langage courant, est moins associé à la plante elle-même qu'au toxique, pour ne pas dire au poison contenu par le tabac, isolé par Vauquelin en 1809. Utilisé à partir de 1818 pour désigner cet alcaloïde rendu responsable de tous les maux causés par le tabagisme, le terme de « nicotine », serait-il un hommage ambigu à Jean Nicot, en remerciement du cadeau empoisonné qu'il fit au Vieux Continent ?

À cette époque, le plaisir de fumer est à placer au second plan, loin derrière sa dimension curative. Considéré comme plante médicinale, le tabac se vend chez les apothicaires et chez les herboristes exclusivement. En Angleterre comme en France, l'engouement est énorme, lié de l'autre côté de la Manche à la personne de Sir Walter Raleigh, favori de la Grande Elisabeth. Explorateur, il fonde en 1584, et nomme Virginie, la première colonie anglaise sur le continent américain, en hommage à sa souveraine, la « Reine Virginale ». C'est là qu'il découvre le tabac dont il va faire une habitude obligée à la cour d'Angleterre, et qui va bientôt devenir un véritable phénomène social.

Mais, dans un retournement classique, l'objet paré de toutes les vertus va se révéler porteur de tous les vices. Le tabac se serait-il travesti en panacée pour mieux infiltrer notre société et accomplir ses sombres desseins ? L'humanité aurait-elle été charmée par ses mirages comme Ève par le serpent ? A-t-il enivré l'homme pour profiter de sa faiblesse et le terrasser, montrant alors son véritable visage ? On peut se demander laquelle de ces formules inconscientes préside à cette volte-face. Toujours est-il qu'au début du XVIIe siècle, moins d'un siècle après son apparition, le tabac se trouve placé sous le signe de la controverse, voire, dans certains pays, objet d'une violente répression.

En Angleterre, contrée où le tabac connut un succès sans égal, le mouvement est lancé par le roi Jacques Ier, qui publie un pamphlet, *Le Misocapnie*, et lui assure une large publicité. Avec cet ouvrage, le souverain offre à une société en crise, menacée d'éclatement, son coupable rêvé. Le « pétuneur Pharmakos », ainsi qu'il le nomme, est montré du doigt, c'est le « preneur de tabac » qui est responsable du malaise social. Jacques Ier inaugure ainsi une longue série de campagnes anti-tabac. À son exemple, d'autres souverains absolutistes vont engager une persécution, parfois d'une grande violence, contre les consommateurs de tabac. Jacques Ier est le seul à utiliser, parmi ses arguments, celui de la protection de la santé publique, alors que dans la période 1600-1650, les arguments – ou prétextes – avancés dans la lutte anti-tabac sont variés.

L'herbe sainte devient ainsi l'incarnation du démon, ses consommateurs se transforment en ennemis de l'ordre public. En Turquie et en Perse, les fumeurs sont menacés de mutilations : décapitation, écartèlement, pendaison, ou, au mieux, nez percé, lèvres coupées. L'usage du tabac est interdit au Japon, pays dans lequel l'ampleur de son succès fut spectaculaire, au nom de la protection d'une identité culturelle menacée. Dès 1633, en Turquie, Mourad IV ordonne de détruire les cafés, lieux de tabagies, et décrète la peine de mort contre les fumeurs, ces derniers lui fournissant l'occasion d'une répression arbitraire. Quelques années plus tard, en Chine, on décapite les fumeurs. En 1642, le pape Urbain VIII, soucieux du retour à un rigorisme religieux, interdit l'usage du tabac dans les églises sous peine d'excommunication. À Moscou, Michel Fedorovitch, prétextant les risques d'incendie, menace les fumeurs de soixante coups de bâton sur la plante des pieds, puis requiert la peine de mort contre les fumeurs.

En France, fort heureusement, la répression est moins radicale : en 1621, Richelieu se contente d'augmenter la taxe sur le tabac, Louis XIII d'en interdire le commerce. Les choses s'apaisent en 1674, lorsque Colbert, conscient des bénéfices que le tabac pourrait rapporter à l'État, l'afferme, instituant le monopole du tabac. Dans les autres pays, la résistance des fumeurs à la persécution et, surtout, l'excellent rendement du tabac auront également raison de ces interdits.

Dès le début du XVIIIe siècle, on peut dénombrer 1200 débits de tabac à Paris, le plus élégant étant « La Civette », place du Palais Royal. La vague d'apaisement se poursuit lorsque, en 1724, le pape Benoît XIII révoque les excommunications. En 1761, la voix d'un botaniste anglais, John Hill, démontrant la fréquence anormale de cancer de la fosse nasale chez les priseurs, se heurte à l'indifférence générale. Cent ans plus tard, la première thèse sur les ravages du tabac sera publiée à la faculté de Montpellier, sans guère plus d'écho de la part du corps médical. Il est sans doute trop tôt, la découverte de la formidable source de revenus qu'il constitue n'autorisant pas encore une nouvelle diabolisation du tabac.

L'oncle consulte sa montre. Est-il bien raisonnable d'allumer une nouvelle pipe à cette heure tardive ? Il penche pour l'affirmative. Allons, pressons le mouvement, finissons-en avec cette histoire avant le coucher du soleil !

Ce n'est qu'à partir de 1841 que le terme *cigarette* est consacré. La légende veut que celle-ci, petite quantité de tabac entouré d'une feuille de maïs, fût utilisée par les Indiens avant d'être réinventée par un soldat turc pour remplacer le fourneau de sa pipe arraché par une balle à Saint-Jean d'Acre, en 1831. Pourquoi pas ? Mais, hélas pour la légende, il est incontestable que la cigarette a fait son apparition bien avant le XIXe siècle, en Espagne, comme parent pauvre du cigare. Roulant les déchets de tabac dans du papier pour les fumer, les Espagnols peu fortunés se régalent de ces premières cigarettes que l'on nomme les *papelitos*. Mais le *papelito* a vraisemblablement lui aussi un ancêtre : le *tusa* guatémaltèque fabriqué à partir de déchets de tabac roulés dans une feuille de maïs. On peut dater du début du XIXe siècle l'arrivée des cigarettes en France, alors que les soldats français, occupant l'Espagne, apprennent des Espagnols le plaisir de ces succédanés de cigares. Jusqu'en 1841, plusieurs appellations sont utilisées pour désigner ces premières cigarettes, mais, à partir de cette époque, le mot s'impose, préfigurant le succès qu'on lui connaît aujourd'hui.

Le cigare, lui aussi, doit attendre le début du XIXᵉ siècle pour faire son entrée en France, après avoir été fumé dans la péninsule Ibérique dès le milieu du XVIᵉ siècle. Le premier cigare est fabriqué par la Régie en 1816 et l'appellation même de « cigare » est officiellement reconnue quelques années plus tard : c'est en 1835 que le noble mot entre dans le *Dictionnaire* de l'Académie.

Hâtons-nous et passons au siècle suivant. En 1811, Napoléon rétablit le monopole et institue une Régie des Tabacs, dont le principe s'est perpétué jusqu'à nos jours. En 1842, les premières cigarettes sont fabriquées en France et, en 1876, des noms propres apparaissent : Odalisques, Petits Pages, Élégantes, Favorites, Boyards, Hongroises. Un an plus tard, on dénombre déjà 79 marques qui vont passer, en un peu plus d'une décennie, à 242, aux noms prometteurs de délices : Espagnoles, Dames, Égyptiennes, Havanaises...

L'histoire s'accélère et nous voici au XXᵉ siècle, où les dates deviennent des noms, que nous pouvons aujourd'hui encore trouver sur les rayons des buralistes. En 1910, les Hongroises deviennent les Gauloises ; Old Joe, dromadaire du cirque Barnum, pose devant l'objectif pour une photo qui servira de modèle, dès 1914, au paquet de Camel ; en 1916, apparaissent les Lucky Strike aux USA ; en 1924, Philip Morris lance les Marlboro. 1926 voit la création d'une Caisse autonome d'amortissement de la dette publique, la SEIT ; 1931 salue l'apparition de la Balto, 1933 celle de la Celtique, 1934 celle des Gauloises Disque Bleu. En 1935, la SEIT devient la SEITA, lorsque la gestion du monopole des allumettes lui est confiée. 1953 est une date importante célébrant la première insertion d'un filtre ; 1956 voit naître la Royale, et les années suivantes bien d'autres marques encore à ajouter aux rayons déjà bien chargés des buralistes, sous les augures bienveillants de la carotte rouge stylisée signalant les débits de tabac et rappelant par sa forme les rouleaux de feuilles de tabac livrés pressés et liés par une ficelle.

Le conteur s'étire. Quel chemin parcouru en un après-midi ! Il sort de la maison et sur le seuil tape sa pipe contre le talon de sa chaussure. Une douce tiédeur règne sur la terrasse, invitant à la méditation. Il n'est pas impossible que le fourneau à peine refroidi exige une nouvelle provision de ce tabac aux vapeurs de miel.

Le soir tombe, une troupe d'enfants joyeux couvre de ses cris les appels des hirondelles. Riant d'excitation, ils s'approchent du banc sur lequel leur oncle, profitant des derniers rayons du soleil, fume sa pipe d'avant dîner. Ils le saluent et lui montrent fièrement les bocaux contenant leur coassant butin. Le sage pédagogue contemple les grenouilles collées aux parois de verre et, entre deux bouffées, annonce à ses neveux qu'au vu des circonstances, la leçon du lendemain sera consacrée à la métamorphose des batraciens.

11

Freud, l'adieu à l'Alter

Du mois d'août 1897 au début de l'année suivante, une série de lettres à Fliess témoigne de l'intensité du travail d'auto-analyse auquel se soumet Freud, lettres que l'on pourrait ici réduire, en les condensant, à une longue description des obstacles et des trouvailles rencontrés en fouillant, selon l'expression de Freud, dans « l'armoire à provisions ». On peut, dans l'ordre, y voir apparaître le premier diagnostic qu'il pose sur sa structure – « ma petite hystérie » –, un début d'interprétation de ses phénomènes somatiques, la fondamentale découverte du complexe d'Œdipe et les inévitables butées que rencontre l'analysant aux prises avec ses résistances :

> « Celui de mes malades qui me préoccupe le plus, c'est moi-même. Ma petite hystérie, très aggravée par le travail, s'est un peu atténuée. Le reste persiste encore et c'est de cela que dépend en premier lieu mon état d'âme. Cette analyse est plus malaisée que n'importe quelle autre et c'est elle aussi qui paralyse mon pouvoir d'exposer et de communiquer les notions déjà acquises. Malgré tout, je crois qu'il faut la continuer et qu'elle constitue, dans mon travail, une indispensable pièce intermédiaire. »

> « Ces quatre derniers jours mon auto-analyse [...] s'est poursuivie en rêves et m'a fourni les preuves et les renseignements les plus précieux. Sur

certains points j'ai le sentiment d'avoir abouti, et, jusqu'ici, j'ai toujours prévu le point d'où allaient repartir les rêves de la nuit suivante. Ce qui me semble le plus difficile est d'exposer tout cela par écrit, cela m'emmènerait trop loin. »

« Mon auto-analyse est en fait la chose qui m'importe le plus en ce moment et promet d'avoir pour moi la plus grande valeur si je la mène jusqu'à son terme. Elle a soudain subi un arrêt de trois jours, durant lesquels j'ai eu cette impression de sujétion interne (dont mes patients se plaignent tant) et je me sentais inconsolable jusqu'à ce que je découvre que ces trois mêmes jours... étaient porteurs de phénomènes somatiques comparables. »

« J'ai trouvé en moi, comme partout ailleurs, des sentiments d'amour envers ma mère et de jalousie envers mon père, sentiments qui sont, je pense, communs à tous les jeunes enfants... »

« La résistance constitue, en fin de compte, ce qui entrave le traitement et n'est rien d'autre que le caractère infantile du sujet, son caractère dégénératif que les événements de la vie ont ou auraient développé... Grâce à mon travail je le déterre, il se rebiffe et le sujet jusqu'alors si bon, si loyal, devient grossier, faux ou révolté, simulateur, jusqu'au moment où je le lui fais voir et où je parviens ainsi à faire plier son caractère. »

« Mon (auto) analyse se poursuit et c'est toujours à elle que je m'intéresse le plus. Tout reste encore obscur, y compris la nature même des problèmes, mais j'ai l'impression rassurante qu'il suffirait de fouiller dans l'armoire aux provisions pour en tirer, au moment voulu, ce dont on aurait besoin... Sous l'influence de l'analyse mes troubles cardiaques sont actuellement souvent remplacés par des malaises digestifs. »

« Mon auto-analyse est de nouveau en panne ou plutôt elle traîne péniblement sans que j'y constate de progrès. »

Une lettre se dégage de cette série, datée du 14 novembre de la même année et présentant une ambiguïté quant à la période du début de l'auto-analyse. Cette ambiguïté ne doit pas nous surprendre si l'on pense que Freud sait – sans le savoir – que son analyse est en fait engagée depuis quelques années déjà. Dans la même logique, on peut également y repérer une véritable dénégation quant aux signes annonciateurs de cette démarche.

« Avant les vacances, je t'ai dit que mon plus important patient était moi-même. C'est après mon voyage qu'a débuté mon auto-analyse, alors qu'aucun indice ne la laissait prévoir... »

Quelques lignes plus loin, Freud évoque le caractère impossible de cette expérience :

> « Mon auto-analyse reste toujours en plan. J'en ai maintenant compris la raison. C'est parce que je ne puis m'analyser moi-même qu'en me servant de connaissances objectivement acquises (comme pour quelqu'un d'extérieur). Une vraie auto-analyse est réellement impossible, sans quoi il n'y aurait plus de névrose. »

Et dès le lendemain, comme saisi par l'urgence de cette intuition, il confirme son impression en décrivant l'aspect analytique de la relation entre son ami et lui-même, consistant en l'absence d'obligation de répondre à ce que l'on a entendu. Une auto-analyse est, en effet, impossible, seule une analyse effectuée face à un autre sachant manier le transfert peut produire ses effets :

> « Nos conversations ont pris l'habitude de se dérouler de cette façon : chacun son tour commence à parler de ce qu'il a à dire et ne se sent pas obligé de répondre à ce qu'il a entendu. »

Les lettres suivantes, datées du 3 et du 22 décembre 1897, mettent l'accent sur la résolution de la phobie de Freud et livrent un essai d'interprétation de son irrésistible besoin de fumer, présentée sous l'abord d'un essai de théorisation. Notons au passage le doute que Freud affiche à propos des possibilités de guérison de cette compulsion, un pessimisme qui se révélera justifié dans son cas propre :

> « J'en sais un petit peu sur le contexte [*Il fait allusion à la gare de Breslau*]. Ma peur des voyages, maintenant surmontée, venait également de cela.
> J'en suis venu à penser que la masturbation était l'essentielle grande habitude, le "besoin primitif" et que les autres besoins, tels ceux d'alcool, de morphine, de tabac n'en sont que les substituts, les produits de remplacement. Le rôle joué par ce besoin dans l'hystérie est énorme et c'est peut-être là que se trouve, entièrement ou partiellement, l'origine des grandes difficultés auxquelles je me heurte. Demandons-nous naturellement si un pareil besoin est guérissable ou si l'analyse et le traitement se trouvent stoppés à ce point et doivent se contenter de transformer une hystérie en neurasthénie. »

Enfin, les dernières lettres (30 janvier et 9 février 1898) font état des modifications de l'humeur de Freud sous l'effet de son analyse, pour aboutir à l'annonce de l'abandon de celle-ci, au profit du livre sur les rêves.

> « Ces changements d'humeur en moi sont à mettre en relation avec mes rêves et mon auto-analyse, je n'y comprends que très peu de choses. »
> « J'abandonne mon auto-analyse pour me consacrer à mon livre sur les rêves. »

C'est autour de la rédaction de ce livre que va se jouer la phase suivante de l'analyse, celle de la liquidation progressive du transfert à Fliess. Il aurait d'ailleurs été plus pertinent, de la part de Freud, d'affirmer qu'il allait poursuivre et résoudre son auto-analyse par le biais de l'élaboration de la *Traumdeutung*, et non l'abandonner. Car c'est bien ainsi que les choses vont se passer, témoin cette lettre du 7 juillet 1898 où le travail sur le livre est présenté par son auteur comme un effet de l'association libre :

> « Mon travail [*sur la* Science des rêves] m'a été entièrement dicté par l'inconscient suivant la célèbre phrase d'Itzig, le cavalier du dimanche : "Où vas-tu donc, Itzig ?" – "Moi, je n'en sais rien. Demande à mon cheval !" Au début d'un chapitre, j'ignorais toujours à quoi j'allais aboutir. Il est évident que je n'ai pas écrit pour les lecteurs, dès les premières pages, j'ai abandonné toute tentative de style. »

Il est évident, et Freud n'en est pas dupe, que la dernière phase de son analyse se poursuit dans cette période où il écrit le livre sur les rêves. Il en fait d'ailleurs état dans une lettre du 3 janvier 1899 où il insiste, en outre, sur le rôle essentiel que joue le langage dans le fonctionnement des processus inconscients :

> « Tout d'abord un petit bout d'auto-analyse qui s'est frayé le passage m'a confirmé que les fantasmes étaient les produits d'époques plus tardives qui, en partant du présent, se trouvent rejetés en arrière, vers la première enfance. Et j'ai trouvé la voie par laquelle cela se réalise : c'est encore une fois par association verbale. »

Le 2 février 1899, il peut se réjouir de recueillir les premiers fruits de son travail sur lui-même, les effets positifs que cette démarche a eus sur son psychisme :

> « Enfin tout ce travail a eu un très bon effet sur ma vie émotionnelle ; je suis apparemment beaucoup plus normal que je ne l'étais il y a quatre ou cinq ans. »

Et c'est le travail de séparation qui s'intensifie alors, sous la forme d'un mouvement vers la liquidation du transfert. La distance prise à l'égard de Fliess permet à Freud de s'adresser à lui de façon différente, en évoquant ses symptômes d'autrefois avec humour et en décrivant, dans l'après-coup, la nature de ses sentiments envers son ami d'une manière plus objective. C'est ce qui transparaît dans la lettre datée du 3 juillet 1899 :

> « Sais-tu à quoi m'a fait penser mon petit voyage ? À notre première rencontre à Salzbourg, en 90 ou 91, et à l'excursion que nous avons faite... jusqu'à Berchtesgaden où tu as été témoin, à la gare, de l'un de mes plus jolis accès d'anxiété des voyages... À cette époque, ta supériorité m'écrasait un peu, j'en avais la nette impression... »

Ce qu'il pouvait dire quelques années auparavant du rôle de sa pathologie dans sa relation amicale (« Je suis malade et je dois venir à toi ») se déplace alors sur l'élaboration théorique, sa souffrance morale devenant le moteur principal de ses avancées. Dans une lettre datant du 6 septembre 1899, le travail d'écriture du livre sur les rêves prend, en effet, une coloration semblable à celle du transfert sur Fliess :

> « Mon style a malheureusement été défectueux parce que, physiquement, j'allais trop bien. Pour bien écrire, il faut que je me sente un peu souffrant... »

Deux semaines plus tard, il dédie à son ami une grande partie des rêves qui alimenteront un chapitre de la *Traumdeutung*, celui qui concerne les rêves absurdes ! Il mentionne l'un d'entre eux qui le fait sortir victorieux de la rivalité – rêve typique comparable à ceux qui mettent en scène la mort de l'analyste, dont plus d'un analysant doit faire le difficile aveu sur le divan. Cette séparation définitive, et davantage encore le fait de survivre à cette mort symbolique, vont chez Freud dans le sens de la résolution de son transfert :

> « J'en suis, cette fois, à la partie principale de l'interprétation : aux rêves absurdes ! Il est étonnant de voir avec quelle fréquence tu y apparais. Dans le rêve "Non Vixit", je me réjouis de t'avoir survécu. N'est-il pas terrible de devoir avouer une chose semblable à une personne qui peut l'interpréter ? »

Alors qu'il vient d'achever la rédaction de la *Traumdeutung*, une tonalité dépressive est perceptible dans la lettre écrite par Freud à Fliess le 4 octobre 1899. Il ne fait alors nul doute, lorsqu'il parle de la difficulté à se séparer de quelque chose d'intime, qu'il s'agit bien de la place de son ami en lui, au moins autant que de son livre, les deux étant sous le signe d'une grande ambivalence. Il se montre d'ailleurs reconnaissant à Fliess de lui avoir lui-même fourni l'opportunité de pouvoir formuler cet affect :

> « Tu as très exactement décrit le sentiment pénible de se séparer de quelque chose dont on a été très proche. Ce doit être ce qui m'a rendu ce travail si désagréable. Maintenant je l'aime – certes pas énormément, mais un peu plus tout de même. Si cela a été si douloureux pour moi c'est parce que j'ai eu à me libérer non seulement de mon intellect mais aussi de mes émotions. Le livre sur l'hystérie est bien loin maintenant. Dans des moments comme ceux-là, je n'éprouve aucun désir de travailler. »

Freud a écrit le livre des rêves pour Fliess. Il lui en fait don de façon symbolique, ce qui en dit long sur la place de ce livre dans l'histoire de leur relation. Il souhaite, en effet, que la parution des deux premiers exemplaires soit l'occasion d'un cadeau d'anniversaire pour son ami. Un livre pour chacun, comme pour confirmer leur gémellité imaginaire. Mais un raté se produit et, le 27 octobre 1899, Freud tient à en désigner le responsable – la poste – sans doute pour que Fliess n'attribue pas ce contretemps à un acte symptomatique de sa part :

> « Merci pour les aimables paroles avec lesquelles tu as accueilli le livre des Rêves... Si le livre n'est pas arrivé à temps pour ton anniversaire comme je le désirais, la faute en incombe à la poste... en dehors de nos deux exemplaires, rien n'est encore sorti. »

Une année passe, et le 11 mars 1900, Freud dresse à Fliess le bilan de sa situation psychique actuelle. Est alors sensible en lui ce moment proche d'une dépersonnalisation, ce quelque chose du « désêtre » ressenti par l'analysant à la fin d'une cure, lorsque le sujet a abandonné ses objets substitutifs de désir, le tabac occupant pour Freud une place de choix parmi ces objets :

> « Tu sais combien [*mes plaisirs*] sont limités ; les bons cigares me sont interdits, l'alcool ne me donne aucune satisfaction, j'ai fini de procréer et mes contacts humains ont été rompus. Je végète donc, insouciant, en maintenant soigneusement ma pensée éloignée des objets de mes travaux quotidiens. »

Sentiment dépressif dont il précise le tableau deux semaines plus tard, soulignant la distance nécessaire qu'il se sent obligé d'installer entre Fliess et lui, maintenant qu'une certaine organisation fantasmatique et probablement une image idéalisée de son ami (« mes châteaux en Espagne »*)* sont abandonnées :

« J'ai traversé, tu le sais, une crise intérieure profonde... j'ai été profondément ému en apprenant que tu proposais une rencontre à Pâques... en réalité tout permettrait de croire que je veux t'éviter... je me sens intérieurement très appauvri... J'ai été obligé de détruire tous mes châteaux en Espagne et c'est maintenant seulement que je récupère un peu de courage pour les reconstruire. Tu m'aurais été d'un inappréciable secours pendant cet écroulement catastrophique ; au stade actuel, je serais à peine capable de me faire comprendre de toi. »

La distance est prise, la cure en voie de résolution, il reste à Freud un pas à franchir pour se décoller de l'image de Fliess. Ce pas, il l'accomplira, mais au prix d'une démarche plus radicale encore qu'un éloignement : une véritable rupture. Car l'intensité du transfert est telle et le fait qu'il soit resté inanalysé si lourd de conséquences que son extinction ne peut avoir lieu sans dommages, ni même se produire de façon complète.

Dans ce mouvement de séparation d'avec Fliess, Freud présente d'abord un trait identificatoire sous la forme d'un symptôme dont il s'inquiéta souvent quand il apparaissait de manière récurrente chez son ami : la migraine. Ses lettres des premiers mois de l'année 1900 font très régulièrement état de ce type de malaise, auquel le tabac n'est pas attaché, et qui, jusqu'alors, était rarement apparu dans sa correspondance. Il ne manque jamais d'y adjoindre un adjectif : ces migraines sont qualifiées par lui de « splendides », « affreuses » ou « dominicales ». Ainsi Freud choisit-il inconsciemment de ne plus s'identifier à la force supposée de son ami mais à sa défaillance.

Dans cette même période, Freud se soucie des réactions de la presse à l'égard de la *Traumdeutung* et, sans omettre de mentionner à Fliess bonnes, mauvaises ou « stupides » critiques, il tente parfois de se montrer philosophe :

« Savoir si les gens aiment ou non mon livre sur les rêves commence à me laisser froid... »

Cette année-là, l'anniversaire de Fliess donne à son ami l'opportunité de mesurer le chemin parcouru. Cet événement ne sera pas l'occasion d'un cadeau aussi symbolique que celui de l'an passé :

« Juste mes meilleurs vœux, une poignée de main amicale de Vienne à Berlin, pas de cadeau comme celui de l'année dernière, quand je pouvais te souhaiter la bienvenue avec le premier exemplaire du livre des rêves. »

Le 9 juillet 1901, Freud adresse à son correspondant le dernier bilan de son évolution personnelle, teinté d'une légère amertume, où la fin de l'analyse peut s'entendre comme un renoncement librement consenti aux anciens objets de désir. Le principe de plaisir (« mes pulsions trop affamées ») a cédé devant le principe de réalité (« tous les vœux ne peuvent être exaucés ») :

> « Tu m'as fait repenser à cette belle et difficile époque où j'avais quelques raisons de penser que j'étais près de ma fin, et ce fut ta confiance qui me permit de poursuivre. Je ne me suis certainement pas comporté de manière courageuse ni intelligente. J'étais trop jeune, mes pulsions trop affamées, ma curiosité trop grande pour être capable de me montrer indifférent. Mais j'ai toujours manqué de ton optimisme... Je suis plus humble maintenant, et plus prêt à supporter ce qui va advenir. Il est certain que tous les vœux ne peuvent être exaucés... »

Cette ultime reconnaissance de dette précède des lettres, qui, jusqu'à l'année 1904, vont signer l'impossible réconciliation entre les deux hommes. La dernière phrase citée ici, extraite d'une lettre du 7 août 1901, nous montre comment la dimension de l'« Alter », autrefois exaltante et productrice de travail, a pu se transformer en une ombre menaçante, agissant sur un mode persécutif, retournement typique de la dimension imaginaire dans laquelle la fascination rejoint la lutte à mort :

> « Il est impossible de nous dissimuler que, toi et moi, nous nous sommes éloignés l'un de l'autre ; toutes sortes de petites choses me le font voir... Tu atteins là les limites de ta perspicacité. Tu prends parti contre moi en disant que "celui qui lit la pensée d'autrui n'y trouve que ses propres pensées", ce qui ôte toute valeur à mes recherches. »

Avec le recul, la relation passionnée entre Freud et Fliess apparaît comme jalonnée par trois livres essentiels, dédiés par le père de la psychanalyse au lecteur unique dont, de son propre aveu, il se serait contenté. L'importance de l'« Alter » dans leur élaboration aurait pu en inspirer les sous-titres : *Études sur l'Hystérie* ou la violence du transfert, *L'Interprétation des Rêves* ou le rêve d'un Autre idéal, et *Psychopathologie de la vie quotidienne* ou la mort d'une amitié.

C'est au moment de la parution de ce dernier titre et sur le thème quasi délirant du « vol des idées » que vont prendre fin dix-sept années d'échanges :

« S'il en est ainsi, jette sans la lire ma *Psychopathologie* dans la corbeille à papier. Il y a dans ce livre des tas de choses qui te concernent, des choses manifestes pour lesquelles tu m'as fourni des matériaux et des choses cachées dont la motivation t'est due... Quelle que soit la valeur durable de cet ouvrage, tu y trouveras la preuve du rôle que tu as, jusqu'à présent, tenu dans ma vie. »

À deux reprises, en septembre 1901 et en mars 1902, Freud parle à Fliess de sa souffrance d'avoir perdu « son seul public » et se demande pour qui il doit maintenant écrire. C'est encore une fois l'aveu, douloureux cette fois, du fait que son travail fut jusqu'alors destiné à cet Autre. La renommée, fort heureusement au rendez-vous pour la première fois en 1902, sous la forme de l'obtention d'un titre de Professeur, élargit pour Freud cette notion d'Autre à un public plus vaste, enfin acquis à ses théories. Elle lui permet, avec tout l'humour dont il est capable, de témoigner de sa satisfaction à se voir enfin officiellement reconnu :

« L'approbation du public m'était acquise, vœux et envoi de fleurs pleuvaient, comme si le rôle de la sexualité avait été soudain découvert officiellement par Sa Majesté, la signification des rêves confirmée par le Conseil des ministres, et la nécessité d'une thérapeutique psychanalytique de l'hystérie reconnue par le Parlement, à la majorité des deux tiers. »

Le 27 juillet 1904, c'est dans une lettre amère que Freud fait le douloureux constat de la faillite de son amitié avec Fliess, ce dernier faisant peser sur lui un soupçon d'emprunt à sa propre théorie, sérieuse attaque du côté du « vol des idées ». Ulcéré, mais toujours d'une honnêteté sans failles, Freud reconnaît cette possibilité et se l'explique courageusement, en termes analytiques. Mais c'en est trop et l'« Alter » élargi apporté par sa reconnaissance officielle lui donne sans doute le courage de faire face à la rupture avec celui qui fut pour lui l'unique « autre » :

« Tu n'es pas seul à regretter – c'est mon cas aussi – que cet incident à propos duquel tu me fais reproche ait réveillé une correspondance depuis longtemps endormie. Ce n'est pas de ma faute de toute façon si tu trouves le temps et le désir d'un échange de lettres avec moi seulement à l'occasion d'incidents aussi mesquins. Le fait est que ces dernières années – la *Psychopathologie de la vie quotidienne* est la ligne de partage – tu n'as plus manifesté d'intérêt ni pour moi, ni pour ma famille, ni pour mon travail. Maintenant j'ai dépassé cela et je n'en ai plus le désir ; ce n'est pas un reproche et je ne te demande pas de me répondre sur ce point. Ma requête est ailleurs... Je ne me suis jamais approprié quelque chose qui appartienne à un autre, c'est pourquoi, en ce qui concerne la bisexualité, je ne veux pas davantage être dans une telle position vis-à-vis de toi. »

Que le conflit ultime entre Freud et son ami porte sur un thème de « vol d'idées » à propos de bisexualité, nous amène à évoquer un dernier aspect, et non le moindre, du sentiment de nature transférentielle qui le poussa vers Fliess : un amour homosexuel refoulé. Cette dimension, Freud mettra beaucoup de temps à la reconnaître, mais, avec sa rigueur habituelle, il ne reculera pas devant l'évidence, quand celle-ci se manifestera. Au moment où cesse l'amitié entre les deux hommes apparaît avec plus d'évidence encore l'intensité que revêtit cet amour de transfert, l'érotisation de la relation en étant l'un des signes majeurs, venant s'ajouter à tous ceux que leur longue correspondance a laissés transparaître : la surestimation de l'autre, la supposition d'un savoir chez lui concernant la vie et la mort, le besoin de reconnaissance de sa part, la négation des sentiments hostiles, la sous-estimation de soi n'excluant pas la méfiance dans une ambivalence caractéristique, l'agressivité se frayant un passage dans les formations de l'inconscient – rêves, lapsus, actes manqués – la culpabilité, la formation de symptômes.

Mais ce transfert si manifeste appartient au passé et le silence que Freud demande cette fois à Fliess (« je ne te demande pas de me répondre ») n'est plus celui que l'on attend d'un analyste, afin que s'y précipite une vérité : c'est un silence de mort. Une période essentielle de son existence se meurt, en effet, quand Fliess sort de sa vie et Freud peut maintenant le lui dire clairement : l'autre dont il avait tant besoin, et que son ami a si bien incarné, était un révélateur de son propre génie, non quelqu'un dont il puisse s'approprier les idées. Il faut que cela soit clair pour la postérité : si la naissance de la psychanalyse doit beaucoup à Fliess, la psychanalyse, quant à elle, doit tout à Freud.

Une page est définitivement tournée, il ne sera plus question de Fliess dans la vie de Freud, sauf quand il s'agira de récupérer cette correspondance qu'il ne souhaite pas voir tomber entre les mains du public, tant elle revêt le caractère intime d'une analyse.

En janvier 1937, il propose à Marie Bonaparte de lui racheter ces lettres qu'elle-même avait acquises auprès d'un collectionneur :

> « Puis-je vous offrir d'en payer la moitié ? J'aurais moi-même dû les acheter si cet homme s'était directement adressé à moi. Je ne voudrais pas qu'elles viennent, même en partie, à la connaissance de la soi-disant postérité. »

Il faudra tout le talent de persuasion de son amie la princesse de Grèce pour que Freud, à la fin de sa vie, puisse accepter d'envisager que cette longue suite de lettres, qu'il voudrait détruire, puisse présenter un quelconque intérêt scientifique.

C'en est donc bien fini de cette longue amitié, mais la question du tabac n'est pas pour autant réglée, question qui ne fut pas pour rien, nous l'avons vu, dans la naissance des sentiments transférentiels sur Fliess et, par conséquent, dans les premiers pas de la jeune science psychanalytique. Cette question s'est effacée à point nommé dans l'échange entre les deux amis, au moment où Freud choisit de se livrer à une analyse rigoureuse de son propre inconscient, se soumettant apparemment à la règle d'abstinence et lâchant – symboliquement du moins – cet objet substitutif de satisfaction. Peut-on penser que ce silence a correspondu chez Freud à un abandon réel et définitif de l'habitude de fumer plus que de mesure ? Nous savons qu'il n'en est rien. Le tabac n'a subi d'éclipse que dans la dynamique de ce que nous pouvons aujourd'hui appeler l'analyse de Freud ; sa disparition ne fut effective que dans ce cadre, disparition patente dans la dimension symbolique – Freud a cessé *d'en parler* – mais non suivie d'effets dans la réalité.

Lorsque Max Schur, son médecin des dernières années, eut entre les mains la partie de sa correspondance avec Fliess traitant du problème du tabac, il fit cette remarque :

> « À la lecture de ces lettres évoquant la lutte constante de Freud contre son addiction à la nicotine, je comprends mieux pourquoi je n'eus pas plus de succès lorsque j'essayai, plus de trente ans après, de le convaincre de renoncer au tabac ! »

Rien ni personne, en effet, ne pourra convaincre Freud de renoncer au tabac, une habitude qu'il conservera jusque dans les derniers moments de sa vie.

Gît âne, coule,
pis terre s'tue yvesant, donne ill…

12

Tabac à rouler

QUI A PRÉTENDU que « se les rouler » voulait dire « se la couler douce » ? Certainement pas un amateur de tabac à rouler ! Car celui-là sait ce que représente d'application et d'artisanat obstiné la production d'une cigarette maison ! Quand je pense à tous ces ennemis du moindre effort piochant leurs pauvres cigarettes manufacturées dans des paquets uniformes au lieu de se donner la peine – et surtout le plaisir – de se les fabriquer eux-mêmes, je me dis que mon grand-père avait raison : l'homme d'aujourd'hui a vraiment perdu le goût du travail bien fait !

C'est un trait magnifique de notre époque, pourtant cruelle, que de rendre la vie plus facile à ceux qu'un accident ou une maladie a privés de l'usage d'un membre ou d'une fonction, mais de là à faire de nous tous des citoyens à mobilité réduite ! Car il s'agit bien de cela dans cette mécanisation générale visant à atrophier nos muscles, à faire de nous de simples émetteurs. Ces gestes oubliés vont au bout du compte mettre notre corps à l'index, nous réduire à un doigt capable d'actionner une télécommande.

Pauvres tétraplégiques que nous serons devenus, nos gadgets électroniques nous épargnant la peine d'actionner une manivelle, de nous lever pour allumer une lampe, d'appuyer sur un bouton pour écouter de la musique, de verrouiller une porte et bien sûr, *last but not least*, de mériter le plaisir du tabac ! Je sais ce que mon discours a de rétrograde, aussi rétrograde sans doute que mon petit artisanat tranquille, se contentant pour seuls instruments d'un étui de cuir et d'une minuscule pochette de papier.

Mais je me les roule et je n'échangerai pour rien au monde ce plaisir contre un autre. Pas question de rejoindre la cohorte mondaine des dégustateurs de Havanes qui trônent, méprisants, au sommet de la pyramide sociale, ni celle des barbus pontifiants qui promènent leur pipe d'écume en tous lieux, crachant leur salive noirâtre en même temps que leur philosophie, encore moins de me contenter de cet équivalent de *fast-food* qu'on appelle cigarette américaine, avec son emballage prometteur de délices hospitaliers : « Fumer est dangereux pour la santé », « Le tabac donne le cancer » !

Je sais au moins ce que je mets dans mon papier, choisi avec soin parmi les plus fins, c'est ma propre salive qui le colle, les brins délicieux cueillis dans ma besace sont émiettés par mes doigts, et si ma cigarette n'est pas parfaitement calibrée du moins suis-je entièrement responsable de ce que je vais fumer ! Évidemment, je n'échapperai pas à la caricature qui reprend à son compte le vieux dicton « dis-moi ce que tu fumes et je te dirai qui tu es » et votre œil ironique me classera volontiers en soixante-huitard attardé vêtu de chasubles directement issues de son métier à tisser, vous imaginerez mon cabinet d'analyste tendu de tissus indiens, meublé d'osier, parfumé de vapeurs d'encens et, bien sûr, vous soupçonnerez mon innocente cigarette de se transformer à l'occasion en joint ou en pétard, mais qu'importe !

Si mon plaisir met ma santé en péril, j'y prends une part active et je n'attribuerai pas mon mal à la production d'une quelconque multinationale ! Je n'aurai de reproche à adresser qu'à moi-même. Est-ce que Freud a songé à traîner devant les tribunaux les fabricants de Trabuccos, de Perle ou de Reina-Cabana, ces perfides cigares à l'origine de son cancer de la mâchoire ? Il savait trop bien quelle responsabilité lui incombait et il agissait en connaissance de cause, sans qu'à chacune de ses incursions dans le coffret à cigares une banderole imprimée d'une tête de mort ait à lui rappeler le danger de son geste.

Quelle histoire, tout de même, que celle du génial inventeur de la psychanalyse, sondant les cœurs et les reins, et laissant au chapitre tabac une grande page blanche ! Ainsi, notre maître à penser s'est frayé un chemin obstiné vers la mort, faisant taire d'un signe désabusé de la main le chœur des oiseaux de mauvais augure et continuant avec une tranquille obstination à entretenir son mal.

Pourrait-on aller jusqu'à dire que c'est de son inanalysé que Freud est mort ? On jugera cela un peu fort et cependant ne peut-on le dire de tout un chacun ? Ne meurt-on pas toujours de quelque signifiant oublié nous rattrapant sur le tard, d'une vieille histoire que l'on a voulu enterrer, d'une menace soudain matérialisée, tapie dans un mot que nous n'avons pas voulu déchiffrer ? Parfois, même notre fin gît au cœur de notre nom propre, ce nom recelant un piège dont les mâchoires se sont refermées sur plusieurs générations, ces longues théories de morts que les superstitieux appellent malédiction familiale. Oui, ce qui est mal dit peut produire de terribles effets sur le corps ou sur la destinée de celui resté sourd au pouvoir du signifiant : ce qui est tu peut tuer. Voilà qui donnerait facilement un sentiment de vertige ou bien encore la tentation d'aller toujours plus loin dans l'analyse, traquer le moindre rejeton de l'inconscient en se disant que si l'on n'arrache pas la mauvaise herbe elle proliférera souterrainement pour avoir au bout du compte raison de nous. Freud, quant à lui, a laissé son jardin en friche et, en ce qui le concerne, la mauvaise herbe s'est trouvée être de la famille du tabac.

Ah ! Il ne nous a pas beaucoup aidés dans ce domaine, et dans le cabinet de l'analyste la cigarette n'est guère un sujet d'association libre. Combien de nos patients brûlent leurs deux paquets par jour, se réveillent en crachant leurs poumons et sur le divan ne pipent pas mot – c'est le cas de le dire – de leur funeste habitude. Il faut admettre que deux lignes dans l'œuvre de Freud à propos du tabac comme équivalent masturbatoire, sans oublier trois mots sur le suçotement, ce n'est vraiment pas grand-chose ! Néanmoins, cette évocation succincte a suffi à associer pour la postérité la cigarette au sein maternel, au lait, à la tétine, à tout ce que nous autres, anciens bébés, n'aurions jamais supporté d'avoir perdu au cours de notre évolution libidinale.

Cela n'a pas manqué de déchaîner l'ironie des ennemis de l'inconscient. Louis Pauwels, réactionnaire viscéral et anti-freudien, tentant de ridiculiser la doctrine psychanalytique dans sa *Louange du tabac*, a tourné en dérision la théorie des stades libidinaux. Il a cependant, malgré lui, apporté sa pierre à l'édifice en terminant l'un de ses chapitres par cette remarque humoristique que Freud n'aurait sans doute pas désavouée !

> « Si l'histoire du tabac est l'affaire exclusive d'un des trois orifices chers au médecin de Vienne : les lèvres, l'anus, le sexe, on comprend que l'habitude de priser soit tombée en désuétude : nous nous trompions de trou. »

La tentation de la caricature réduirait un peu vite la valeur du message freudien, mais nous sommes en droit, avec tout le respect que nous devons à notre maître, de nous montrer méfiants à l'égard de ses vues théoriques dans un domaine où il fit, hélas, la preuve de la non-suprématie de son moi. C'est vrai, il n'a pas souhaité se lancer dans l'analyse de cet objet étrange, ce cigare pourtant devenu le prolongement de son corps dans l'iconographie le concernant ; il n'a pas confronté sa théorie à cet étonnant mélange de plaisir et de risque, seul son aspect anxiolytique et stimulant l'a intéressé.

Évidemment, Freud n'a pas pu entendre « gare ! » dans *cigare*, « arrête ! » dans *cigarette* ni même « t'abat » dans *tabac* et il a fumé jusqu'à la mort, ignorant ces avertissements implicites, jeux de sens que la langue allemande ne lui permettait pas. Peut-être un peu tirée par les cheveux, la présence de cette menace dans le nom même de nos objets de plaisir tabagique, mais de ce côté de la frontière peut-on s'empêcher de percevoir l'insistante petite musique de la mort dans le vocabulaire associé à l'acte de fumer ? Certes, l'oreille de l'analyste est déformée, tendancieuse même diront certains, mais la dimension du risque est pourtant bien présente dans nos formules « pas de fumée sans feu » ou « jouer avec le feu ». Et, qu'on le veuille ou non, le mot « cendres » n'est-il pas synonyme de « cadavre », tout comme « feu » l'est de « défunt » ?

Quant au terme « tabac » lui-même, ne contient-il pas dans son histoire comme dans son étymologie une braise à laquelle je pourrais réchauffer mes hypothèses ? C'est une autre affaire. Le temps de m'en rouler une et je m'y attelle.

L'expression qui me vient à l'esprit au moment exquis de la première bouffée se situe précisément du côté de l'atteinte physique : « passer à tabac ». Mais, presque en même temps, jaillit une autre expression, synonyme de succès : « faire un tabac », à la consonance nettement plus positive. Un reflet, sans doute, de l'aspect paradoxal de ce toxique, à la fois source de plaisir et activité à haut risque.

Puis c'est un point d'histoire qui surgit : nous connaissons l'aventure de Jean Nicot, ambassadeur de France à Lisbonne, envoyant à Catherine de Médicis une plante exotique dont il pensait qu'elle guérirait la Régente de ses migraines récurrentes. L'effet de suggestion soulagea, en effet, la destinataire du colis botanique, bonne nouvelle qui se propagea et eut un rôle important dans la réputation de panacée du tabac en France. Si l'on veut bien encore jouer avec les mots – en psychanalyse, il n'est pas de jeu plus sérieux – on pourra se hasarder à penser que le nom de la première et de la plus illustre des consommatrices de tabac, la Médicis, ne fut pas pour rien, par contamination linguistique, dans la réputation *médici*-nale de la plante en question !

L'herbe miraculeuse s'appela d'abord « herbe à Nicot », ce qui était logique, ou « herbe à la Reine » ce qui ne l'était pas moins, puisqu'elle avait fait tant de bien à cette dernière. On lui attribua ensuite le nom portugais de *pétun* avant qu'apparaisse, à la fin du XVIe siècle, *tabac*, dont l'origine est à situer dans le mot *tabaco*. Il faut noter que ce vocable haïtien ne désigne pas l'herbe elle-même mais l'ustensile qui servait à la consommer. En 1535, un auteur nommé Orviedo écrivit une *Histoire générale des Indes Occidentales* dans laquelle il évoquait un de ces objets destinés à la consommation du tabac. Il décrivait un tube en forme de Y, utilisé par les caciques : ceux-ci inséraient les deux extrémités de la fourche dans leurs narines pendant que le tube lui-même plongeait dans l'herbe enflammée. Un roseau creux pouvait tout aussi bien faire l'affaire, roseau que les Indiens appelaient *tobago*.

En somme, le contenant servit à nommer le contenu, l'ustensile nécessaire à l'absorption de la fumée et à la combustion de l'herbe donnant son nom au produit. Est-ce un début d'explication du caractère toujours brûlant du mot *tabac*, recélant en lui-même le feu propice à sa consommation ?

Passons de l'histoire au théâtre, le temps d'écraser dans un cendrier ce qui reste d'un ouvrage si vite consumé. Puisque nous sommes sur la question du tabac j'endosserai volontiers la défroque de Sganarelle pour interpréter la célèbre tirade sur laquelle Molière ouvre le drame de *Dom Juan*. Faute de tabatière, je tiendrai en main ma pochette de tabac à rouler, on ne m'en voudra pas de cet anachronisme :

> « Quoi que puissent en dire Aristote et toute la philosophie, il n'est rien d'égal au tabac : c'est la passion des honnêtes gens ; et qui vit sans tabac n'est pas digne de vivre. Non seulement il réjouit et purge les cerveaux humains, mais encore il instruit les âmes à la vertu et l'on apprend avec lui à devenir honnête homme. Ne voyez-vous pas bien, dès qu'on en prend, de quelle manière obligeante on en use avec tout le monde, et comme on est ravi d'en donner à droite et à gauche, partout où l'on se trouve ? On attend pas même que l'on en demande, et l'on court au devant du souhait des gens ; tant il est vrai que le tabac inspire des sentiments d'honneur et de vertu à tous ceux qui en prennent. »

Nous voilà, avec cette apologie, à mille lieues de la propagande anti-fumeurs qui sévit de nos jours. Cependant, connaissant l'habileté de Molière et son génie de la situation, nous sommes en droit de nous demander ce qui l'a poussé à placer dans la bouche du valet d'un maître débauché cette tirade introduisant la pièce à la manière d'un corps étranger. En effet, une fois prononcées ces quelques phrases, il ne sera plus question de tabac dans *Dom Juan*. Y aurait-il de la part de l'auteur une intention cachée, un sens à déchiffrer que le tabac, par sa nature, permettrait de véhiculer ? Molière aurait-il été influencé dans son choix par une relation inconsciente établie par lui entre tabac et séduction ? Fournirait-il ainsi une introduction logique à la tragédie du séducteur de Séville ?

Du côté du double sens, Claude Duneton, archéologue des expressions populaires, pourrait nous aider à y voir plus clair. Il nous apprend, en effet, dans *La Puce à l'Oreille,* qu'au XVIIe siècle « donner du tabac » signifiait se battre. À l'époque de Molière, on ne tendait pas encore son paquet de cigarettes en offrande amicale, mais le dos de sa main pour présenter une dose de tabac à priser. La prise, comme le poing, se reçoit dans le nez et, ainsi que le remarque Duneton, ce geste chatouillant l'appendice nasal du bénéficiaire peut tout aussi bien être entendu comme menaçant, d'où l'expression qui a perduré jusqu'au siècle dernier : « je te foutrai du tabac ». La célèbre chanson *J'ai du bon tabac,* quelques décennies plus tard, ne se montrera-t-elle pas, elle aussi, un tantinet agressive avec ses « tu n'en auras pas ! » et surtout « ce n'est pas pour ton fichu nez ! » ?

Dès lors, toute la signification de la tirade de Sganarelle peut se trouver infléchie, pour ne pas dire inversée : sous la déclaration d'amour universel se cache une agressivité à peine contenue, négatif de l'intention amicale, à l'image du reste de la pièce où gît sous la comédie de la dom juanesque quête amoureuse la tragique dimension de la mort.

Mais, connaissant l'insolence naturelle de Molière, on peut soupçonner l'existence d'un autre message dans la tirade de Sganarelle, politique celui-ci et en révolte contre l'ordre social, message qui n'échappe pas à Duneton. Il faut savoir qu'en 1665, date de la création de *Dom Juan,* une menace plane sur les consommateurs de tabac, passibles de la peine de mort dans certains pays et ne pouvant s'approvisionner en France depuis une décision de Louis XIII. L'objet paré de toutes les vertus s'est vu charger de tous les maux : après avoir été élevé à la dignité d'« herbe sainte » ou de panacée, le tabac est montré du doigt et frappé d'opprobre. En Angleterre, le roi Jacques Ier rédige son pamphlet, un texte extrêmement sévère fustigeant la plante maléfique et ses consommateurs ; le pape Urbain VIII menace d'excommunication les fumeurs et de violentes campagnes anti-tabac sont menées dans les pays germaniques, plusieurs États interdisant même radicalement sa consommation et persécutant les contrevenants. C'est dans ce climat de répression que Molière fait chanter à Sganarelle les louanges du tabac, suivant ou peut-être même inaugurant un mouvement qui rétablira la libre utilisation de ce produit sous l'initiative de Colbert. Ce dernier instituera un monopole, source importante de profit pour l'État.

À l'époque où il écrit *Dom Juan*, Molière, par le biais de cette tirade apparemment innocente, s'oppose donc au pouvoir en place et sous le discours philanthropique du valet fait poindre une intention subversive. Cette intention conduit au cœur d'une pièce où le tragique l'emporte sur le comique, le maître de Sganarelle adressant un permanent défi à la morale, à l'ordre établi et à la mort elle-même. À l'image du fumeur bravant l'interdit et faisant fi du risque, Dom Juan va s'étourdir au banquet de la jouissance et y rencontrer son destin sous les traits du convive de pierre. Dans l'ouverture jouée par Sganarelle c'est une harmonique de cette note dramatique qui se fait entendre.

Mais revenons à nos premières associations : « passer à tabac » et « faire un tabac », expressions en apparence opposées, l'une évoquant une action agressive et violente, l'autre un événement heureux. L'éclairage historique de Duneton nous a permis d'entrevoir comment « passer à tabac » est devenu synonyme de « rouer de coups » et, de même, nous laisse imaginer comment le *tabustar* occitan, terme voisin de *tabassar*, a pu donner le jour au « coup de tabac » utilisé dans la marine pour désigner le gros temps. Voilà pour l'action violente. Mais c'est de cette violence même qu'est probablement née l'expression positive « faire un tabac » – rencontrer un grand succès – si l'on pense au tonnerre d'applaudissements saluant une représentation réussie, qui n'est pas sans évoquer l'orage annonciateur de tempête, redouté des navigateurs. À la fois du côté du succès et de l'infortune, voilà comment, dans son étymologie même, le mot « tabac » révèle le paradoxe de ses deux sens contradictoires, à l'image de certains mots des langues primitives, dont Freud a remarqué la parenté avec les mécanismes inconscients. C'est ainsi que l'objet tabac, prometteur de plaisir mais également de danger retrouve sa dualité dans le terme qui le désigne, lui-même chargé de significations opposées.

Ne résistons pas à la tentation d'une nouvelle cigarette, elle sera propice à notre réflexion et sur ce sujet notre maître ne nous contredira pas, lui qui ne pouvait rien écrire sans le secours du tabac. Évidemment, de mauvais esprits, toujours prêts à tourner le drame en dérision, diront que si Freud fut inspiré par le tabac, il lui doit également d'avoir expiré !

Le tabac n'a pas décuplé l'énergie créatrice du seul Freud. Un autre géant, Gustave Flaubert – dont *La Tentation de saint Antoine* était particulièrement apprécié de Freud – avouait lui aussi sa totale dépendance à cette substance. N'hésitons pas à grossir le trait et osons affirmer qu'en l'absence de tabac point de Bovary ni de psychanalyse ! En ce qui concerne la seconde, j'en entends déjà certains proclamer que ce ne serait pas un si grand malheur ! Mais imaginer la littérature française privée de son chef-d'œuvre ! Là, nous tomberons tous d'accord, fumeurs ou non, pour rendre grâce à l'existence du tabac !

En effet, il est surprenant de rencontrer dans la correspondance de Flaubert des accents comparables à ceux employés par Freud, tant à propos de la nécessité de l'activité tabagique que de son intensité. Cela est particulièrement flagrant lorsque l'auteur de *L'Éducation sentimentale* écrit à son ami Louis Bouilhet :

> « Je viens de passer une bonne semaine, seul comme un ermite et tranquille comme un dieu. Je me suis livré à une littérature frénétique… Je me levais à midi, je me couchais à quatre heures du matin… je fumais quinze pipes par jour ! »

Évidemment, Gustave le jouisseur a manifesté son enthousiasme d'une façon différente de celle de l'austère Sigmund :

> « Fume toujours, réjouis ton membre, festoie avec tes amis, et vive la bouteille et les commères… Que le bouchon saute, que la pipe se bourre, que la putain se déshabille, morbleu ! »

Mais tous deux ont reconnu le rôle central du tabac, tant dans leur vie quotidienne que dans leur activité créatrice. Tous deux ont également eu à souffrir de l'abstinence lorsqu'elle fut imposée par la maladie et, là encore, l'écrivain français a dépassé en ironie pathétique le médecin viennois :

> « Sais-tu jusqu'où doit aller ma tristesse, et comprends-tu que je vive ? La pipe ! oui, la pipe, oui tu as bien lu, la pipe, cette vieille pipe : la pipe m'est défendue !!! Moi qui l'aimais tant, moi qui n'aimais que ça !

> Privation de pipe, souffrance horrible à laquelle n'ont pas été condamnés les premiers chrétiens. Et l'on dira que les empereurs ont été cruels !!! »

Cependant, lorsqu'il s'est agi de chanter les délices du tabac, Freud n'aurait pas désavoué le lyrisme dont Flaubert a fait preuve :

> « Ah ! sans la pipe la vie serait aride, sans le cigare elle serait incolore, sans la chique elle serait intolérable ! Les imbéciles vous disent toujours : "singulier plaisir ! tout s'en va en fumée." Comme si tout ce qu'il y a de plus beau ne s'en allait pas en fumée ; et la gloire ? et l'amour ? et les rêves ? où vont-ils, où vont-ils, mes amis ? Dites-moi donc si les plus beaux spasmes des adolescents, si les plus larges baisers des Italiennes, si les plus grands coups des héros ont laissé autre chose dans le monde que n'en a laissé ma dernière pipe. »

Que d'intelligence et de talent dans cet hymne ! Ne serait-ce pas de là que viendrait l'expression : « en avoir dans le cigare » ? Mais trêve de plaisanteries, et, mis en appétit par cette apologie, sortons nos accessoires afin de nous livrer une fois de plus à notre petit artisanat. Il pêche toujours par quelque imperfection, c'est là une partie de son charme : aussi réussie soit-elle on n'empêchera jamais une cigarette roulée de vous laisser quelques brins de tabac collés aux lèvres. À ce propos, j'évoquais tout à l'heure l'aspect oral du plaisir tabagique en critiquant son aspect de cliché psychanalytique. Cela ne devrait pourtant pas nous dispenser d'en faire le tour. Qu'on le veuille ou non, la bouche tient une place centrale dans l'activité du fumeur et l'on connaît bien, depuis Freud, la part essentielle prise par cet orifice dans nos premières sensations infantiles. Comme il nous fut difficile de renoncer à ces plaisirs ! Ne plus appréhender le monde à l'aide de nos seules lèvres gourmandes fut sans doute une souffrance, mais la nature nous a menés vers d'autres zones, tout aussi essentielles à notre développement.

Ah ! La sensation de brûlure au bout des doigts est devenue trop forte ! Encore quelques minutes parties en fumée, ma cigarette est déjà terminée. J'ai toujours le sentiment d'ouvrir une parenthèse temporelle lorsque je me livre à mon plaisir de fumeur. Dans ce moment de recul, de distance prise avec l'instant, le temps prend la consistance du tabac et se consume à son rythme. Quel joli sablier de feu nous tenons entre les doigts ! Alfred de Musset l'avait pressenti lorsqu'il disait :

« Le cigare est le meilleur moyen de mettre à mort le temps. »

Durant quelques minutes, la plus impalpable des dimensions se laisse enfin saisir et accepte de ralentir, voire d'abolir son cours. Je comprends mieux maintenant pourquoi la médecine, ayant tant à cœur de nous signaler le nocif dans le délicieux, a utilisé elle aussi cette métaphore, mais, bien entendu, sur le versant négatif : selon nos hygiénistes, chaque cigarette nous priverait de cinq minutes d'avenir !

« Le temps d'une petite cigarette et on y va ! » est une formule couramment employée par les fumeurs. Je me demande si on pourrait l'imaginer dans la bouche d'un condamné à mort… en tout cas, voilà encore une image qui en dit long sur l'importance de cet objet : la tradition en a fait l'ultime désir d'un homme aux portes du néant. Quel saisissant trajet que celui du dernier objet rejoignant le premier, commandé par le tragique ! Et dans ce moment fatal, la cigarette doit vraiment faire figure d'implacable instrument de mesure, chaque bouffée devenant un chiffre du compte à rebours. Cinq, quatre, trois, deux, un…

Je contemple dans le cendrier le misérable débris qui fut il y a un instant encore objet de désir et qui repose maintenant tout chiffonné parmi d'autres mégots. En contemplant ces déchets, une idée étymologique me vient : « mégot » est un terme qui mérite d'être interrogé, nous en apprendrons sans doute quelque chose.

Le *Dictionnaire historique de la langue française* nous annonce l'origine incertaine de ce mot. Nous voilà bien avancés. Le livre précieux émet néanmoins quelques hypothèses : « mégot » proviendrait de « meg », variante de « mec », « bonhomme ». Ce bout de cigarette serait un « petit meg », un petit homme dérivé du latin *médius*, demi-portion en somme. Que faire de cela, sinon penser que le tabac est souvent pour l'adolescent le symbole du passage à l'âge d'homme, une épreuve initiatique ?

Heureusement, une seconde hypothèse vient fort à propos à notre secours : selon celle-ci, « mégot » viendrait de « mégauder », dont la définition serait, en parlant du nourrisson, « sucer le lait de la mère » ! Voilà qui est plus proche de nos préoccupations. « Mégauder » serait dérivé de « mégaud », « petit lait qui sort du moule à fromage » et de « mesgue », « petit lait ». Cette définition nous satisfait davantage, Freud se frotterait les mains en y voyant confirmée son hypothèse concernant le suçotement ! Ainsi, une fois de plus, la sagesse populaire est venue au secours de l'intuition analytique et renforce l'idée d'un lien intime entre cigarette et sein maternel, ce premier objet perdu dont nous cultivons la nostalgie.

Les esprits chagrins apporteront encore la contradiction en affirmant qu'au contraire du lait, le tabac est d'abord source de désagrément pour le jeune se livrant à l'expérience de la première cigarette. Toux, nausée, vertiges, autant pour le plaisir inaugural ! Comment prétendre le comparer avec le nectar dont l'enfant se régale, avidement bu au sein maternel ? Il est facile d'opposer Freud à ceux qui penseraient pouvoir porter l'objection sur ce point. Il rétorquerait que cette satisfaction du tout-petit ne va pas non plus de soi : bien souvent, le nourrisson répugne dans un premier temps à se saisir du sein. Freud devenu grand-père l'a constaté chez son premier petit-fils. Après s'en être étonné et avoir rendu visite au Faust de Goethe, il écrit en 1914 à son ami Abraham :

> « Il est étrange que même ces instincts vitaux primordiaux aient tant de peine à s'éveiller. J'ai toujours cru que les paroles de Méphistophélès à l'élève : "C'est ainsi que dans les débuts un enfant accepte avec résistance le sein de sa mère", étaient inexactes. C'était bien vrai pourtant, mais la suite aussi j'espère : "Mais bientôt, il a plaisir à se nourrir." »

Le parallèle avec le tabac s'en trouve encore renforcé. L'appréhension du sein maternel (avec l'équivoque qui peut s'entendre dans cette formule) serait donc un mécanisme en deux temps, comparable en cela à l'initiation tabagique, le premier temps, dans un cas comme dans l'autre, consistant en un mouvement de recul. Voilà qui confirme un rapprochement possible entre cigarette et lait nourricier, deux satisfactions à conquérir, imposant à celui qui s'y livre de surmonter sa répulsion pour accéder au plaisir.

Quel que soit le chemin psychique que nous avons parcouru, la nostalgie d'un objet perdu nous taraude, nous obligeant à lui trouver un substitut socialement acceptable. Cet objet perdu n'est certes pas identique pour tous, mais à ceux qui souffrent plus que d'autres de la perte du sein maternel la cigarette fournit, par déplacement, une source de satisfaction d'autant plus commode qu'elle s'inscrit dans une pratique quotidienne banalisée. Pour être rebattue et incomplète, cette interprétation orale du plaisir tabagique n'en est pas moins justifiée. Le sein, procurant satisfaction à l'enfant et lui permettant de lutter contre l'angoisse, a laissé chez l'adulte son empreinte sur l'objet dérivé qu'est la cigarette, elle-même instrument de jouissance de l'instant et de protection contre la tension qui naît d'un environnement hostile. Bien qu'aveuglé par sa pratique tabagique, Freud avait cependant perçu cette dimension.

Satisfait d'avoir rendu les honneurs à mon maître, je sors mon tabac et mon papier. Après tout, je ne vois pas pourquoi je me priverais de ma troisième cigarette !

13

*L'*Arbeitsmittel *de Freud*

> « J'ai commencé à fumer à vingt-quatre ans, d'abord des cigarettes puis très vite exclusivement des cigares ; je fume encore aujourd'hui (à l'âge de soixante-douze ans et demi) et répugne beaucoup à me priver de ce plaisir. Entre trente et quarante ans, j'ai dû cesser de fumer pendant un an et demi à cause de troubles cardiaques qui furent peut-être causés par les effets de la nicotine, mais qui étaient probablement les séquelles d'une influenza. Depuis, je suis resté fidèle à cette habitude ou à ce vice, et j'estime que je dois au cigare un grand accroissement de ma capacité de travail et une meilleure maîtrise de moi-même. Mon modèle en cela a été mon père qui fut grand fumeur et l'est resté jusqu'à l'âge de quatre-vingt un ans. »

Répondant à un questionnaire envoyé à de nombreuses personnalités concernant leur habitude de fumer, Freud, le 12 février 1929, fait en ces termes l'honnête constat de sa passion.

Dans cette question du difficile rapport de Freud au tabac, parsemée d'évitements, de luttes et de renoncements, on ne peut pour autant oublier une évidence, celle du simple plaisir qu'il prenait à fumer. Ce plaisir gustatif et méditatif ménagera à l'inventeur de la psychanalyse des plages de bonheur tranquille, enveloppées dans les volutes parfumées de ses cigares quotidiens. De ce plaisir, même Freud dira peu de choses tant la dimension de l'interdit planera sur lui : il présentera plutôt dans sa correspondance le tabac sous sa face tyrannique, comme un adjuvant à l'autorité duquel il n'aura jamais pu se soustraire.

Pourtant, de même qu'il fut un prosélyte enthousiaste des vertus de la cocaïne, il vantera les bienfaits du tabac, incitant son entourage à profiter des bonheurs qu'il procure. Ses disciples et ses élèves, tant par identification que par goût personnel, suivront ses traces, mêlant leurs fumées à la sienne lors des réunions du mercredi. Il supportera d'ailleurs mal que l'on refuse un de ses délicieux cigares. Hans Sachs s'en souvient et évoque à ce propos un souvenir des dernières années :

> « Il continuait à m'offrir l'habituel cigare, comme il l'avait toujours fait. Un jour, je refusai, disant que je venais juste d'en finir un. Cela le fit rire. »

Son neveu Harry, alors âgé de dix-sept ans, déclinant également une offre de son oncle, aura l'occasion de recevoir cette leçon :

> « Mon garçon, fumer est une des plus pures jouissances de l'existence, et une des moins onéreuses, et si tu décides par avance de ne pas fumer, je ne peux que te plaindre ! »

L'extraordinaire photogénie de la fumée de cigarette fait surgir une série de clichés sépia montrant Freud se livrant à son plaisir tabagique. Notre imagination vagabonde, comme lors de l'une de ces pauses où s'exhale dans un soupir la délicieuse première bouffée. Elle nous transporte au bord de l'eau, pour des vacances familiales fixées dans l'album des souvenirs de Martin, l'un des fils de Freud, qui nous décrit son père à la baignade, alliant dans un tableau pittoresque les joies de la natation à celles du tabac :

> « Tout en veillant à ne pas mouiller sa barbe, qu'il garde cérémonieusement hors de l'eau, mon père avance toujours au rythme régulier de la brasse. Il porte bien sûr le maillot de bain fort décent de l'époque qui lui couvre les épaules et même une partie des bras. Il adore prolonger son bain et s'y fait parfois apporter des rafraîchissements ou des cigares et des allumettes. »

Notre rêverie de fumeur suit maintenant le nuage bleuté projeté au plafond par une cigarette, nous conviant à un voyage dans le temps à la recherche du jeune Freud, déjà dans un rapport passionné au tabac, lors de son séjour à Paris pour le Congrès International d'Hypnotisme de 1889. Ce soir là, pour se distraire des longues journées passées à la Salpêtrière, il se rend à l'Eldorado sur les conseils de Madame Charcot pour écouter celle dont toute la capitale parle et qui va devenir l'une de ses amies intimes quelque trente années plus tard, la chanteuse Yvette Guilbert[1]. Freud au café-concert, dans une salle enfumée que l'on peut imaginer peinte par Toulouse Lautrec, tirant voluptueusement sur sa cigarette en se régalant de l'une des chansons lestes de la « Diseuse Fin-de-Siècle » : voilà, projetée sur l'écran de fumée, une image insolite du père de la psychanalyse.

Puis, à la façon de ces scènes étranges que l'on croit furtivement discerner dans les nuées qui s'assemblent et se défont, nous l'apercevons à l'Opéra de Rome, déjà célèbre et toujours fumeur, assistant à une représentation de *Carmen*.

> « Dans l'air, nous suivons des yeux
> La fumée
> Qui vers les cieux
> Monte, monte parfumée.
> Cela monte gentiment
> À la tête,
> Cela vous met doucement
> L'âme en fête,
> Le doux parler des amants
> C'est fumée ;
> Leurs transports et leurs serments
> C'est fumée. »

Les cigarières sortant de la manufacture chantent le plaisir amoureux du tabac et se déhanchent sous le regard des soldats. Carmen va bientôt paraître, annoncée par ses compagnes, et, dans la salle noyée d'un épais brouillard, Freud guette sa première réplique. En 1907, conservant un souvenir amusé de ce spectacle, il en fait le récit plein d'humour à sa chère Martha, laissant

1 Grimbert. Ph., *Psychanalyse de la chanson* , Paris, Les Belles Lettres/Archimbaud, 1996.

entendre dans cette lettre ironique que, pour lui, « fumer est le propre de l'homme » :

> « Les cigarières tant attendues apparurent, chacune avec une cigarette aux lèvres, mais tellement laides qu'on aurait dit qu'elles sortaient d'un hôpital, d'un asile ou d'une agence de placement. Le fait qu'elles fumaient était en elles l'unique trait humain, elles le partageaient d'ailleurs avec le public. À mon arrivée, le consciencieux violoniste fumait une Virginia, dans l'assistance les gens fumaient sans se gêner et pendant les entractes je les imitai, bien qu'une éducation indéracinable m'ait toujours rendu difficile de fumer au théâtre. »

Dans la série des clichés jaunis : une carte postale à la famille Freud, souvenir d'un voyage en compagnie de sa belle-sœur à Salo, où il fait encore chaud en ce mois de septembre 1908. Dans un moment de calme, à l'abri du brûlant soleil italien, il évoque trois de ses grands plaisirs, la nourriture, le tabac et les cartes (Freud est un grand joueur de tarots) et l'idée un peu sombre des moments difficiles à venir en paiement de ces jouissances :

> « Minna se repose dans sa chambre, je pense que je vais manger une grenade (à dix centimes), puis fumer et faire une nouvelle réussite. Avec les vieilles années, de nombreux talents pour jouir de la vie apparaissent en moi. C'est, en somme, le calme avant la tempête. »

Une autre image jaillit du passé dans un rond de fumée et se projette sur l'écran mouvant : celle d'un Freud infatigable, arpentant les rues de Vienne entourant son domicile de la Berggasse pour se détendre après ses longues séances de travail. Son plaisir de marcher, propice à une réflexion socratique, est redoublé par le but fixé à ses promenades : l'achat de ses cigares préférés.

Il en fume jusqu'à vingt par jour, sans discontinuer, de ces petits cylindres entourés d'une feuille de tabac brun, complément indispensable de son élégance et partie intégrante de son bien-être quotidien. Il s'autorise cette distraction deux fois par jour, le matin après avoir reçu ses patients et le soir après le repas qui réunit les siens autour de la table familiale. Alors, dans la tranquillité retrouvée des rues viennoises, Freud solitaire se promène et pousse sa course jusqu'à l'église Saint-Michel, à proximité de laquelle se trouve son bureau de tabac habituel. C'est là qu'il se procure l'une

de ses marques préférées, les Trabuccos, fine f
autrichienne. Martha, sa femme, et Minna, sa
sent et entretiennent sa passion, sachant la
pour Sigmund, joignant l'utile de la stimula
l'agréable de la fumée aromatique. C'est pour … tout
leur possible pour qu'il ne se trouve jamais en situation de manque.

C'est pourtant ce qui risque de se produire au moment de la Première Guerre mondiale et durant les années suivantes. Dans cette période difficile, la pénurie alimentaire réduit considérablement les plaisirs de la table, mais, fait plus pénible encore du propre aveu de Freud, elle fait peser une menace sur sa consommation de tabac. Il s'en plaint à son ami Ferenczi :

> « Malgré toute la générosité de l'Entente, notre alimentation est toujours parcimonieuse et misérable : en fait, un régime de famine. Mais le manque de cigares menaçant est presque pire pour moi, car je n'arrive pas à me restreindre. »

Les deux femmes font alors ingénieusement la conquête de la tenancière du Tabak-Trafik en lui faisant présent de quelques-uns de leurs travaux d'aiguille. Martha et Minna sont, en effet, hautement réputées pour la beauté et la précision de leurs broderies. La buraliste ne se montre pas insensible à ce geste et le plaisir de Freud est ainsi préservé, il peut bénéficier de rations supplémentaires de tabac dans une période où le risque de privation est grand.

Le plaisir est là, solidement installé dans la vie et les gestes quotidiens de Freud, le cigare est inséparable de sa personne. Il lui est d'autant plus difficile d'y renoncer qu'il en a constaté les effets stimulants sur son travail et il est conscient de la place centrale de cet attribut, devenu le prolongement de son propre corps, autant que de son esprit. À tel point, même, que lors de l'une de ses innombrables tentatives d'abstinence, en 1930, il trouvera pour qualifier cette privation le terme d'« autotomie », définissant un comportement comparable à celui de l'automutilation du lézard :

> « Je me suis rapidement et bien rétabli, non pas par quelque magie thérapeutique, mais par un acte de douloureuse autotomie : voilà maintenant six jours que je n'ai pas fumé un seul cigare, et on ne peut nier que je doive mon bien-être à ce renoncement. »

Les satisfactions orales prédominent chez Freud. Outre le cigare, il apprécie les plaisirs de la table et sait faire honneur à une bonne cuisine. Il a ses préférences alimentaires mais aussi ses répugnances : le poulet et le chou-fleur en font partie. Mais si réconfortants soient les plaisirs apportés par la bonne chère, il a toujours présente à l'esprit l'influence de celle-ci sur ses capacités de travail. Pendant la guerre, le fidèle Max Eitingon lui fait parvenir des victuailles, de la *Lebenmittel*, « substance vitale » dont il se réjouit :

> « J'ai accepté, songeant qu'un régime comportant de la viande accroîtra certainement mes capacités de travail. »

À la *Lebenmittel*, Eitingon, connaissant les besoins du maître, n'oublie jamais de joindre de l'*Arbeitsmittel*, la « substance-de-travail », néologisme forgé par Freud pour désigner le tabac.

Cependant, sa sensibilité gustative, aiguisée par ce dont il se régale à la table familiale, est davantage flattée par ce qu'il fume dans l'intimité de son bureau. « Cette habitude ou ce vice », selon ses propres termes, accroît, plus encore que la nourriture, sa capacité au travail et lui donne une meilleure maîtrise de lui-même.

Ainsi donc, le tabac, après avoir pesé de tout son poids dans l'établissement inaugural d'une relation de type transférentiel, tient maintenant dans la vie de Freud le rôle non moins essentiel de stimulant intellectuel. Cette « substance-de-travail » ne se limitera donc pas à un rôle inaugural dans la découverte de l'inconscient : elle sera, par la suite, intimement associée au travail d'élaboration et l'on pourra affirmer, sans craindre d'exagérer le trait, que la théorie freudienne, tout au long de ses avancées, s'est nourrie des vapeurs du tabac.

La durée même de la séance analytique, objet de conflits et de scissions chez les héritiers de Freud – autour de la pratique lacanienne de la séance courte – à l'origine de maints séismes dans le mouvement des post freudiens, n'est pas, elle non plus, sans rapport avec l'acte de fumer. En effet, l'inventeur de la psychanalyse n'a pas caché que ses possibilités d'écoute étaient liées à la durée de dégustation de l'un de ses cigares, le temps de la séance s'accordant au temps de la jouissance tabagique du maître. L'attention flottante, recommandée par Freud comme indispensable mode d'écoute analytique – permettant de ne pas privilégier tel ou tel contenu du discours de son patient – n'est-elle pas elle-même à rapprocher de l'acte de fumer ou de la contemplation des volutes de fumée, dans ce moment de retrait favorisé par la consommation d'un cigare ?

L'agencement des lieux, le dispositif même dont Freud s'entoure pour se livrer à son travail de réflexion, laisse une place essentielle au tabac, comme en témoignent ces lignes, écrites en 1918 :

> « J'ai beaucoup simplifié le bureau sur lequel j'écris... à droite une coupe contenant des stylos, à gauche une autre pleine de cigares. Nul ne sait encore si la science profitera beaucoup de cette installation. »

À la droite du maître, l'outil nécessaire à l'écriture, à sa gauche, l'indispensable stimulant, l'un et l'autre en position privilégiée, à portée de main. Oui, sans aucun doute, nous le savons maintenant, la science a « profité de cette installation », car chez Freud l'accélération de la consommation de tabac a précédé la naissance de chaque nouvel écrit théorique. L'acte même de produire un texte psychanalytique s'est associé au geste familier de porter la flamme à l'extrémité d'un cigare. Vers la fin de sa vie, de nouveau privé – pour une de ses courtes périodes d'abstinence – de son stimulant préféré, Freud confirmera le rôle de ce dernier dans l'élaboration de sa pensée scientifique.

Une lettre datée de 1926, adressée à Max Eitingon, en tient lieu de preuve :

> « Le nombre de mes divers maux corporels me fait me demander combien de temps encore je serai en mesure de travailler, et ceci d'autant plus que d'avoir renoncé à la douce habitude de fumer a grandement diminué mes intérêts intellectuels. »

De même, le pathétique aveu fait à Arnold Zweig en 1933 :

> « Du reste, je vis encore et comme je ne fume pas, je n'écrirai presque plus rien – excepté des lettres. Cela me rappelle un certain Chasen (chantre à la synagogue) : "Il vivra, il ne chantera plus". »

Freud ne peut être plus clair : s'il ne fume pas, il ne sera plus alors question pour lui de produire des textes psychanalytiques. Son besoin physique d'écriture devra se contenter de lettres, témoins d'une vie affective se poursuivant loin des cimes où l'a mené sa recherche scientifique.

Deux ans plus tard, il réédite l'aveu à Zweig, affirmant de nouveau sa détermination à ne plus écrire s'il est privé de la compagnie du tabac :

> « Depuis que je ne peux plus fumer librement, je ne veux rien écrire non plus, ou peut-être est-ce que je me sers seulement de ce prétexte pour cacher l'incapacité apportée par l'âge. »

N'hésitons donc pas à en faire le constat : la psychanalyse a une dette envers le tabac, elle lui doit en grande partie son existence. Si ce plaisir coupable permit à Freud, à travers l'expérience de la frustration, de vivre les premiers concepts de la science à laquelle son nom allait rester attaché, il lui fut également, dans un second temps, un instrument aussi indispensable que la plume dans l'élaboration de ses principaux écrits et de la technique psychanalytique.

Freud dut constater et subir cette tyrannie pesant sur sa vie. Mais quelle que fût l'importance du rôle du tabac dans son œuvre, seuls lui en sont apparus consciemment les aspects les plus évidents : plaisants, stimulants ou contraignants. À quelques allusions près, dans sa correspondance ou dans ses publications, il n'a pas tenté, répétons-le, d'en faire l'analyse, pas plus que de repérer son ascendant sur le cœur même de ses découvertes scientifiques. Une résistance dont semblent, en outre, avoir hérité ses continuateurs, souvent fumeurs eux-mêmes et peu prolixes dans la production de textes traitant de la question. Il semble en être du tabac comme de la musique : la réputation, en partie injustifiée et entretenue par lui-même, d'un Freud « absolument non musicien » a eu sensiblement les mêmes effets sur des générations d'analystes s'éloignant d'un même mouvement de la question musicale[1]. Mais si l'influence du tabac sur la théorie freudienne fut toujours souterraine, occulte, elle fut précisément pour cette raison – si l'on en croit la logique psychanalytique – infiniment puissante. Éminence grise tapie dans les profondeurs, elle n'en tint que mieux les rênes de sa pensée.

Dans cette perspective, ne peut-on faire du tabac, inaperçu et inspécularisable, un de ces objets (a), dont Lacan nous a révélé l'existence, objet à entendre ici comme cause du désir épistémolo-

1 Voir P. Grimbert, *Psychanalyse de la Chanson*, Paris, Les Belles Lettres/Archimbaud, 1996.

gique de Freud, créateur d'objets métonymiques mais destiné, quant à lui, à rester sans représentation possible ?

Odile Lesourne, dans *Le grand Fumeur et sa passion*, semble aller dans ce sens lorsqu'elle affirme :

> « Cet éloignement de la question du tabagisme, aussi bien chez Freud qui n'en a pratiquement pas parlé, que chez ses biographes qui n'ont pas analysé sa passion du tabac ou chez ses successeurs dont les écrits sur la question sont rares et jusque chez les patients qui ne vont pas à l'analyse pour se délivrer du tabagisme et qui, sur le divan, n'en parlent qu'accessoirement, cet éloignement n'est sans doute pas dû à un hasard mais bien à la nature même de la question. Il y a comme un accord général inconscient sur ce point, accord qui ne peut être qu'en rapport intime avec la nature profonde de la chose que l'on tait. »

Toujours à propos du rôle insoupçonné tenu par le tabac dans l'élaboration théorique freudienne, on est en droit de se demander si l'influence de ce dernier n'est pourtant pas repérable dans certains concepts théoriques, concepts portant en quelque sorte l'empreinte du comportement tabagique de Freud. Une partie de la réponse nous a déjà été fournie concernant la règle d'abstinence, le transfert, la résistance, la durée de la séance et l'attention flottante. Mais il reste d'autres domaines à explorer, comme celui concernant l'onanisme, besoin originaire dont dériverait le besoin de tabac. Souvenons-nous qu'il s'agit de l'un des seuls points (l'autre concerne le suçotement) à propos duquel Freud s'est autorisé à hasarder une interprétation :

> « J'en suis venu à penser que la masturbation était l'essentielle grande habitude, le “besoin primitif” et que les autres besoins, tels ceux d'alcool, de morphine, de tabac n'en sont que les substituts, les produits de remplacement. »

Odile Lesourne remarque à juste titre que le terme allemand employé par Freud, *Ursucht*, pour dénommer le « besoin primitif » appartient à la même famille que le mot *suchtig* qui signifie « toxicomane ». Dans l'esprit de Freud, besoin sexuel primitif, masturbation, tabac et toxicomanie se trouvent donc en relation symbolique : une intoxication comparable à une toxicomanie (le besoin primitif) aboutit par déplacement à une autre toxicomanie (le tabac).

En 1898, dans « Le rôle de la sexualité dans l'étiologie des névroses », Freud, bien que ne s'étant pas maintenu dans cette dépendance, parle en connaissance de cause de l'addiction à la cocaïne et la met en relation avec une frustration sexuelle :

> « Tous ceux qui ont eu l'occasion de prendre de la morphine, de la cocaïne ou du chloral ne deviennent pas pour autant toxicomanes. Un examen plus poussé montre habituellement que ces narcotiques sont utilisés directement ou indirectement comme substituts, à cause d'un manque de satisfaction sexuelle. »

Lorsqu'il publie le cas « Dora », quelques années plus tard, Freud renforce encore sa conviction d'un besoin sexuel assimilable à une toxicomanie :

> « Une théorie de la sexualité ne pourra, je le suppose, se dispenser d'admettre l'action excitante de substances sexuelles déterminées. Ce sont les intoxications et les phénomènes dus à l'abstinence de certains toxiques chez les toxicomanes qui, parmi tous les tableaux cliniques que nous offre l'observation, se rapprochent le plus des vraies psychonévroses. »

C'est à partir de ces textes qu'Odile Lesourne pense pouvoir confirmer l'importance d'un inanalysé freudien – concernant le tabac – dans le développement de la théorie de la libido :

> « Considérant le rapprochement des deux besoins, au point que Freud dans certains passages assimile franchement la sexualité à une intoxication – ce qui est en contradiction avec l'essentiel de la découverte freudienne – on en vient à se demander si la problématique personnelle de Freud n'a pas infiltré la théorie et si, faute d'avoir analysé son intoxication nicotinique, il ne nous a pas donné, du moins dans certains passages de son œuvre, une "théorie tabagique" de la libido. »

À partir de ce raisonnement, on pourrait affirmer, à la lecture des *Trois Essais sur la théorie de la sexualité,* que Freud nous a également donné une « théorie tabagique » de l'auto-érotisme chez l'enfant :

> « Ainsi, les enfants passent-ils souvent de la succion à la masturbation… Il me semble que l'enchaînement des phénomènes, qu'éclaire la psychanalyse, nous permet de dire que le suçotement est un acte sexuel, et d'étudier en lui les traits essentiels de la sexualité infantile.
> Ce qui nous semble être le caractère le plus frappant de cette activité sexuelle, c'est qu'elle n'est pas dirigée vers une autre personne. L'enfant se satisfait de son propre corps ; son attitude est autoérotique…
> Il est aisé de voir dans quelles circonstances l'enfant a, pour la première fois, éprouvé ce plaisir qu'il cherche maintenant à renouveler. C'est l'acti-

vité initiale et essentielle à la vie de l'enfant qui le lui a appris : la succion du sein maternel, ou de ce qui le remplace. Nous dirons que les lèvres de l'enfant ont joué le rôle de "zone érogène" et que l'excitation causée par l'afflux du lait chaud a provoqué le plaisir. Au début, la satisfaction de la zone érogène fut étroitement liée à l'apaisement de la faim... mais bientôt le besoin de répéter la satisfaction sexuelle se séparera du besoin de nutrition... l'enfant ne se sert plus alors, pour la succion, d'un objet extérieur à son corps, mais préfère une partie de son propre épiderme, plus accessible, parce qu'il se rend ainsi indépendant du monde extérieur qu'il ne peut encore dominer...
Tous les enfants ne suçotent pas. Il est à supposer que c'est le propre de ceux chez lesquels la sensibilité érogène de la zone labiale est congénitalement fort développée. Si cette sensibilité persiste, l'enfant sera plus tard un amateur de baisers, recherchera les baisers pervers, et, devenu homme, il sera prédisposé à être buveur et fumeur....
L'état de besoin, qui exige le retour de la satisfaction, se révèle de deux manières : d'abord par un sentiment particulier de tension, qui a quelque chose de douloureux, ensuite par une excitation d'origine centrale, un prurit projeté dans la zone érogène périphérique. On peut donc dire que le but de la sexualité est de substituer à la sensation d'excitation projetée dans la zone érogène une excitation extérieure qui l'apaise et crée un sentiment de satisfaction. Cette excitation extérieure est le plus souvent une manipulation analogue à la succion... il est seulement quelque peu étonnant qu'une excitation, pour être apaisée, doive faire appel à une autre excitation appliquée au même endroit. »

Le lien symbolique cette fois tendu entre succion, auto-érotisme et masturbation reste fidèle à l'explication avancée par Freud lors de ses rares incursions théoriques dans ce domaine. À ces trois termes, et toujours dans la même logique, il convient donc d'ajouter le plaisir du tabac, auquel ce texte fait indirectement allusion. Cette description d'une excitation extérieure (que le tabac procure plus sûrement qu'aucune autre substance), d'une manipulation analogue à la succion (le geste du fumeur), précédée par une sensation de tension (le besoin de tabac) et apportant un afflux de chaleur dans la zone buccale (la saveur brûlante de la fumée), n'est-elle pas une évocation directe du besoin et du plaisir du fumeur ? Et n'éclaire-t-elle pas rétrospectivement la formule ambiguë, teintée d'auto-érotisme, choisie par Freud dans l'une de ses lettres à Fliess pour évoquer sa privation ?

« Depuis trois semaines aujourd'hui je n'ai rien eu de chaud entre les lèvres... »

L'influence du tabac dans la pensée freudienne ne se cantonne pas à la question de la libido ni à celle de l'auto-érotisme : on pourra la retrouver à l'œuvre dans un autre domaine de la doctrine psychanalytique, non moins essentiel : la théorie du Moi. Ce problème central sera l'occasion, après la mort du maître, de clivages entre ses continuateurs autour de l'utilisation de ses concepts, dissensions importantes touchant à la théorie et à la pratique de la psychanalyse.

Un texte de 1918, « Les voies nouvelles de la thérapeutique psychanalytique », donne une description du Moi et de sa fonction qui sera reprise comme telle par nombre d'analystes post-freudiens dans une perspective unificatrice, la cure s'appuyant pour eux sur la notion d'un Moi fort, apte à la psychosynthèse, allié du thérapeute dans la lutte contre les exigences du Ça :

> « Le névrosé nous apporte un psychisme déchiqueté fissuré par les résistances. Et quand, dans l'analyse du cas, nous éliminons les résistances, nous voyons ce psychisme se coordonner et la grande unité que nous appelons "Moi" s'agréger tous les émois instinctuels jusqu'alors détachés et écartés de lui. C'est ainsi que se réalise automatiquement, inévitablement, la psychosynthèse, sans que nous ayons eu à intervenir ; en décomposant les symptômes en leurs éléments, en levant les résistances, nous créons les conditions nécessaires à la production de cette synthèse. »

À l'époque où il écrit ce texte, Freud souffre de la relative pénurie de nourriture et de tabac imposée par la Première Guerre mondiale. Une grande partie de son énergie se mobilise dans la recherche de ses indispensables cigares, alors même qu'il s'inquiète des premiers symptômes annonciateurs du mal qui va le frapper quelques années plus tard. Mais nous verrons qu'il n'associe pas ces signes à la consommation de tabac, bien au contraire. Des extraits de la série de lettres écrites à Ferenczi pendant cette période (1917-1918) mettent en évidence le souci récurrent causé chez lui par le manque de tabac :

> « Mes consultations sont plus nombreuses, mais naturellement cela ne suffit pas aux dépenses. Un Trabucco coûte maintenant 30 H (Heller). »

> « Le destin semble bien parti pour me faire passer mon vice favori. Mais, comme Francis Bacon, je voudrais dire : "*I'won't be plucked of my feathers*". (Je ne me laisserai pas plumer)

« La pénurie de cigares semble terminée. Lévy a annoncé une petite caisse, et mon frère parle de trois caisses qui m'attendent à Vienne. D'ici là, j'espère m'en tirer, étant donné qu'Eitingon et Rank ont de nouveau apporté leur contribution. »

« Un de mes patients me pourvoit en cigares, plus abondamment que, jusqu'à présent, la buraliste. »

« Chez moi la bousculade continue, 8 ou 9 analyses par jour, 3 personnes "sur la liste" attendant leur tour... je m'en trouve fort bien, seule l'abstinence de tabac n'est pas compatible avec un tel travail. Hier, j'ai fumé mon dernier cigare ; ensuite j'étais fatigué et de méchante humeur, j'avais des palpitations et une augmentation de l'œdème douloureux du palais, notable depuis les jours maigres (carcinome ? etc.). Puis un patient m'a apporté 50 cigares, j'en ai allumé un, je suis devenu gai et l'affection du palais a rapidement régressé ! Je ne l'aurais pas cru si cela n'avait été aussi flagrant. Tout à fait à la Groddeck. »

Cette dernière lettre est significative de la résistance de Freud à affronter la question du tabac, dans une période où dans sa théorie le Moi est encore entièrement dévolu à une fonction synthétique. Il y associe le symptôme œdémateux du palais, soupçonné de malignité, à la privation et non à la consommation de tabac. Il en veut pour preuve le fait que la jouissance d'un cigare suffit à faire régresser l'affection.

Mais des retournements théoriques ne vont pas tarder à se manifester. En 1919, Freud rédige un essai bientôt considéré comme une date dans l'histoire de la psychanalyse, *Au-delà du principe de plaisir*, essai difficile, spéculatif car pratiquement sans exemples cliniques. Ce texte pourrait nous fournir un exemple supplémentaire dans l'œuvre freudienne d'une théorie « tabagique » de la libido tant les idées qui y sont développées entrent en résonance avec les thèmes de la maladie et de la mort intimement liés chez lui à la question du tabac. Freud y introduit la « pulsion de mort », notion révolutionnaire dans son œuvre et qui n'est pas sans provoquer des remous dans la communauté psychanalytique. Il y développe l'idée selon laquelle, le non-vivant ayant toujours précédé le vivant, on retrouvera chez tout être animé une tendance à rejoindre un état antérieur, en d'autres termes, la mort. Ainsi Éros et Thanatos cohabitent en chacun de nous et se livrent un obscur combat dont l'issue est, hélas, bien connue. Ce texte charnière, inaugurant un remaniement profond, en particulier en ce qui concerne la théorie du Moi, est produit alors que son œdème du palais – ainsi qu'en témoigne sa lettre à Ferenczi – fait soupçonner à Freud les prémices d'une atteinte cancéreuse. À cette époque, il ne veut envisager le rôle du tabac, qui va se révéler déterminant dans l'évolution de son mal, autrement que sur son versant curatif. Cette attitude nous montre à l'évidence, par le déni d'une influence toxique de l'un sur l'autre, le lien intime établi cependant par lui entre la consommation du tabac et l'apparition d'un symptôme somatique.

La première biographie de Freud, écrite par Fritz Wittels en 1924, fait mention des circonstances qui entourèrent la parution de cet essai. Dans cet ouvrage l'auteur fait un rapprochement entre la thématique d'*Au-delà du principe de plaisir* et la mort, en janvier 1920, de Sophie, la fille bien-aimée de Freud, que Martha et lui appelaient leur « enfant du dimanche ». Selon Wittels, ce deuil douloureux serait à l'origine des hypothèses freudiennes sur la pulsion de mort, élaborées dans un climat dépressif et peut-être même générées par ce dernier. Ce rapprochement choqua Freud qui tint à apporter un démenti à l'auteur et lui écrivit dans ce sens, avec un souci d'exactitude dans lequel pourraient s'entendre les accents d'une dénégation :

> « Dans une étude analytique de n'importe qui d'autre j'aurais certainement beaucoup insisté sur la corrélation entre la mort de ma fille et les conceptions exprimées dans *Au-delà*. Au-delà a été écrit en 1919, quand ma fille était encore pleine de jeunesse et de santé, elle est morte en 1920. En septembre 1919, j'ai laissé le manuscrit de l'essai chez des amis de Berlin afin qu'ils le revoient. À ce moment il ne manquait que la partie sur la mortalité ou l'immortalité du plasma germinatif. Le probable n'est pas toujours vrai... »

Cependant, précisément à la lecture du passage sur le plasma germinatif, rajouté après la mort de sa fille, on ne peut manquer de s'interroger. L'année 1920 fut, en effet, endeuillée par la disparition de Sophie mais également, quelques jours auparavant, par celle d'Anton Von Freund, généreux donateur et proche de Freud, mort brutalement des suites d'une récidive cancéreuse. La première le marquant dans sa chair, la seconde trouvant un écho angoissant dans son symptôme buccal, ces deux disparitions traumatisantes pour Freud, si elles n'ont pas eu d'effet sur les thèses essentielles de son essai, en ont eu du moins sur les modifications et ajouts qu'il y apporta, à en juger par ces lignes :

> « Quant aux cellules germinales, elles se comporteraient de façon absolument "narcissique", selon le terme que nous employons dans la théorie des névroses pour désigner le fait qu'un individu dans son ensemble maintient sa libido dans le moi sans rien en dépenser dans des investissements d'objet. Les cellules germinales ont besoin pour elles-mêmes de leur libido, de la force active de leurs pulsions de vie : c'est là une réserve pour l'importante activité constructrice qu'elles exercent plus tard. Il se peut que les cellules des néo-formations malignes qui détruisent l'organisme puissent être définies comme narcissiques dans le même sens. »

Associées aux pensées morbides immanquablement liées aux traumas de cette année 1920, ces réflexions ajoutées par Freud à son essai nous font dresser l'oreille lorsqu'elles abordent le thème de la « malignité ». Elles proposent, en effet, un début d'élucidation – jamais achevé – des processus à l'œuvre dans le déclenchement d'un cancer, lequel a déjà produit ses premières alertes sous la forme d'un œdème du palais et se déclarera chez Freud trois années plus tard.

La surprise viendrait plutôt du fait que ce texte dans son entier est moins influencé par la dépression due au deuil que par le processus mêlant étroitement plaisir et auto-destruction, engagé par Freud depuis de longues années, aidé en cela par le tabac. Ainsi l'on peut se demander si, indépendamment des deuils qui l'ont marqué, ce ne sont pas les premières alertes somatiques liées à sa pratique de fumeur qui ont à son insu lancé Freud sur la voie de la théorisation des pulsions de mort à l'œuvre dans l'inconscient. On sait aujourd'hui quelle part active Freud a fait prendre au tabac dans le développement de son mal, tabac dont il ne pouvait ignorer le rôle aggravant sur ses symptômes. La maladie une fois déclarée, le fumeur impénitent poursuivra son activité, faisant fi des avertissements médicaux. Des années plus tard, dans la description à laquelle il se livrera de son plaisir coupable ne retrouvera-t-on pas l'extraordinaire intrication des pulsions de vie et des pulsions de mort déjà théorisée dans son *Au-delà* ? Le cigare n'a-t-il pas, en effet, présidé souterrainement à cette élaboration, représentant pour Freud l'objet idéal – avec ses deux versants : plaisir et risque – et précipitant par son aspect paradoxal les deux types de pulsions ?

Le plus célèbre des chapitres de l'essai *Au-delà du principe de plaisir*, se centre sur le jeu d'un enfant, le deuxième fils de Sophie, âgé de 18 mois au moment de l'observation. Ce jeu, connu par des générations d'analystes sous le nom du « *Fort-Da* », consistait pour l'enfant à expédier au loin une bobine retenue par un fil en s'écriant « o-o-o » (*Fort*, soit « loin ») puis à la ramener à lui en saluant son retour par un « *Da* ! » (« La voilà ! »). Freud nous l'a démontré : par l'intermédiaire de ce jeu symbolique répétitif l'enfant maîtrisait départs et retours de son objet privilégié : sa mère. Mais les mouvements de la bobine pourraient nous lancer sur une autre piste en nous évoquant l'un des traits les plus remarquables de l'activité d'un fumeur, ces allers et retours incessants de l'objet, éloignements et rapprochements répétitifs caractérisant le geste du consommateur du tabac. L'inspiration et l'expiration elles-mêmes ne représentent-elles pas de façon idéale l'incorporation puis le rejet de l'objet, « *Fort* » ponctuant le panache projeté à l'extérieur et « *Da* » saluant le retour de la chaude satisfaction de la fumée à l'intérieur du corps ? On le voit, il n'est pas impensable là encore que la consommation de cigares ait eu pour Freud, à côté de l'observation, son rôle à tenir dans la rédaction de ce célèbre chapitre. Et ne nous aurait-il pas fourni par l'intermédiaire de cette observation un début d'explication du plaisir tabagique, jeu symbolique à l'image du jeu de la bobine et permettant à l'adulte une emprise possible sur ses objets perdus ?

Au-delà du principe de plaisir est donc un texte essentiel, marquant une frontière théorique non seulement dans l'œuvre freudienne, mais aussi dans la vie de son auteur qui va, dès lors, amorcer son long chemin vers la mort, perspective pour lui d'un improbable « au-delà ».

Après 1923, son cancer du palais déclaré, Freud changera de position quant au rôle déclenchant et activateur du tabac dans l'évolution de sa maladie, adoptant, fait inusuel chez lui, un comportement à la fois de reconnaissance et de déni. Dans cette même période, sa vision du rôle du Moi dans l'économie psychique se transformera, cette instance unificatrice et forte devenant dès lors clivée et porteuse de tendances contradictoires, modification annoncée par *Au-delà du principe de plaisir* essai dans lequel il affirmait l'existence d'une importante part inconsciente du Moi.

Cette modification se confirme dans l'approche freudienne du fétichisme, dont un texte daté de 1927, extrait de *La Vie sexuelle,* nous présente les conditions d'apparition :

> « Il ne faut pas s'attendre à ce que ces personnes (les fétichistes) aient recherché l'analyse à cause du fétiche ; celui-ci, en effet, est bien reconnu par ses adeptes comme une anomalie, mais il est rare qu'on le ressente comme un symptôme douloureux ; la plupart de ses adeptes en sont très contents ou même se félicitent des facilités qu'il apporte à leur vie amoureuse.
> … Je dirai plus clairement que le fétiche est le substitut du phallus de la femme (la mère) auquel a cru le petit enfant et auquel, nous savons pourquoi, il ne veut pas renoncer.
> Le fétiche demeure le signe d'un triomphe sur la menace de castration et une protection contre cette menace…
> Il n'est probablement épargné à aucun être masculin de ressentir la terreur de la castration, lorsqu'il voit l'organe sexuel féminin.
> Je dois dire qu'il y a de nombreux arguments et des arguments de poids en faveur de la position de clivage du fétichiste, quant à la question de la castration de la femme.
> Dans certains cas, la tendresse ou l'hostilité avec lesquelles on traite le fétiche, tendresse et hostilité qui correspondent au déni et à la reconnaissance de la castration, se mélangent inégalement, si bien que c'est soi l'une, soit l'autre qui est plus aisément reconnaissable.
> On est finalement autorisé à déclarer que le prototype normal du fétiche c'est le pénis de l'homme. »

La théorie du fétichisme élaborée par Freud est directement issue de l'angoisse de castration. Suivons-la dans ses principales étapes en résumant la pensée freudienne, de l'angoisse de la perte au choix de l'objet fétiche.

Le petit garçon (le fétichisme étant un comportement sexuel presque exclusivement masculin), constatant l'absence de pénis chez la femme s'en angoisse vivement. Cette émotion est due à deux causes : il lui est insupportable de s'apercevoir d'une privation de cet appendice – dont lui-même dispose – chez l'être protecteur et dispensateur de bienfaits que représente pour lui sa mère. Par ailleurs, si cet être tout-puissant a pu perdre son pénis, ce malheur peut aussi bien lui advenir, comme punition du plaisir qu'il en obtient par la masturbation. Au cours de cette épreuve, le psychisme du jeune enfant se trouve confronté à une représentation angoissante inacceptable, sauf à procéder à un clivage sous forme de déni de la réalité, dont la formule « Je sais bien, mais quand même... » donne une image approchante : « Je sais bien que ma mère est castrée, mais quand même je lui suppose un pénis ». Si, lors de l'évolution de l'enfant, cette position ne peut être dépassée, un objet fétiche élu par lui pour représenter ce pénis manquant de la femme – pièce de lingerie, chaussure, tout « plus » de la parure féminine – deviendra l'unique objet de son désir et sa vie sexuelle d'adulte ne pourra s'accomplir sans la présence de ce substitut.

Comme toujours dans la théorie freudienne, un trait pathologique est présenté non comme surgissement d'une aberration comportementale, mais comme gauchissement ou intensification d'une étape de développement normale. Ainsi, le fétiche chez le garçon fera-t-il toujours une apparition de plus ou moins longue durée dans le cours de son existence et laissera des traces ineffaçables dans sa vie sexuelle d'adulte. L'attrait pour la lingerie ou pour les accessoires de séduction proposés par la mode féminine fera partie intégrante d'une sexualité dite normale, alors que leur élévation au rang d'objet unique de plaisir sera qualifiée de pathologique. Quoi qu'il en soit, la première de ces deux réponses fétichistes face à la constatation de la différence sexuelle se manifestera régulièrement, puisqu'« il n'est probablement épargné à aucun être masculin de ressentir la terreur de la castration, lorsqu'il voit l'organe sexuel féminin. »

Au moment de la rédaction de cet article sur le fétichisme, Freud souffre depuis cinq ans déjà de la maladie qui l'emportera douze ans plus tard. Il ne renonce pas pour autant à fumer, malgré le rôle de cette habitude dans l'évolution de son mal, confirmé par des avis médicaux formels. La place du tabac dans la vie de Freud, plus singulière encore en cette période de maladie, peut-elle avoir eu une influence sur l'apparition de cette nouvelle théorie dans laquelle le Moi du fétichiste perd de sa force unificatrice et se divise face à l'objet ?

En guise de réponse – encore une fois affirmative – à cette question, empruntons à Freud sa plume pour transformer ces quelques passages de l'article en question. Donnons au tabac la place de fétiche ordinaire dans la vie de Freud, dans ce moment de sa vie où angoisse de castration et angoisse de mort se conjoignent, et constatons les effets de cette addiction sur sa théorie du Moi :

> « Il ne faut pas s'attendre à ce que ces personnes (les fumeurs) aient recherché l'analyse à cause d'une consommation excessive de tabac ; celle-ci, en effet, est bien reconnue par ses adeptes comme une anomalie, mais il est rare qu'on la ressente comme un symptôme douloureux ; la plupart des adeptes du tabac en sont très contents ou même se félicitent des facilités qu'elle apporte à leur vie pulsionnelle.
> … Je dirai plus clairement que chez le garçon devenu adulte la cigarette est le substitut du phallus de la femme (la mère) auquel il a cru étant enfant et auquel, nous savons pourquoi, il ne veut pas renoncer, puisque ce serait accepter l'imminence de la castration.
> La cigarette, exhibée comme un phallus et venant obturer le vide de l'orifice buccal associé au sexe féminin, demeure le signe d'un triomphe sur la menace de castration et une protection contre cette menace. Car il n'est probablement épargné à aucun être masculin de ressentir la terreur de la castration, lorsqu'il voit l'organe sexuel féminin.
> Je dois dire qu'il y a de nombreux arguments et des arguments de poids en faveur de la position de clivage du Moi du fumeur, quant à la question de la castration féminine.
> Dans certains cas, la tendresse ou l'hostilité avec lesquelles on traite la cigarette – mouvement d'amour au moment de son allumage, mouvement de haine au moment de son écrasement dans le cendrier – tendresse et hostilité qui correspondent au déni (brandir un pénis incandescent) et à la reconnaissance de la castration (obligation de constater qu'il se réduit à un tas de cendres), se mélangent inégalement, si bien que c'est soit l'une, soit l'autre qui est plus aisément reconnaissable.
> On est finalement autorisé à déclarer que le prototype normal de la cigarette c'est le pénis de l'homme. »

Il est indéniable que la substitution du terme « cigarette » à celui de « fétiche » n'altère en rien le fonctionnement logique de ce texte. Mais un pas de plus peut être franchi si nous nous intéressons à un article paru en 1938, dix ans après « Le Fétichisme » et un an avant la mort de Freud : « Le clivage du Moi dans le processus de défense ». Ce texte eut un destin particulier dans l'œuvre freudienne puisqu'il ne fut ni achevé, ni publié du vivant de son auteur, alors qu'il ne constitue pas son dernier écrit théorique.

Freud sait que ses jours sont comptés, il ne peut plus nier maintenant la part que le tabac a tenu dans l'aggravation de ses symptômes, mais il ne cesse pour autant de fumer, tenant toujours à bonne distance la question, devenue cruciale, de son addiction. Sa phrase d'introduction apporte peut-être une amorce d'éclaircissement à l'énigme de cet article qui ne vit pas le jour :

> « Pour le moment je me trouve dans cette position intéressante de ne pas savoir si ce que je veux communiquer doit être considéré comme connu depuis longtemps et allant de soi, ou comme tout à fait nouveau et déconcertant. Tel est, je crois, plutôt le cas. »

Freud prend conscience que sa recherche l'amène dans sa logique à remettre en question des années de certitude sur la nature et la fonction du Moi. C'est sans doute ce qui le fait reculer, dans un premier temps, renonçant à livrer à la publication son texte, laissé inachevé. Le caractère troublant et contradictoire de sa découverte, souligné par lui-même (« connu depuis longtemps-tout à fait nouveau ») n'est pas sans rappeler, outre l'« Inquiétante étrangeté », les moments de surgissement d'une vérité dans la cure. Dans ces moments cruciaux l'analysant accueille souvent le caractère radicalement neuf – en apparence – du contenu de la révélation par une remarque du style : « Mais cela, je l'ai toujours su ! »

Dans son hésitation, Freud penche cependant pour l'aspect déconcertant de sa trouvaille, touchant encore une fois, nous allons le constater, à la nature du Moi :

> « ...Supposons donc que le Moi de l'enfant se trouve au service d'une puissante revendication pulsionnelle qu'il est accoutumé à satisfaire, et que soudainement il soit effrayé par une expérience qui lui enseigne que la continuation de cette satisfaction aurait pour conséquence un danger réel difficilement supportable. »

C'est précisément la situation vécue par Freud depuis plusieurs années d'un calvaire incessant, où la revendication (tabagique) qu'il est accoutumé à satisfaire a rencontré l'épreuve d'une atteinte dans le réel de son corps. Max Schur, après bien d'autres médecins, le lui a clairement laissé entendre et il sait – tout en le déniant – de quelle conséquence fatale il paiera son obstination à poursuivre cette satisfaction.

> « Il doit maintenant se décider : ou bien reconnaître le danger réel, s'y plier et renoncer à la satisfaction pulsionnelle, ou bien dénier la réalité,

> se faire croire qu'il n'y a pas motif de craindre, ceci afin de pouvoir maintenir la satisfaction. C'est donc un conflit entre la revendication de la pulsion et l'objection faite par la réalité. L'enfant cependant... répond au conflit par deux réactions opposées, toutes deux valables et efficaces... Les deux parties en litige ont reçu leur lot : la pulsion peut conserver sa satisfaction ; quant à la réalité, le respect dû lui a été payé. »

À la fin de sa vie, Freud adopte face au tabac une attitude étrangement comparable à celle qu'il décrit chez l'enfant confronté au péril de la castration. Incapable, comme ce dernier, de se « décider », il conserve sa satisfaction à la pulsion orale en tentant de maintenir sa consommation de tabac, dans la limite du supportable pour son organisme affaibli par la maladie ; mais dans le même temps, pour des raisons restant à explorer, il accepte de payer son dû à la réalité sous la forme d'un prélèvement – ô combien réel – sur son corps souffrant.

> « Toutefois, comme on le sait, seule la mort est pour rien. Le succès a été atteint au prix d'une déchirure dans le Moi, déchirure qui ne guérira jamais plus, mais grandira avec le temps. Les deux réactions au conflit, réactions opposées, se maintiennent comme noyau d'un clivage du Moi. L'ensemble du processus ne nous paraît si étrange que parce que nous considérons la synthèse des processus du Moi comme allant de soi. Mais là, nous avons manifestement tort. »

La synthèse des processus du Moi ne va donc pas de soi, la notion d'un Moi déchiré s'impose, la solution fétichiste mène Freud à cette constatation douloureuse. Elle remet en question bien des acquis de sa théorie mais sa rigueur habituelle le conduit, comme ce fut le cas plusieurs fois dans son travail d'élaboration, à constater son erreur : « Là, nous avons manifestement tort ». Cette même rigueur lui imposera de rendre publique sa nouvelle vision de la fonction du Moi, bien éloignée de la force unificatrice qu'il lui attribuait jusqu'alors. Ainsi, dans l'*Abrégé de Psychanalyse*, son tout dernier écrit, il se livrera à un remaniement de sa théorie plus radical encore, laissant entendre cette fois que le clivage du Moi n'est pas propre au fétichiste mais se retrouve aussi bien chez le névrosé que chez le psychotique.

Odile Lesourne n'a pas manqué de repérer cette évolution, dans laquelle elle voit encore à l'œuvre un effet du tabagisme de Freud. Le nouveau Moi freudien, ni synthétique ni synthétisant, clivé par nature chez chacun, divisé par l'objet du désir, est devenu quelques mois avant la mort de Freud, une énigme où vacillent les certitudes d'autrefois. Max Schur avait également repéré quelque chose de cet ordre chez son patient, dès les premiers entretiens, lorsqu'il lui fallut aborder avec Freud la délicate question du tabac :

> « Je m'informai naturellement de ses habitudes et il fallut bien parler de ses habitudes de fumer. Je pus immédiatement me rendre compte qu'on touchait là à un domaine où – il l'avait bien compris lui-même – il ne pouvait établir la "suprématie du Moi". »

La déchirure « inguérissable » de ce nouveau Moi évoque, dans l'après-coup, le mal « incurable » dont souffrit son théoricien, fumeur impénitent, lui-même clivé dans son rapport au tabac. Nous voyons alors comment, à l'insu de Freud et dans la période la plus douloureuse de sa vie, la formulation de ces questions précieuses pour la psychanalyse d'aujourd'hui fut soumise à l'influence de sa tabagie.

En effet, dans la nouvelle perspective ouverte ces années-là, le rôle du Moi, anciennement source de connaissance intérieure et de maîtrise du monde devient alors étrangement proche de la fonction imaginaire de l'organe de méconnaissance, dont Lacan, commençant son œuvre originale là où Freud l'achève, fera la théorie.

Grâces soient rendues au locataire de la Maison-Blanche à qui nous devons une nouvelle méthode d'humidification des cigares.

14

Havane

COMMENT NE PAS SE SENTIR en harmonie avec soi-même lorsqu'on se livre à la dégustation d'un objet d'art ? Dans le vaste domaine de la consommation du tabac rien n'est comparable à cette noble et lente jouissance. Je n'ai jamais pu comprendre le plaisir furtif de la cigarette, extirpée de son paquet à l'aveuglette, enflammée, consumée dans la seconde et jetée dans le premier cendrier venu. Même une fille facile, au coin d'une rue ou dans un bar, est choisie avec plus de soin ! La longueur de ses jambes, l'éclat de son regard, un trait qui la rend désirable peut nous enflammer, nous pauvres hommes qui nous contentons parfois, il faut bien en convenir, d'un objet partiel. Mais une cigarette ! Semblable à toutes ses sœurs serrées dans l'uniforme emballage craché dans un hoquet par une machine sans âme. Non vraiment, pas la moindre trace d'une spiritualité dans ces petits cylindres pâles ! De poésie pas davantage alors que dans sa fabrication même l'incomparable cigare nous invite à une rêverie dont la consommation ne représente que l'aboutissement : il n'est pas un amateur n'ayant en tête une cuisse de cigarière, une main hâlée choisissant, roulant, modelant cet objet de satisfaction sans égal qui aboutit entre ses mains. Alors, promenant ses narines le long de l'odorante robe qui l'enveloppe, pinçant délicatement entre ses doigts l'épaisseur prometteuse du corps pour en estimer la souplesse ou le craquant, du bout de ses lèvres en savourant l'âpre saveur préliminaire, ce fétichiste inspiré n'a-t-il pas toujours en tête quelque Carmen ?

Et que dire de l'expiration provocante du fumeur de cigarette, vidant son corps à chaque soupir, exhalant ses angoisses au nez de ses proches ? Le fumeur de cigare, quant à lui, met l'accent sur l'inspiration, dans tous les sens du terme : se livrant à sa démarche intérieure, il fait l'expérience de l'impalpable. Il garde avec ivresse le ruban velouté de la fumée entre sa langue et son palais, sans hâte de le rejeter, il en fait le tour jusqu'à savoir ce que pèse cet impondérable. Souvenez-vous de Sir Walter Raleigh, favori de la grande Elizabeth, et comment il entretint la conquête de sa souveraine, au demeurant fort difficile à conquérir. Non, ce ne fut pas seulement en déployant sa cape de brocard sur une flaque boueuse afin d'éviter à la reine virginale le contact avec la fange : ce fut aussi en initiant celle-ci aux plaisirs du tabac. Et plus encore en lui proposant une expérience de physique amusante : faire le pari de peser la fumée d'un cigare. Et il y parvint. Du même coup, il définissait cette souveraine activité : exprimer son âme en donnant du corps au volatil, au fugitif, à la pensée même. Voilà en quoi consisterait le plaisir de l'amateur de cigares, Raleigh en a donné la mesure, Mallarmé l'a chanté dans sa langue incomparable :

> « Toute l'âme résumée
> Quand lente nous l'expirons
> Dans plusieurs ronds de fumée
> Abolis en d'autres ronds
> Atteste quelque cigare
> Brûlant savamment pour peu
> Que la cendre se sépare
> De son clair baiser de feu. »

Ah, bien sûr, en dépit de son excellente appartenance sociale le fumeur de cigares empeste ! Mais ce n'est pas intentionnellement que sa jouissance méditative empoisonne son entourage, la preuve : il ne s'en soucie même pas. Loin de lui la provocation mesquine du jeune amateur de Gitanes tirant ostensiblement sur son mégot dans un compartiment non-fumeurs. Lorsqu'il déguste la première bouffée de son bâton de chaise, l'extraordinaire sphère de pur narcissisme qui l'enveloppe à la fin du repas lui permet à peine d'entrevoir la mimique dégoûtée de sa compagne de table. De toute façon, on le sait, la pornographie c'est l'érotisme des autres, et le plaisir fétichiste a toujours déclenché le dégoût des non-concernés, ceux pour qui l'objet de désir du voisin n'est qu'un dérisoire déchet, malodorant de surcroît.

Tiens, voilà que me revient à la mémoire – pourquoi maintenant ? devrais-je me demander en analyste consciencieux – le souvenir d'une promenade dans Genève. Les rues désertes et immaculées étalaient un ennui poli de dimanche helvétique quand soudain, à l'horizon d'un trottoir récemment balayé, apparut à mes yeux de myope l'objet du scandale : un excrément. Un coup de feu dans un salon de thé n'aurait pas bouleversé davantage la sérénité ambiante que ne le fit cette vision sur la quiétude de mon psychisme. Oui, une crotte de chien était posée là, au plein milieu de la zone réservée aux piétons, incroyable provocation à l'ordre et à l'hygiène suisses. Je voulus voir la chose de plus près, craignant être l'objet d'une hallucination – la première dans ma carrière de névrosé – je m'approchai donc de l'objet délictueux et poussai un soupir de soulagement. Les choses rentraient dans l'ordre et ce dimanche pouvait suivre son cours étal comme les eaux du Léman : il s'agissait d'un cigare, certes scandaleusement abandonné là, mais tout de même plus à sa place sur un trottoir de Genève qu'un besoin naturel canin. De loin, il ressemblait pourtant à cette déjection, ce qui ne manqua pas de m'interroger. Confondre un précieux cigare avec un vulgaire étron ! Passer ainsi du sublime au scatologique !

Cet épisode eut un effet stimulant sur ma réflexion. Que l'objet du désir soit si proche de l'objet du dégoût est une question troublante et Freud ne la négligea pas. Une de ses remarques à ce sujet me revint à l'esprit :

> « Le membre de l'homme a deux fonctions dont la réunion, pour plus d'un, fait scandale. »

Il a, bien sûr, noté un fait du même ordre à propos de l'organe sexuel féminin quant à la proximité des deux fonctions et sa clairvoyance s'est une fois de plus manifestée lorsqu'il a décrit le dégoût comme retournement en son contraire d'une forte attirance pour l'objet rebutant. Formation réactionnelle, c'est le nom qu'il a donné à ce phénomène.

La myopie n'aurait donc été dans mon cas qu'un facilitateur, mettant en relation deux objets qui, contrairement aux apparences, avaient à faire l'un avec l'autre. Sortant de la traditionnelle interprétation orale du plaisir du fumeur, voici que se profilait une autre dimension, celle-là olfactive et anale. Quelques vers de Rimbaud chantèrent à mon oreille :

> « L'été surtout, vaincu, stupide, il était entêté
> À se renfermer dans la fraîcheur des latrines :
> Il pensait là, tranquille et livrant ses narines. »

disait l'adolescent qui n'avait pas peur des mots, parlant des « poètes de sept ans ». Enfants hallucinés qui, quelques années plus tard, s'enfermeront dans ces mêmes latrines pour y consommer le tabac interdit, nouant à leur insu le plaisir de la fumée à celui des fonctions naturelles. Devenus plus audacieux dans leur langage et saisis d'un besoin pressant, ils diront avec l'arrogante vulgarité de leur âge : « J'ai le cigare aux bord des lèvres ». Et voici comment notre noble cigare, bagué et sélectionné, issu de mariages royaux, se retrouvera brutalement associé à la merde, directement issu de l'objet de notre intérêt infantile lorsque ces fameuses formations réactionnelles n'étaient pas encore mises en place.

Rude constatation pour un amateur de Havanes ! Le cigare ne serait donc pas uniquement cette tétine pour adulte, ce sein maternel avidement agrippé en public, d'une façon socialement acceptable ? Il faudrait faire l'effort supplémentaire d'y voir une résurgence de ces fâcheuses habitudes infantiles précoces, consistant à attacher le plus haut prix à une production intestinale quotidienne, un retour inattendu d'expériences fort prisées à l'époque d'ivresses olfactives, de malaxages inauguraux, voire d'ingestions hygiéniquement incorrectes ? Difficile à avaler – c'est le cas de le dire – pour les habitués de ces tabagies mondaines venant couronner les dîners de congressistes !

Seule l'expérience quasi intransmissible de l'analyse permet d'aborder de tels sujets sans qu'aucun des deux partenaires ne s'en indigne. Seul ce lieu permet, sans qu'un sourcil offusqué se lève, d'imaginer une boucle narcissique faisant d'un boudin fécal autrefois convoité retour à l'envoyeur. Et le voici devenu pour l'adulte satisfait et repu ce cylindre de feuilles brunes odorantes dont la fumée à peine exhalée est de nouveau aspirée par les narines.

Eh oui ! (Ce « eh oui ! » exige une ponctuation sous la forme d'une exhalaison de fumée bleutée) la vie psychique est ainsi faite : une suite de renoncements à des objets, à des idéaux, à des constructions fantasmatiques. Ces renoncements appelons-les comme nous voudrons, stades de développement, castrations symboligènes, deuils maturants, il n'en reste pas moins que pour l'inconscient rien ne meurt. Ainsi, ces objets de désir que nous croyons avoir tout à fait oubliés clament-ils toujours leur exigence, rougeoyant au fond de nous comme la braise sous la cendre.

Drôle de paradoxe, dit l'amateur de cigares d'un air docte en projetant son panache de fumée sur les lambris du fumoir, on passe son temps à faire son deuil d'objets qui ne veulent pas mourir ! Freud l'a dit également – que n'a-t-il pas dit ? – constatant la persistance de comportements infantiles chez les névrosés : il s'agit bien de l'attachement toujours vif à ces objets du passé. On pourrait pourtant croire, à la lecture du maître, grand amateur de cigares devant l'Éternel, que ce passé-là a définitivement succombé au refoulement. Certes, il a disparu de notre conscience, mais ce n'est qu'au profit d'un passage dans une autre dimension et succomber n'est certainement pas le mot juste : le refoulement l'a au contraire préservé. En effet, selon la métaphore pompéienne chère à Freud, c'est à leur ensevelissement que nos objets doivent leur conservation.

À propos de Pompéi, considérons la *Gradiva* de Jensen, si joliment analysée par notre auteur et souvenons-nous de la saisissante leçon sur le refoulement qui nous y est donnée, Freud y démontrant comment refoulé et retour du refoulé s'équilibrent. Il nous fait comprendre à quel point restent apparents, dans les objets ou les comportements symptomatiques qui en ont pris la place, les traits mêmes de ce qui a chu, sautant aux yeux de l'observateur perspicace. C'est ce que mon regard a perçu dans sa clairvoyance de taupe sur un trottoir genevois, l'objet de désir infantile refoulé y retrouvant dans son ersatz tabagique et sa forme et sa couleur.

Tout dans notre monde est cependant en place pour qu'un éloignement maximum, dû aux conventions sociales, ne permette aucun rapprochement entre ces deux objets, le cigare et l'étron, faits pour être tenus à l'écart l'un de l'autre par la barre du refoulement. La tenue vestimentaire traditionnellement associée au fumeur de cigare en est l'un des signes : n'oublions pas qu'elle a pour nom *smoking*! Rappelant par sa forme le bavoir du nourrisson, un plastron immaculé – à l'abri de toute souillure – doit présider à la dégustation d'un grand tabac. L'objet consommé doit impérativement entrer en résonance avec l'uniforme d'une classe sociale privilégiée, barrière infranchissable entre elle et les autres, qui la situe aux antipodes de la plèbe. L'alternative pour ces fumeurs d'élite n'est donc pas *smoking* ou *no-smoking*, mais cigare ou rien. Seul Bunuel aurait pu nous fournir une image filmique de cet « obscur objet du désir », lui qui a si bien su nous montrer des convives bourgeois attablés pour déféquer puis s'isolant aux toilettes pour se régaler à la sauvette d'un plateau-repas !

Difficile d'évoquer l'éruption du Vésuve, la tabagie de Freud ou l'intimité masculine du fumoir sans céder à la tentation d'allumer un autre de ces prodigieux cigares. Développons son emballage crissant et prometteur, coupons son extrémité d'un geste expert aidé de notre guillotine de poche, retenons-nous de céder au plaisir d'un développement sur l'aspect castration symbolique – proche de la circoncision – d'une telle opération, et n'oublions pas de faire délicatement glisser la bague le long de son corps, en réprimant cette fois une comparaison avec un érotique effeuillage. Nous voici prêt à consommer, il ne nous reste plus, après en avoir chauffé la robe, qu'à approcher la flamme de l'extrémité qui la réclame.

Le bonheur de cette sensation est redoublé par le sentiment de la partager avec les membres de la confrérie des fumeurs de cigare, élargie pour une fois à celle de tous les consommateurs de tabac. Car une chose au moins est certaine : qu'il s'agisse de pipe, de cigarette ou de cigare, la première bouffée est incomparable. Elle seule suffit à justifier tout ce qui l'a précédée.

La tête rejetée en arrière dans l'épais fauteuil de cuir, je savoure la fumée onctueuse avant de l'expédier paresseusement au plafond. C'est alors que j'aperçois, au fond de la corbeille qui jouxte le bureau, la petite boulette de papier rouge et or, seul reste de l'orgueilleuse bague qui ceignait le corps de mon cigare, proclamant fièrement l'appartenance de l'objet à un corps d'élite. La vision de cette bague me rappelle aussitôt un point d'histoire, un de ces récits de la saga freudienne dont les commentateurs raffolent.

On le sait : la passion de Freud pour le tabac ne le cédait en intensité qu'à sa passion de collectionneur. Il faut avoir contemplé – j'ai connu ce bonheur – l'ensemble des objets garnissant ses étagères, son bureau et sa bibliothèque pour saisir l'importance de cet attachement. Tout ceux qui ont eu la chance d'approcher le maître le racontent : sa méditation n'était complète que si ses deux mains étaient occupées, l'une à porter son fameux cigare à ses lèvres, l'autre à manipuler ou à caresser l'une des pièces de sa collection. À cette condition, sa pensée s'affranchissait de toutes les limitations qu'imposent culture et règle sociale, elle pouvait s'envoler et se percher sur des cimes que personne encore n'avait atteintes. Masques mortuaires égyptiens, statuettes grecques et romaines, bas-reliefs recouvrant les murs de son cabinet de travail servaient de cadre à sa réflexion, l'entouraient de leur neutralité d'augures bienveillants.

Le décor dont il s'entourait ne suffisant sans doute pas à assurer sa sérénité, Freud avait fait monter en bague, afin de l'avoir toujours à portée de la main, l'une de ces pierres fines gravées que l'on trouve dans toute collection d'art gréco-romain. Il en possédait plusieurs dans son trésor, mais celle-ci avait été façonnée pour cet usage précis et devait probablement avoir été utilisée comme sceau à l'époque de la Rome antique. Mais que représentait donc cette gemme au doigt de Freud, qu'il contemplait à chaque instant et dont il caressait chaque détail délicatement sculpté ? Hans Sachs, l'un de ses proches, nous affirme que la noble tête d'homme barbu figurant sur la bague de Freud et qu'il promenait partout avec lui était sans aucun doute une image de Jupiter. Je ne m'étonnerai pas quant à moi (pompeuse exhalaison de fumée) que ce Prométhée des temps modernes ait toujours eu sur lui le portrait du dieu vengeur, comme un rappel permanent du risque de châtiment qu'encourent ceux qui franchissent les interdits. Et Zeus sait que Freud fut l'un d'eux ! Fardeau un peu lourd à porter pour un seul homme, voilà sans doute pourquoi le père de la psychanalyse a souhaité partager cette charge en créant ce que la postérité a voulu appeler le « Comité secret ». Le signe distinctif d'appartenance à ce cercle des dieux était, bien sûr, une bague, aussi prestigieuse que celle d'un cigare de prix, ornée d'une pierre similaire à celle du maître. Freud en distribua à quelques-uns de ses disciples jouissant de son amitié et de sa considération particulière. Ces bagues, au nombre de six, – on aurait presque pu les compter sur les doigts d'une main – portaient à sept le nombre des membres du comité, Freud y compris. Sept, le nombre sacré des anciens : Freud, Abraham, Eitingon, Ferenczi, Jones, Rank et Sachs. Ce dernier cultiva avec émotion le souvenir de cette distinction et nota que le don de ces bagues donnait aux bénéficiaires le sentiment honorifique d'appartenir à « un groupe dans le groupe ».

On ne répétera jamais assez à quel point nous autres, êtres parlants, devons ce privilège de la parole à la nature clivée de notre psychisme, caractéristique qui nous distingue du règne animal. Ainsi sommes-nous faits, ignorants d'une part de nous-mêmes agissant le plus souvent à notre insu, en quête d'objets perdus dont nous ne parvenons pas à faire le deuil, ce deuil dont la pratique nous demeure impossible. Ces objets si variés ne sont pourtant pas en nombre infini et se répartissent en catégories que Freud a définies comme caractéristiques de nos stades de développement : orale, anale ou phallique. Pour peu que notre objet d'élection appartienne à la seconde catégorie, et si d'aventure nous avons gardé quelque attachement indéfectible à ce stade, nous voilà dans l'embarras, car l'ordre social répugne à envisager ce qui touche au scatologique. Comment continuer, adulte, à en jouir sans être montré du doigt ? La nature dans sa grande bienveillance nous a fourni la solution, par le biais de cet article de luxe, si loin en apparence du déchet répugnant dont il tire cependant ses origines, à en juger par l'ampleur des mécanismes de défense qu'il suscite.

J'ai, comme Hans Sachs, l'outrecuidance de penser que nous autres, amateurs de cigares, faisons partie d'un groupe dans le groupe des fumeurs, ne craignons pas de le dire : d'une élite reconnaissable au raffinement de sa pratique. J'ai pour cela un argument de poids, en rapport avec le caractère anal de notre objet de désir : par formation réactionnelle, celui-ci, trouvant sa racine au plus bas, nous hisse forcément au sublime. Le cigare est un article de prix qui honore celui qui le consomme : nous autres collectionneurs de bagues prestigieuses, nous nous flattons de ne pas compter pour rien. De plus, nous connaissons la valeur des choses car savoir compter est un autre des traits hérités de notre attachement précoce. Et si, comme on le dit, les plus belles fleurs poussent sur du fumier, il ne paraîtra pas choquant que l'intérêt infantile pour la plus méprisable des matières ait donné naissance au corps des plus distingués consommateurs de tabac !

15

Freud et le cher néoplasme

Si l'acte de fumer est inséparable de l'image de la flamme, c'est peut-être simplement parce qu'« il n'y a pas de fumée sans feu ». Ce geste en apparence banal renvoie aux origines de l'homme et à la domestication d'un élément dont la braise, tenue au bout des doigts, est entretenue par le souffle du fumeur. Freud, connaisseur en la matière, fut sans doute à son insu sensible à cette symbolisation possible du cigare et employa à plusieurs reprises la métaphore du feu pour désigner la conquête du savoir. Ainsi, tabac et flamme, en relation logique l'un avec l'autre, concourront pour lui à l'extension de ses avancées théoriques. On rencontre fréquemment sous sa plume l'image d'un tison apporté par l'autre, l'« Alter » indispensable, lui servant à ranimer le feu de sa connaissance. Témoins ces quelques exemples empruntés à sa correspondance avec Fliess :

> « Je vis, maussade et dans l'obscurité, jusqu'au moment de ton arrivée, et alors je m'injurie moi-même et je rallume à ta calme flamme ma lumière vacillante. »

> « En ce qui concerne la théorie de la sexualité, j'attends et je rassemble les matériaux, jusqu'à ce qu'une étincelle y mette le feu. »

Ou à celle qu'il entretint avec le pasteur Pfister :

> « Espérons que l'étincelle, que nous préservons laborieusement de l'extinction sur notre terrain, en l'attisant sans cesse, deviendra, sur le vôtre, un incendie où nous pourrons aller chercher nous-même un tison enflammé. »

Ou bien encore à son article « Observations sur l'amour de transfert » :

> « Dans la pratique médicale, il y aura toujours place à la fois pour le "ferrum" et l'"ignis" à côté de la "medicina" et l'on ne pourra ainsi se passer d'une psychanalyse non modifiée, méthodique, qui ne craint pas de manipuler les émois psychiques les plus dangereux, afin de les maîtriser, dans l'intérêt même du malade. »

Par deux fois dans son œuvre, en 1929 et en 1932, Freud a l'occasion de traiter précisément de la question du feu. Nous venons de voir comment pour lui l'image de la flamme s'associe avec le domaine de la connaissance. En outre, nous n'ignorons plus maintenant le rôle de premier plan joué par le tabac dans ses avancées théoriques, ce dernier entretenant un rapport symbolique évident avec la flamme. À la chaîne composée de trois termes, flamme-tabac-connaissance, Freud va en ajouter un quatrième, l'érotique urétrale. Une note en bas de page, dans *Malaise dans la Civilisation* préfigure l'hypothèse qu'il développera quelques années plus tard d'une relation entre le feu et le jet d'urine :

> « Les choses se seraient passées comme si l'homme primitif avait pris l'habitude, chaque fois qu'il se trouvait en face du feu, de satisfaire à cette occasion un désir infantile : celui de l'éteindre par le jet de son urine… L'extinction du feu par la miction répondait ainsi à une sorte d'acte sexuel avec un être masculin, à une manifestation agréable de puissance virile au cours d'une sorte de joute homosexuelle. Celui qui renonça le premier à cette joie et épargna le feu était alors à même de l'emporter avec lui et de le soumettre à son service. En étouffant le feu de sa propre excitation sexuelle, il avait domestiqué cette force naturelle qu'est la flamme. Ainsi cette grande acquisition culturelle serait la récompense du renoncement à une pulsion. En second lieu la femme aurait été choisie comme gardienne du feu capté et conservé au foyer domestique pour la raison que sa constitution anatomique lui interdisait de céder à la tentation de l'éteindre. Il y a lieu de relever aussi le rapport si constant

qui existe, comme l'expérience analytique en témoigne, entre l'ambition, le feu, et l'érotique urétrale. »

Le rapport ici désigné par Freud entre l'ambition (le désir éperdu de reconnaissance réalisé par le biais de ses découvertes) et le feu (le stimulant tabagique indispensable à son acte d'écriture) nous apparaît à présent familier. Comment lier ces deux termes avec l'érotique urétrale pour leur donner un sens en rapport avec sa passion de l'écriture scientifique ? Freud nous apporte lui-même la réponse à cette question, tardivement, dans l'une de ses lettres à Marie Bonaparte datant de 1938 :

« Il y a un lien intérieur entre le fait d'uriner et celui d'écrire et ce n'est assurément pas le cas avec moi seulement. Lorsque je notai les premiers signes d'hypertrophie prostatique dans le fonctionnement de ma vessie, en 1909 à New York, je souffris en même temps de la crampe de l'écrivain, chose qui ne m'était jamais arrivée jusqu'alors. »

Évoquer le feu et son rapport avec la connaissance devait logiquement mener Freud à l'analyse du mythe de Prométhée. Il ne manquera pas de s'y livrer dans son article « Sur la Prise de Possession du Feu », trois ans après sa note introductive dans *Malaise dans la Civilisation* :

« Le titan Prométhée [...] apporte donc aux hommes le feu qu'il a dérobé aux dieux, caché dans un bâton creux, une tige de férule. Un tel objet, nous le comprendrions volontiers, dans l'interprétation d'un rêve, comme symbole de pénis, bien que l'accent inhabituel mis sur le creux soit troublant. Comment mettre en relation ce tube pénien avec la conservation du feu ? Cela semble sans issue jusqu'à ce que nous nous souvenions que, dans le rêve, nous rencontrons si fréquemment le processus du renversement, changement dans le contraire, inversion des relations, qui nous dissimule si souvent le sens du rêve. Ce n'est pas le feu que l'homme abrite dans son pénis tubulaire, mais au contraire le moyen d'éteindre le feu, l'eau de son urine. Cette relation entre le feu et l'eau renvoie à un matériel analytique riche et bien connu. »

Ce texte poursuit la réflexion engagée auparavant et reste donc fidèle à l'hypothèse freudienne de départ : celle d'une acquisition culturelle (le feu) obtenue au prix d'un renoncement pulsionnel (le plaisir de l'éteindre). À sa lecture, une surprise cependant : Freud n'est pas tenté, malgré l'évidence, d'évoquer la similitude de forme et de fonction du cigare avec l'objet servant au larcin de

Prométhée : « le feu qu'il a dérobé aux dieux, caché dans un bâton creux, une tige de férule ». C'est dire encore une fois à quel point l'objet tabac aura pour destin, dans l'économie psychique de Freud, de rester inaperçu.

Prométhée, « le prévoyant », celui qui voit loin, à l'image d'un Freud toujours en avance sur son temps, un Titan, champion de l'humanité en butte à l'hostilité des dieux. Prométhée le voleur qui déroba une étincelle dans le ciel, afin de rapporter aux hommes, cachée dans une tige de narthèce, la flamme que l'hostile Zeus leur avait ravie. Bienfaiteur apprenant aux mortels arts et sciences et améliorant ainsi leurs conditions de vie, mais dont l'image demeure essentiellement pour nous associée au récit de sa terrible punition, enchaîné sur un rocher isolé et condamné par le maître des dieux à se faire dévorer le foie jour après jour.

> « Un voleur, certainement ; dans la plus noble tradition dramatique, comme Prométhée, il a volé le feu du ciel. »

Comment ne pas rapprocher, ainsi que le fait Hilda Doolittle dans son *Tribute to Freud*, le destin si funeste de ce Titan du sort d'un autre Prométhée, inventeur de la psychanalyse, payant d'un châtiment comparable son précieux apport à l'humanité, dévoré des années durant par un mal incurable ?

Car si le tabac fut pour Freud un incomparable stimulant, présent dans la genèse et dans l'évolution de sa découverte, on peut, hélas, de la même manière, lui reconnaître une influence sur la genèse et l'évolution de son mal.

En 1922, un an avant le déclenchement de son cancer, Freud traverse une période dépressive accompagnée d'un désir de mort à peine voilé, dont il fait part à Lou Andreas-Salomé :

> « À cause de tous ces conflits insolubles, il est bon que la vie prenne fin quelque jour. Le mélange de froid, de grippe et la détresse publique pourraient rendre plus proche encore ce désir d'une fin. Mais voici bientôt venir le printemps ; moi aussi je songe à cesser tout travail le 1er juillet. Car je ne peux plus devenir plus riche ou plus pauvre ou plus sage que je ne le suis ; mais je n'oublie pas que je suis vieux. »

De la sombre tonalité de cette lettre à Lou Andreas-Salomé émane le désir d'en finir avec la vie, désir qui se fait plus pressant face à « des conflits insolubles ». La solution névrotique – fournissant pourtant une issue à une situation psychique conflictuelle – ne suffit plus à Freud et ce constat est sans doute la première indication de la survenue imminente chez lui d'une grave atteinte physique.

L'année 1923 confirmera ce signe avant-coureur, marquant un tournant dans la vie de Freud avec l'apparition des premiers symptômes du mal qui va le tourmenter seize années durant. Dès qu'il porte un diagnostic sur la nature de son mal, Freud se soucie de l'impact que ce dernier aura sur sa consommation de tabac, ainsi que le note Max Schur :

> « Freud ne s'était pas trompé en diagnostiquant un épithéliome [...] au moment où Deutsch allait partir, Freud le prit à part et lui demanda d'examiner sa bouche en disant : « Préparez-vous à voir quelque chose qui ne vous plaira pas. » [...] Au premier coup d'œil, Deutsch comprit qu'il s'agissait d'un cancer déjà avancé. Il fut manifestement, de son propre aveu, fort troublé par ce qu'il avait vu. Il jeta un second coup d'œil, dit à Freud qu'il s'agissait d'une « mauvaise leucoplasie » due au tabac et qu'il serait préférable d'opérer. Freud lui déclara alors que Steiner avait porté le même diagnostic et donné le même conseil, et lui avoua son désarroi quand celui-ci lui avait recommandé de renoncer au tabac. En fait, c'était bien là, consciemment du moins, le souci principal de Freud. »

C'est ainsi que commence la longue histoire du calvaire de Freud, seize années de souffrances jalonnées par une trentaine d'interventions chirurgicales. Une lettre à Ernest Jones, le 25 avril 1923, en relate les premières alarmes :

> « J'ai détecté il y a deux mois, sur ma mâchoire et le côté droit de mon palais une tumeur, une leucoplasie, que je me suis fait enlever le 20. On m'a assuré de la bénignité de la chose, mais, comme vous le savez, personne ne peut garantir la tournure que prendrait une tumeur si on lui donnait la possibilité de grandir. J'ai moi-même diagnostiqué un épithéliome, mais cette éventualité ne fut pas acceptée. C'est le tabac qu'on accuse d'être à l'origine de cette rébellion de tissus. »

Le sort en est jeté, sur le corps du fumeur la tumeur a commencé son travail de destruction et, dès les premiers signes du mal, Freud ne se cache pas la part qu'y prend le tabac, même s'il choisit pour accuser ce dernier d'employer l'anonymat d'un « on » dans une formule lui permettant de ménager son désir tabagique.

Cette conscience des sources de la maladie ne l'empêche pas, dès la rémission accordée par la première intervention, de se précipiter de nouveau sur les trois jouissances que lui procure l'existence : la table, le travail et, bien sûr, le tabac. Il fait part de ce retour à la vie à son ami Karl Abraham en mai 1923 :

> « Je peux à nouveau mâcher, travailler, fumer et je vais essayer votre formule optimiste : *many happy returns of the day and none of the new growth.* (Meilleurs vœux pour la nouvelle année et aucun pour la nouvelle excroissance.) »

« *Corragio Casimiro* ! » pourrait-il se dire dans ce moment difficile, reprenant la *private joke* régulièrement employée dans sa correspondance avec Abraham à chaque obstacle rencontré par l'un d'eux. Un courage qui va lui être nécessaire car les épreuves ne sont qu'à leur début et il n'en est pas dupe : il se prépare à mener une lutte dont il connaît déjà l'issue. Ses lettres du même mois de mai à Jones, Lou Andreas-Salomé et au couple Lévy ne laissent aucun doute à ce sujet ; il s'y montre déjà résigné :

> « Je m'attends à ce que l'expérience que vous avez faite de la maladie aboutisse à une amélioration définitive de votre santé, alors qu'une guérison incomplète est tout ce que je puis attendre de la mienne. »

> « Mais ainsi, je peux vous apprendre que je recommence à parler, mâcher et travailler, oui, et même fumer, certes, d'une certaine manière, mesurée, prudente, pour ainsi dire de petit-bourgeois. Le médecin de la famille m'a même offert un fume-cigare pour mon anniversaire qui a été célébré comme si j'étais une diva d'opérette ou comme si c'était le dernier de la série. Le pronostic, même après l'opération, est bon. Vous savez que cela signifie simplement un léger éclaircissement d'une certaine insécurité planant sur les années à venir. »

> « Il n'y a rien à dire à propos de mon mal et de mon opération que vous ne sachiez tous deux ou à quoi vous n'ayez pu vous attendre. L'incertitude qui plane normalement sur un homme de soixante-sept ans s'est maintenant matérialisée. Cela ne me touche pas beaucoup… »

L'« incertitude » s'est en effet matérialisée, elle a pris corps sur la mâchoire et le côté droit du palais de Freud, le tabac générateur de progrès théoriques est devenu dans le même temps l'ennemi des plaisirs essentiels, centrés sur cette zone orale. Dorénavant, mâcher, parler, travailler et fumer seront des activités mises en péril, mais Freud tient à assurer ses amis de leur bon fonctionnement. L'insécurité planant sur les années à venir, selon sa formule, ne tarde pas à se vérifier et quatre mois plus tard Freud annonce à Eitingon la mauvaise nouvelle d'une récidive :

> « Il a été décidé que je devais subir une seconde opération, une résection partielle de la mâchoire supérieure, car mon cher néoplasme est réapparu en cet endroit. »

« Cher néoplasme » est une formule qui a de quoi faire dresser l'oreille, car même si Freud manie à merveille la « politesse du désespoir », l'humour dont il fait preuve à propos de sa tumeur résonne d'un étrange écho, cette façon de la présenter lui conférant un aspect familier. Freud l'a détectée quatre mois auparavant, mais est-ce suffisant pour la traiter en habituée des lieux, longtemps absente et traitée avec affection au moment des retrouvailles ? Et comment expliquer le retour d'une maladie ne s'étant encore jamais réellement installée ?

Dans les années qui suivent sa rupture amicale avec Fliess, Freud voit se manifester de nombreux symptômes, essentiellement cardiaques ou digestifs. À chacune de leurs apparitions, il en recherche les causes, rechignant à leur trouver une origine psychique. Une seule fois, à sa grande satisfaction il peut expliquer ses malaises inquiétants par une cause matérielle évidente, sans rapport aucun ni avec le cigare, ni avec des troubles névrotiques : une fuite de gaz. Il en fait le récit triomphant à Jung, en février 1911 :

> « Quand le soir, j'étais assis près de la lampe de mon bureau, de dix heures à une heure, le gaz s'échappait par une dislocation entre le tuyau métallique du gaz et l'embout de caoutchouc qui mène au tuyau revêtu de la lampe… Je ne sentais rien parce que j'étais assis là enveloppé de fumée de cigares, tandis que le gaz se mélangeait lentement à l'atmosphère. Je suis maintenant très fier de ne pas avoir rapporté à une névrose les maux de tête particuliers qui apparaissaient ou se renforçaient justement pendant le travail du soir… »

Son cœur se révolte à plusieurs reprises et là encore il laisse à d'autres le soin d'y repérer des circonstances psychogènes, témoin sa lettre de septembre 1912 à Ludwig Binswanger :

« Je viens de passer quelques semaines dans un état de santé pitoyable ; comme d'habitude : diagnostic inexpliqué. Si on peut tirer une conclusion *ex juvantibus*, je n'ai tout d'un coup plus supporté ni ma tabagie habituelle, ni l'alcool qui s'y est ajouté au Tyrol. C'est donc probablement le cœur qui s'est révolté ; chacun pourra imaginer par construction des influences psychiques... »

Refus de la dimension psychosomatique qui se manifeste quelques jours plus tard dans le récit des mêmes troubles à Jones :

« Il est évidemment fort difficile, sinon impossible, de déceler en soi-même les processus psychiques réels. Pour moi, le côté physique doit être plus évident, l'intolérance soudaine du muscle cardiaque au tabac et davantage encore, semble-t-il, au vin. »

Un évanouissement à Munich fin 1912 l'oblige à prendre en considération les facteurs psychiques jusqu'alors repoussés, mais il prend soin d'y adjoindre les nécessaires potentialisations somatiques quand il en fait le récit à Binswanger en janvier 1913 :

« Mon évanouissement à Munich a certainement été provoqué par des facteurs psychiques très bien renforcés par des facteurs somatiques. (Par une semaine de travail excessif, une nuit d'insomnie, un équivalent de migraine, les tâches de la journée.) J'ai déjà ressenti plusieurs fois cet état, chaque fois renforcé de la même façon, souvent par des traces d'alcool, auquel je suis intolérant. En ce qui concerne le psychique, il ne faut pas oublier que j'avais déjà réagi par deux fois d'une façon semblable, au même endroit à Munich, il y a quatre et six ans. Une signification plus sérieuse, telle que par exemple une insuffisance cardiaque, n'est pas défendable. »

Mais, de ces nombreux malaises cardiaques ou digestifs ressentis par Freud jusqu'en 1923, aucun ne peut faire penser à une atteinte cancéreuse. D'où provient donc le sentiment de familiarité, « inquiétante étrangeté » qui le pousse, avec cet humour défensif, à parler de son « cher néoplasme » ?

La réapparition de ce mal dont la première manifestation date de quatre mois ne suffit pas à expliquer le choix de la formule. La réponse est sans doute à chercher ailleurs : on la trouvera dans une lettre datant de 1899, vingt-quatre années plus tôt. Dans cette période où rien dans le réel de son corps ne laisse supposer une atteinte d'un tel ordre, Freud est soudain saisi par la nécessité d'en relater l'envahissement, sous une forme symbolique. En effet, dans une lettre à Fliess datée de février de cette année-là, Freud se dépeint en proie à la violence d'un processus cancéreux : il voit son travail théorique, sous la forme d'un tissu néoplasique, étendre ses ramifications dans tout le tissu humain pour finir par le remplacer. Saisi par cette image comme il le serait par une maladie fatale, Freud emploie une métaphore brutale, pour la première et la dernière fois dans l'histoire de sa correspondance, celle de son entière transformation en néoplasme :

> « Il t'arrive donc la même chose qu'à moi, je n'ai pas à en avoir honte. Toi aussi tu commences des lettres le 11 que tu ne peux poursuivre que le 16 ; et le 16 tu n'arrives pas à parler d'autre chose que d'un gigantesque travail qui dépasse largement les capacités d'un pauvre être humain ; un travail à qui appartient chaque motion de la pensée et qui, progressivement, absorbe toutes les autres facultés et réceptivités, comme une sorte de tissu néoplasique s'infiltrant dans le tissu humain et qui finit par le remplacer. Mon lot est presque meilleur – ou pire encore. Dans mon cas, travail et recrudescence d'activité professionnelle coïncident, je suis entièrement devenu carcinome. Dans son dernier stade de développement, le néoplasme aime à boire du vin. Aujourd'hui, je dois aller au théâtre, mais c'est ridicule – un peu comme si l'on voulait faire une greffe sur un cancer. Rien ne peut y adhérer, et ma durée de vie est désormais celle du néoplasme. »

À compter de ce jour, affirme Freud dans cette lettre de 1899, le néoplasme sera le compagnon obligé de tous les instants de sa vie. Cette façon symbolique d'installer une proximité avec son mal explique peut-être mieux la familiarité exprimée, si longtemps après, dans la formule « cher néoplasme ».

Cette métaphore semble avoir tant de pouvoir sur sa pensée qu'elle infiltre également la suite de sa lettre, où il donne à ses nouvelles hypothèses théoriques le même caractère de généralisation cancéreuse. Soulignons de nouveau le lien qui s'établit à partir de ce moment entre la dimension du travail et celle de la maladie incurable :

> « Ma dernière généralisation a tenu bon, et semble avoir tendance à prendre de l'extension, jusqu'à s'étendre de façon imprévisible. »

Environ un quart de siècle sépare cette lettre du véritable déclenchement de la maladie de Freud et il est très troublant de constater que cette période – vingt-quatre années très précisément

– fait l'objet d'une réflexion de sa part, certainement provoquée par l'intérêt de son ami pour les dates et les périodes significatives. En août 1899, en effet, il se livre à un trait d'esprit à propos des erreurs qui seront immanquablement contenues dans le fameux chapitre VII de *L'Interprétation des Rêves*:

> « Trop d'améliorations risqueraient de donner à ce travail un caractère entortillé. Le chapitre contiendra donc 2467 erreurs – que j'y laisserai. »

Selon son habitude, et ne laissant aucune place au hasard, il ne peut résister, dans le post-scriptum à cette lettre (repris dans la *Psychopathologie de la Vie Quotidienne*), à la tentation de faire l'analyse de ce nombre qui s'est imposé à son esprit :

> « Aussi es-tu en droit de supposer que l'inconscient a pris soin de déterminer le nombre lancé par le conscient... J'ai fêté ma majorité, c'est-à-dire mon vingt-quatrième anniversaire, pendant que je faisais mon service militaire... Tu retrouves ainsi dans le nombre 2467 celui de 24. Prends mon âge, 43. Ajoute 24 : 43 + 24 = 67 !
> ...Cela veut dire qu'à la question de ma femme me demandant si je ne voulais pas, moi aussi, prendre ma retraite, j'ai répondu en m'accordant encore vingt-quatre années. »

« 43 + 24 = 67 ! » En 1923, à l'époque où son « cher néoplasme » se développe, Freud a précisément soixante-sept ans et vingt-quatre ans se sont écoulés depuis cette lettre unique, rédigée à l'époque du « Livre sur les rêves », dans laquelle il se décrivait comme « entièrement devenu carcinome ». 24, 67 : 2467 erreurs ! Max Schur, dans son livre *La Mort dans la vie de Freud* remarque cette troublante coïncidence et refuse d'y voir, contrairement à un Freud autrement plus audacieux, le signe d'une quelconque réalisation de désir. Troublé, il ne peut cependant se défendre de noter :

> « Je le répète, je ne crois en aucune façon que le cancer s'est déclaré quand Freud a eu soixante-sept ans parce qu'il avait souhaité pouvoir travailler pendant vingt-quatre autres années. Notons toutefois que le comportement de Freud, lorsqu'on détecta son cancer en 1923, fut marqué d'un fatalisme inhabituel chez lui... »

Rappelons-nous que dans la réponse de Freud au questionnaire sur les grands fumeurs, le chiffre fatidique apparaît, une fois de plus, lorsqu'il s'agit pour lui de dater l'origine de son habitude. Peut-on encore penser à une simple coïncidence ?

« J'ai commencé à fumer à vingt-quatre ans... »

Ainsi, pour Freud, le chiffre 24 se noue-t-il dès l'origine avec la question du tabac, dont le rôle sera décisif dans l'évolution ultérieure de son mal.

Dans la même période, immédiatement antérieure ou postérieure à la lettre où Freud parle de sa transformation en néoplasme (autour de 1900, mais impossible à dater plus précisément selon J.-M. Masson, responsable de la publication de la correspondance intégrale Freud-Fliess), Fliess écrit à son ami un courrier, curieusement en écho dans ses termes avec celui de Freud, et ayant pour effet de mettre ce dernier en état de choc :

> « À propos de ce cas tu n'es, à mon avis, pas plus responsable de la rechute que de ton rapide et brillant succès : en effet, j'ai souvent observé qu'une période d'euphorie qui dure plusieurs mois précède l'éclosion de tumeurs malignes. Durant cette période, les symptômes névrotiques reculent aussi. Plus tard, ils réapparaissent avec une étonnante soudaineté, en même temps que les premiers symptômes du néoplasme. »

Fliess, dans un article resté inédit – comme la lettre précédente – jusqu'à ces dernières années, fait état de cette lettre et souligne le bouleversement qu'elle provoqua chez Freud. Masson n'est pas étonné par la réaction de Freud :

> « Aucun doute qu'il fut bouleversé. Cela signifiait, tout simplement, que la psychothérapie freudienne n'avait aucune utilité, qu'un patient n'allait mieux ou moins bien qu'en fonction de stricts rythmes biologiques. Cette vision de Fliess ruinait tout le travail de Freud. L'éloignement était inévitable. »

Cet épisode se situe autour de l'achèvement de *L'Interprétation des rêves*, période clef où les prémices de la rupture amicale avec Fliess coïncident pour Freud avec la parution d'un ouvrage qui fera date dans l'histoire de la psychanalyse. Ainsi pourrait s'établir chez lui une relation entre la métaphore cancéreuse – aboutissant 24 ans plus tard aux premiers symptômes – et la négation par Fliess de la valeur de son travail, cela au moment de la parution du livre fondateur qui, rappelons-le, était dédié par Freud à son ami. Cette séparation d'avec une part de lui-même, incarnée à la fois par l'« Alter » et par le contenu du livre, se conjoint dans le même temps avec le sentiment justifié d'avoir accompli une découverte prométhéenne. Freud, apportant aux hommes la lumière sur leur vie inconsciente, doit-il payer d'une part réelle de lui-même le prix de sa découverte ?

Le cancer se déclenche chez Freud en 1923, réalisant à la lettre son désir inconscient exprimé vingt-quatre ans plus tôt de se « mettre à la retraite ». Mais de quelle retraite s'agit-il dans l'esprit de Freud ? Abandon de la passion épistémologique, retrait des investissements sur le monde extérieur, mort psychique ou mort physique ? Il est difficile de le dire mais, quoi qu'il en soit, à partir de la découverte de son cancer, séparations et retraits réels, du fait des multiples interventions qu'il devra subir dans son corps, deviendront les maîtres mots des années à venir.

J'en ai du fin et du bien râpé
Mais ce n'est pas pour ton fichu nez...

16

On ne joue pas avec le feu
(AUTRE PIÈCE EN UN ACTE)

PERSONNAGES
– Dora (de son vrai nom : Ida Bauer, surnommée par Freud « Dora la suçoteuse »).
– Le Docteur Freud.

DÉCOR
– Le cabinet du Docteur Freud.

ÉPOQUE
– 1900.

SCÈNE I

DORA – J'ai fait, il y a quelques nuits, un rêve que j'avais déjà fait à plusieurs reprises.

DR FREUD (*alléché*) – Un rêve à répétition… faites-m'en le récit !

DORA – Il y a un incendie dans une maison, mon père est debout devant mon lit, il me réveille. Je m'habille vite. Maman veut absolument sauver sa boîte à bijoux, mais papa lui dit « Je ne veux pas que mes deux enfants et moi soyons carbonisés à cause de ta boîte à bijoux. » Nous descendons en hâte, et aussitôt dehors, je me réveille.

DR FREUD – Avez-vous déjà assisté à un incendie ?

DORA – Non, il n'y a jamais eu chez nous d'incendie à proprement parler.

DR FREUD – D'incendie à proprement parler ?

DORA – Oui... enfin, je veux dire qu'il n'y a jamais eu le feu chez nous.

DR FREUD – Quand avez-vous fait ce rêve pour la première fois ?

DORA – Je ne sais pas, mais je me souviens avoir fait trois nuits de suite ce rêve à L... puis de nouveau il y a quelques jours.

DR FREUD – Cette dernière fois, pouvez-vous l'associer à un événement particulier ?

DORA – Je pense bien à quelque chose, mais c'est un fait tout récent, il ne peut avoir aucun rapport avec le rêve.

DR FREUD – Cela ne fait rien, allez-y !

DORA – Eh bien, papa a eu, ces jours-ci, une dispute avec maman, parce qu'elle ferme à clef la salle à manger la nuit. Or, la chambre de mon frère n'a pas de sortie spéciale, on n'y accède que par cette salle à manger. Papa ne veut pas que mon frère se retrouve enfermé pendant la nuit. Il dit que cela ne va pas du tout car on peut avoir besoin de sortir la nuit.

DR FREUD – Et vous avez alors pensé au danger d'un incendie ?

DORA – Oui.

DR FREUD – Rappelez-vous bien vos propres expressions, je vous en prie, car ce sera peut-être utile. Vous venez de dire qu'on pouvait avoir besoin de sortir la nuit.

DORA – Ah, attendez ! Je me souviens de quelque chose : lorsque papa et moi sommes arrivés à L... il a exprimé très nettement la peur d'un incendie. Il y avait eu un orage violent et nous avions vu que la petite maison n'avait pas de paratonnerre. Cette peur était donc tout à fait légitime.

DR FREUD – Avez-vous fait ce rêve durant les premières nuits à L… ou bien pendant les dernières, avant votre départ ? En somme, avant ou après la fameuse scène dans la forêt, avec Monsieur K.[1] ?

DORA – Je ne sais pas… mais je crois quand même que c'était après.

DR FREUD – Combien de temps êtes-vous encore restée à L… après la scène ?

DORA – Encore quatre jours ; le cinquième, je suis partie avec papa !

DR FREUD – Alors je peux vous affirmer que ce rêve a été l'effet immédiat de l'incendie… pardon, de l'incident avec Monsieur K. !

DORA – L'après-midi qui a suivi l'excursion au lac dont nous étions rentrés, Monsieur K. et moi, à midi, je me suis étendue comme d'ordinaire sur la chaise longue de ma chambre à coucher, pour dormir un peu. Je me suis réveillée brusquement et j'ai vu Monsieur K. debout devant moi…

DR FREUD – De la même manière que vous voyez en rêve votre père devant vous !

DORA – Oui, exactement. Rendue méfiante par ce fait, le lendemain je me suis enfermée pour faire ma toilette. Lorsque j'ai voulu, l'après-midi, faire de même pour me reposer de nouveau, la clef n'était plus là. Je suis convaincue que c'était Monsieur K. qui l'avait enlevée !

DR FREUD – Je comprends ; l'après-midi du second jour, vous avez pris la résolution de vous dérober à ces poursuites, et vous avez eu le temps, les deuxième, troisième et quatrième nuits après la scène dans la forêt, de vous renforcer dans cette décision pendant le sommeil. Votre rêve est revenu toutes les nuits parce que, précisément, il équivaut à une décision. Une décision se maintient jusqu'à ce qu'elle soit

---

1 Monsieur K., qui poursuit Dora de ses assiduités, est le mari de Madame K., maîtresse du père de la jeune femme. Le trio traditionnel du vaudeville s'enrichit ici de deux personnages.

exécutée. (*se calant dans son fauteuil*) Et qu'avez-vous à dire concernant le coffret à bijoux que votre maman veut sauver ?

DORA – Maman adore les bijoux et en a reçu beaucoup de papa.

DR FREUD – Et vous ?

DORA – Autrefois j'aimais aussi beaucoup les bijoux mais depuis ma maladie, je n'en porte plus… Ah oui ! Il y a eu, voici quatre ans, une grande dispute entre papa et maman au sujet d'un bijou. Maman avait envie d'un bijou particulier : des perles en forme de gouttes comme boucles d'oreilles…

DR FREUD (*d'un ton rempli de sous-entendus*) – En forme de gouttes, n'est-ce pas ?

DORA (*comme si de rien n'était*) – … mais papa ne les aimait pas et lui a rapporté un bracelet au lieu des fameuses perles. Furieuse, maman lui a dit que s'il avait dépensé tant d'argent pour un objet qui lui déplaisait, il pouvait aussi bien en faire cadeau à une autre !

DR FREUD – Alors vous avez probablement pensé que vous le prendriez volontiers ?

DORA – Je ne sais pas. De plus, j'ignore pourquoi maman entre dans ce rêve, puisqu'elle n'était pas à L… avec nous !

DR FREUD (*péremptoire*) – Je vous l'expliquerai plus tard. Jusqu'à présent vous n'avez parlé que des bijoux et vous n'avez rien dit de la boîte. Est-ce que rien d'autre ne vous vient à l'esprit à son propos ?

DORA – Si. Monsieur K. m'avait fait cadeau, quelque temps auparavant, d'un très précieux coffret à bijoux.

DR FREUD – Il n'aurait donc pas été déplacé que vous lui fassiez un cadeau en retour. (*se penchant vers Dora*) Vous ne savez peut-être pas que « coffret à bijoux » est une expression volontiers employée pour désigner les organes génitaux féminins.

DORA (*agacée*) – Ah, je me doutais que vous alliez dire cela !

DR FREUD – C'est une façon de dire que vous connaissiez cette expression ! Le sens de tout cela devient maintenant encore plus clair. En somme, vous vous disiez…

DORA (*d'une voix plaintive de petite fille, lointaine, automatique*) – Cet homme me poursuit, il veut pénétrer dans ma chambre, ma « boîte à bijoux » est en danger et s'il lui arrive un malheur, ce sera de la faute de papa !

DR FREUD – Et c'est pourquoi dans le rêve vous avez choisi une situation qui exprime le contraire : un danger dont vous êtes sauvée par votre père. Mais quel rôle joue là votre mère ? Écoutez-moi bien : dans cette histoire de bijoux, remplaçons « accepter » par « donner » et « repousser » par « se refuser » ; eh bien, vous étiez prête à donner à votre père ce que votre mère lui refusait !

DORA (*pas très convaincue*) – Vous avez peut-être raison...

DR FREUD – Dans cette série d'idées et dans la logique du rêve, votre mère doit être remplacée par Madame K. : vous êtes donc prête à donner à Monsieur K. ce que sa femme lui refuse. En somme, vous réveillez votre ancien amour pour votre père afin de vous défendre de votre amour pour Monsieur K. Plus encore, vous vous méfiez de vous-même et vous redoutez la tentation de lui céder. (*triomphant*) Vous confirmez donc par là l'intensité de votre amour pour lui !

DORA (*se redressant brutalement*) – Ah, ça non ! Certainement pas !

DR FREUD (*impassible*) – À notre prochaine rencontre-nous interpréterons davantage encore ce rêve.

SCÈNE II

La séance suivante

DR FREUD (*avisant sur la table une grande boîte d'allumettes*) – Pouvez-vous apercevoir sur la table un objet qui n'y est pas d'habitude ?

DORA – Non, je ne vois rien !

DR FREUD (*saisissant la boîte sur la table et l'agitant*) – Savez-vous pourquoi l'on défend aux enfants de jouer avec les allumettes ?

DORA (*un peu agacée*) – Oui, bien sûr, tout le monde le sait ! À cause du danger d'incendie.

DR FREUD – Non, non, pas uniquement pour cette raison. On les avertit de ne pas « jouer avec le feu », comme on dit, parce qu'on y rattache une certaine croyance…

DORA – Une croyance ? Je ne vois pas…

DR FREUD – Eh bien, on craint qu'ils ne mouillent leur lit ! À peu près de cette façon : ils vont rêver de feu et ils essayeront alors de l'éteindre avec de l'eau.

DORA – Vraiment ?

DR FREUD – Absolument ! Et ce contraste entre l'eau et le feu vous rend d'excellents services dans le rêve. Votre mère veut sauver sa boîte à bijoux pour qu'elle ne s'enflamme pas ; dans les idées latentes du rêve il s'agit au contraire de ne pas la mouiller. Mais le feu n'est pas seulement employé comme le contraire de l'eau, il sert aussi à représenter directement l'amour, le fait d'être amoureux, enflammé. Suivez-moi bien : du feu partent donc deux voies, l'une conduisant aux pensées amoureuses, l'autre, celle de l'eau, conduisant ailleurs après s'être divisée en un autre embranchement menant encore à un rapport avec l'amour, qui mouille aussi, si vous voyez ce que je veux dire…

DORA – Heu…

DR FREUD – Où conduit donc cette voie ? Songez à vos expressions : « qu'il arrive un malheur la nuit », qu'on « aie besoin de sortir ». Cela ne signifie-t-il pas un besoin naturel et, si vous rapportez ce malheur à l'enfance, peut-il être autre que celui de mouiller son lit ? Mais que fait-on pour préserver les enfants de mouiller leur lit ? On les réveille, n'est-ce pas ? tout comme le fait votre père avec vous dans le rêve. Ceci serait donc l'événement réel qui vous a fait remplacer Monsieur K. par votre père. Je dois donc en conclure que vous avez souffert d'incontinence urinaire plus longtemps que d'ordinaire chez les enfants. Cela dut aussi être le cas chez votre frère. Car votre père dit : « Je ne veux pas que mes deux enfants… p(ér)issent. » (*Freud, satisfait, se cale confortablement dans son fauteuil, choisit soigneusement un cigare et l'allume.*). Eh bien, que répondent vos souvenirs à tout ceci ?

DORA – En ce qui me concerne je ne vois rien, mais mon frère a mouillé son lit jusqu'à sa sixième ou septième année, cela lui arrivait même parfois dans la journée… Ah si ! Je m'en souviens maintenant ! Je l'ai fait aussi, mais seulement dans ma septième ou huitième année, et pendant quelque temps. Cela a dû être très prononcé, car je me souviens qu'un médecin a été consulté. Cela a duré presque jusqu'à l'époque de mon asthme nerveux.

DR FREUD – Et qu'en a dit le docteur ?

DORA – Il l'a mis sur le compte d'une faiblesse nerveuse ; il a dit que cela passerait, et il a ordonné des fortifiants.

(*Freud lève les yeux au ciel et émet un petit rire ironique.*)

DR FREUD (*en aparté, au public*) – L'interprétation du rêve me semble achevée. Le noyau du rêve, traduit, pourrait s'exprimer ainsi :

DORA (*de nouveau avec la même voix de petite fille, lointaine et automatique*) – La tentation est si grande ! Cher papa, protège-moi encore, comme au temps de mon enfance, pour que mon lit ne soit pas mouillé !

SCÈNE III

La séance du lendemain

DORA – J'ai oublié de vous dire hier une chose peut-être importante à propos de mon rêve, Docteur.

DR FREUD – Je vous écoute.

DORA – Au réveil, j'ai senti une odeur de fumée !

DR FREUD (*en aparté*) – Évidemment, la fumée va bien avec le feu, mais elle indique aussi que le rêve a un rapport avec ma personne, certainement parce qu'il m'est souvent arrivé de dire à Dora, quand elle ne voulait pas aller plus loin dans ses associations : « Il n'y a pas de fumée sans Freu… sans feu ! »

DORA – Il est vrai que Monsieur K. et papa sont tous deux des fumeurs passionnés !

DR FREUD (*en aparté, tirant avec délices sur son cigare*) – Tout comme moi-même, d'ailleurs !

DORA – Mais moi aussi je fume parfois. Au bord du lac, ce fameux jour, Monsieur K. m'a d'ailleurs roulé une cigarette avant de commencer à me faire la cour… De toute façon, je suis certaine que l'odeur de fumée est apparue également après les trois rêves, à L.

DR FREUD – Autre chose ?

DORA – Non, vraiment rien d'autre.

DR FREUD (d'*un ton insistant*) – Vraiment ?

DORA – Puisque je vous le dis !

SCÈNE IV

Quelques jours après que Dora ait interrompu le traitement

DR FREUD (*seul en scène*) – Cette odeur de fumée, que Dora croit sentir à son réveil, fait partie de l'une des pensées du rêve les mieux refoulées : la tentation de ne rien refuser à Monsieur K., c'est pourquoi elle s'est présentée seulement dans un second temps. Comment comprendre cette sensation olfactive ? Elle ne peut guère signifier autre chose que le désir d'un baiser, baiser qui, chez un fumeur, a nécessairement le goût de la fumée. Enfin, si je rassemble tous les signes qui rendent probable un transfert sur moi, étant donné que je suis aussi fumeur, j'en arrive à penser qu'un jour, pendant la séance, Dora a sans doute eu l'occasion de souhaiter de ma part un baiser. Ce fut pour elle l'occasion de répéter ce rêve d'avertissement et de prendre la résolution de cesser de fum… je veux dire, de cesser la cure !

(*Le Docteur Freud regarde pensivement son cigare éteint et le dépose délicatement dans le cendrier.*)

(Rideau)

17

Freud, un îlot de souffrance

La découverte de l'affection maligne atteignant sa mâchoire et son palais fait planer sur Freud une menace de mort. Celle-ci pourrait avoir un effet inhibiteur sur sa passion tabagique. Il n'en est rien, Freud n'abandonne nullement le tabac dont il connaît pourtant les effets aggravants sur le mal en question, comme le souligne Max Schur :

> « ...à contrecœur certes, il devait bien s'avouer et avouer aux autres que l'abstinence donnait des résultats immédiats et qu'il y avait donc un rapport de cause à effet avec ses symptômes. Ces périodes d'abstinence ne duraient pas longtemps. Quand il lui arrivait d'avoir des troubles de cette sorte, Freud me disait : "Je sais ce que vous allez dire – ne fumez pas." Au bout de quelques jours d'abstinence, il m'accueillait avec un geste touchant et désarmant en me disant : "Eh bien, je m'y suis remis." Freud savait parfaitement bien qu'en fumant il irritait la membrane muqueuse, mais il n'aurait jamais accepté de renoncer à fumer pour cette raison, malgré les avis très fermes qu'il recevait. »

Bien au contraire, sa quête de plaisir en ce domaine semble s'accélérer : il veut continuer à fumer et de préférence les meilleurs cigares, il n'est aucunement question pour lui de se soumettre à la moindre privation. Ce désir transparaît dans une lettre d'avril 1925 à son ami (et fournisseur) Max Eitingon :

> « J'ai des moments de fatigue derrière moi ; un travail ininterrompu pour l'amélioration de ma prothèse (comme je préférerais faire un *lapsus calami* et écrire "hypothèse"!), le "misérable état correspondant d'assainissement", la consumation de toute l'énergie librement mouvante par l'investissement organique, rendus nécessaires par l'incroyable variété des paresthésies [...] Je veux vous dire encore que les petits – les Perle – se sont révélés très satisfaisants. Ma provision s'est amenuisée. Si l'homme de Berchtesgaden (où Eitingon trouve de bonnes marques de cigares) ne peut me fournir les Soberanos, j'accepterai volontiers les fort bons Reina-Cabana qui m'ont été proposés une fois en remplacement. »

S'il fallait fournir une évidence supplémentaire de la relation inconsciente établie chez Freud entre le travail théorique et la maladie qui le ronge, on la trouverait dans le lapsus qu'il imagine, usant une fois encore d'un humour pathétique lorsqu'il souhaite remplacer le terme « prothèse » par celui d'« hypothèse » !

Eitingon reste le pourvoyeur privilégié de la « substance de travail » et de plaisir, Freud lui en demande toujours davantage et lui affirme sans ambages son intention de ne pas y renoncer. Plus question d'abstinence durant les années de découvertes – et de souffrance – qui lui restent à vivre.

> « En second lieu, je tiens à vous remercier de votre nouvel envoi de ces excellents cigares – 150 depuis le premier essai. Voilà bien des années que je n'ai fumé quelque chose d'aussi agréable et qui me fasse tant de bien. Et puisqu'il n'est pas dans mes intentions de renoncer pour le bref restant de mes jours à cette source de satisfaction, je vous prie de saisir à l'avenir toute occasion que vous pourrez avoir de m'en procurer d'autres. »

En juillet 1925, une lettre à Abraham, après une nouvelle intervention montre que les choses ne sont pas si simples et que la jouissance de la plainte (« si cela lui fait plaisir... ») ne suffit pas à étouffer chez Freud les questions concernant les stimulations nécessaires à son travail :

> « L'intervention énergique qui a marqué le départ de mon médecin, il y a trois semaines de cela, a profondément changé en bien la nature de mes incommodités. Toutes les paresthésies qui s'imposaient avec tyrannie à mon attention ont disparu, et ont rendu sa liberté à l'homme qui peut

bien se plaindre d'une élocution difficile et d'une suppuration nasale interminable, si cela lui fait plaisir. De cette manière la vie, certes, est supportable, mais quel effet me fera, en octobre, le travail régulier, après avoir perdu les bonnes habitudes, puis en avoir pris de mauvaises ? »

En 1927, Freud fume toujours, narguant l'autorité de ses médecins, et Eitingon lui est en cela d'un secours précieux :

« Je vous remercie beaucoup pour les nouveaux cigares que vous m'avez envoyés et qu'Ernst, je l'espère, vous rembourse chaque fois. Naturellement, on me demande de moins fumer. Ma nouvelle prothèse, qui, à certains égards est mieux, à d'autres est quand même une déception. »

En mai 1930, d'importants troubles cardiaques et intestinaux l'amènent à renoncer au tabac. Rendue plus sombre encore par le décès de sa mère, Amalia, cette période le voit se déprimer en dépit du mieux-être physique apporté par son abstinence. Ses lettres à Eitingon, Lou Andreas-Salomé et Ferenczi en témoignent :

« Il est exact que des troubles cardiaques et intestinaux m'ont obligé à aller dans une clinique et à céder au médecin (Schur) qui a absolument insisté sur ce point. Là, je me suis rapidement et bien rétabli, non pas par quelque magie thérapeutique, mais par un acte de douloureuse autotomie. Voilà maintenant six jours que je n'ai pas fumé un seul cigare, et on ne peut nier que je doive mon bien-être à ce renoncement. »

« Au sanatorium, j'appris que la santé ne pouvait se reconquérir qu'au prix d'un certain sacrifice, et comme il en est de la santé comme des livres sibyllins, j'ai payé ce prix. En d'autres termes, j'ai complètement renoncé à fumer, alors que pendant cinquante ans tout juste cela m'a servi de protection et d'arme dans la lutte pour la vie. Je suis donc mieux portant qu'avant, mais pas plus heureux pour autant... »

« Par suite des félicitations pour le prix, des lettres de condoléances relatives à ma propre maladie mortelle et concernant maintenant la mort de ma mère, sans parler des sentiments de malaise que me cause la privation durable du tabac, je suis incapable de faire quoi que ce soit. »

Si la menace du cancer n'a aucunement modifié sa consommation de tabac, on peut noter en revanche que la perspective d'une atteinte cardiaque, déjà survenue dans les débuts de son amitié avec Fliess, suffit à lui faire accepter immédiatement la douloureuse privation. Mais, même dans ces conditions, cette dernière n'est pas aussi stricte que Freud veut bien le laisser entendre, témoin cette lettre à Jones, datée de mai 1930 :

> « Pas plus tard qu'hier, j'ai essayé le timide premier, et pour le moment le seul cigare de la journée. »

Dès la rémission des troubles cardiaques, Freud se tourne de nouveau vers Eitingon et reprend de plus belle sa tabagie. L'année 1931 le voit ainsi rédiger une série de lettres adressées à son « fournisseur », lequel peut se flatter de lui être réellement indispensable :

> « Votre question concernant les cigares m'arrache l'aveu que je me suis remis à fumer. Compte tenu de mon âge et de la quantité de désagréments qu'il me faut supporter quotidiennement, l'abstinence et la perspective qu'elle implique ne me paraissaient pas justifiées. »

> « Merci beaucoup pour les provisions. Contrarié de ce que l'inconfort ne faiblisse pas, j'ai à nouveau péché davantage ; je me trouvais déjà presque à court. »

> « La suspension des communications compliquera aussi certainement mon approvisionnement en tabac. Depuis que j'ai adopté le principe selon lequel, après soixante-quinze ans on ne doit rien se refuser, mes réserves diminuent rapidement. »

> « Dans la série des grands et petits désagréments de mon vieil âge, il n'y a – j'allais presque dire "naturellement" pas la moindre pause. Vos expéditions (de cigares), je les ai reçues avec reconnaissance. J'ai de la place pour d'autres encore. "I won't be plucked" a dit Lord Bacon dans une situation qui invitait au renoncement. »

> « Je fume de nouveau avec plus de plaisir et vois avec anxiété s'épuiser les deux dernières boîtes de Berchtesgaden. Et pendant votre absence ? »

Seule une menace d'origine cardiaque a le pouvoir de freiner Freud dans sa consommation de cigares. Le développement de son cancer de la mâchoire, alors même qu'il nécessite une nouvelle intervention chirurgicale, ne modifie quant à lui en rien son attitude envers le tabac.

Il n'est pourtant pas dupe du caractère psychogène de son mal quand, rendant compte la même année à Arnold Zweig des dernières complications dont il souffre, il les présente comme une résultante de ses pulsions de mort, un choix de symptômes sur lequel il se dit sans pouvoir :

« ...Le 24 avril j'ai dû subir une nouvelle opération – à cause d'une excroissance somme toute semblable à celle d'il y a huit ans – et j'y ai perdu une bonne part de mon énergie et aujourd'hui, après tout ce que j'ai subi, je suis sans forces, incapable de lutter et je suis gêné dans mon langage, je ne suis pas un reste réjouissant de réalité. Des amis bien intentionnés me conseillent de choisir de préférence une autre voie pour sortir de la vie que des récidives à cet endroit ; je suis d'accord, mais tellement dépourvu d'influence sur le cours futur des événements. »

Une des conséquences de son mal, confiée à Zweig, est une gêne dans son élocution, une des fonctions qui lui tiennent évidemment le plus à cœur. Mais lorsqu'il décrit à Marie Bonaparte les inconvénients causés par les ajustements de ses prothèses, parole et tabac se voient accorder à ses yeux une importance égale. La prothèse idéale serait celle qui lui permettrait de se livrer sans gêne à ces deux activités, aussi indispensables l'une que l'autre à son équilibre :

« Pichler travaille tous les jours à mes trois prothèses ; il les a améliorées au point que je puis fumer avec les trois et parler avec deux. Aucune n'est cependant absolument satisfaisante. »

L'année 1933 est l'occasion d'une nouvelle période d'abstinence, acceptée encore une fois parce qu'elle n'est pas en relation avec le carcinome mais avec des accès de vertiges. Il faut cependant rappeler que l'abstinence dont parle Freud consiste presque toujours en une réduction de sa consommation quotidienne de cigares et non en une cessation totale de cette activité : le jour de son avant-dernier anniversaire, en mai 1938, on le verra encore un cigare à la main alors que la nécrose des tissus a atteint l'extérieur de sa joue. Mais une simple limitation suffit à provoquer en lui des effets déprimants, dont il fait part durant le mois de mai à Marie Bonaparte et à Lou Andreas-Salomé :

« Mon anniversaire a été éprouvant... Le matin même j'avais eu un accès de vertiges qui m'a presque renversé, sans perte de la conscience. Le Dr Schur, qui, par hasard, est entré juste après, a considéré que ce n'était rien. D'après son diagnostic, les vertiges sont d'origine vestibulaire et une suite de la nicotine. Depuis, je suis limité à trois cigares, mais je ne me sens pas vraiment bien, que ce soit dû à l'abstinence ou à autre chose. »

« Un beau jardin pénètre jusque dans mon bureau, mais il fait froid, il pleut et je fume un cigare en principe interdit. »

Comme à chaque fois, l'expérience de la privation de tabac altère ses capacités créatrices, il s'en plaint à la princesse de Grèce en cette fin d'année 1933 :

> « Mon existence s'est trouvée encore un peu plus limitée. Pour l'instant ce n'est pas une grande perte de ne pouvoir quitter la maison ; dehors on gèle et il fait mauvais. Si j'écris quelque chose ? Non, et d'ailleurs je ne pense pas que je le ferai. Je fume un petit cigare "sans nerf" par jour. »

Les années passent, les souffrances s'intensifient, les multiples interventions et les douloureux ajustements de sa prothèse rendent la vie quotidienne du vieil homme difficilement supportable. L'organisation même de l'appartement de la Berggasse témoigne de la place centrale prise par la maladie du maître de maison : à côté du bureau, un petit cabinet de toilette où trône un fauteuil de dentiste est le lieu de sa torture quotidienne. Anna s'y dévoue auprès de son père pour les soins toujours à renouveler et la mise en place compliquée de ce corps étranger rendant si difficile l'élocution de Freud : la prothèse, que ses disciples appellent entre eux « le Monstre ».

Le tabac, toujours en tête des besoins, occupe plus que jamais une place paradoxale pour Freud en sa fin de vie : son rôle d'intensificateur du processus cancéreux en fait un pourvoyeur de souffrances et dans le même temps le plaisir qu'il lui procure le soulage de sa misère quotidienne. Hélas, ce plaisir est maintenant tempéré par l'abstinence nécessaire et se réduit à un souvenir des temps heureux. Sa limitation, bridant l'insatiable appétit de Freud en ce domaine, jette un voile plus noir encore sur ces dernières années. Écrivant à Hilda Doolittle en décembre 1935, Freud trouve, en harmonie avec sa correspondante, des accents poétiques pour la remercier du cadeau qu'elle lui fit d'une plante apte, plus que toute autre, à éveiller sa nostalgie :

> « Ici, nous aussi, nous avons davantage de brouillard et d'obscurité qu'il n'est d'usage à l'approche de Noël. Mais face à ma fenêtre, à l'intérieur de la pièce, se dresse une fière plante, délicatement odorante. Deux fois seulement je l'ai vue en fleurs dans un jardin, au Lac de Garde et au Val de Lugano. Elle me rappelle ces jours passés où j'étais encore moi-même capable de me déplacer et de rendre visite à l'éclat du soleil et à la beauté de la nature méridionale. C'est une Datura, de la noble famille

du tabac, dont les feuilles pouvaient tant faire pour moi autrefois, et si peu aujourd'hui.
Il n'est pas conseillé de donner à un octogénaire quelque chose de beau. Trop de tristesse se mêle au plaisir… »

L'année suivante, l'humeur de Freud s'est encore assombrie, il en prend Marie Bonaparte à témoin, et le conflit exprimé dans cette lettre entre désir de vivre et souhaits de mort rappelle le paradoxe incarné par le tabac, à la fois stimulant et poison :

« Et puisqu'en votre jeunesse de cinquante-quatre ans vous ne pouvez vous empêcher de penser si souvent à la mort, ne vous étonnez pas que moi, à quatre-vingts ans et demi, je rumine pour savoir si je parviendrai à l'âge de mon père et de mon frère, ou si je le dépasserai et atteindrai celui de ma mère, torturé que je suis par le conflit entre le désir du repos et la crainte des nouvelles souffrances qu'entraîne la prolongation de la vie, et la douleur anticipée d'être séparé de tout ce à quoi on est encore attaché. »

Une embellie en février 1937 donne l'occasion à Freud dans un courrier à Eitingon de réaffirmer la corrélation étroite existant pour lui entre le fait de fumer et le travail d'élaboration théorique :

« Remis de mes récentes lésions et de nouveau apte à fumer sans excès, j'ai même recommencé à écrire un peu. »

La présence de la mort dans la vie de Freud se fait plus insistante. Une nouvelle opération a lieu début 1938, semblable aux dizaines d'autres qui ont rythmé son existence depuis plusieurs années, opération très difficile selon Max Schur et dont le résultat confirme la présence de tissus cancéreux. Pichler, le chirurgien, ne peut se décider à dire la vérité à Freud, d'autant qu'il n'envisage aucune autre opération à tenter, mais Schur, se sentant lié à son patient par sa promesse de ne rien lui cacher, transmet le rapport à Freud. Comme à son habitude, ce dernier en accepte le diagnostic avec une remarquable indifférence.

Et cependant, le souci de son apparence, toujours intact, l'a poussé à demander à Pichler de profiter de cette intervention pour lui retirer de la joue un kyste inesthétique, gênant pour soigner sa barbe. Son indéfectible humour ne cède pas, et alors même que la mort est à sa porte il imagine, dans une lettre de janvier 1938, une rencontre future avec Marie Bonaparte dans le domaine des dieux, les Champs-Élysées, quand tous deux auront quitté ce monde. Profitant de cette occasion posthume, il lui fait remarquer l'avantage esthétique dû à l'ablation du kyste :

> « Le séjour en ce lieu produit un bon effet sur l'apparence extérieure. Peut-être remarquerez-vous que j'ai même embelli. N'étais-je pas défiguré par un kyste sébacé, un athérome dont vous ne m'avez jamais parlé, par tact sans doute ? On m'a enlevé cet ornement lors de la dernière – je veux dire, bien sûr, de l'avant-dernière intervention. »

En avril 1938, peu avant son départ pour l'Angleterre, l'héritage freudien pourrait se résumer à une provision de cigares, désormais inutilisable, qu'il lègue à son frère Alexander :

> « Je voudrais que tu prennes les bons cigares qui se sont accumulés chez moi au cours de l'année, puisque tu peux encore profiter d'un tel plaisir, moi je ne le peux plus. »

Depuis plusieurs années, l'horreur nazie a étendu ses tentacules sur l'Autriche et les persécutions contre les Juifs ont commencé, avec leur cortège d'humiliations et de violences. Si la mort est présente dans la vie de Freud, elle l'est aussi dans la vie quotidienne des Viennois : déjà se sont multipliés les signes annonciateurs du malheur qui va fondre sur toute l'Europe. Le 11 mai 1933, un véritable autodafé a eu lieu à Berlin, et l'on a pu lire dans les journaux autrichiens la description du feu de joie dans lequel furent jetés les livres de tous les Juifs et de beaucoup de non-Juifs anti-nazis. Les ouvrages de Freud ont rejoint les autres publications dans les flammes, geste accompagné par une proclamation de l'officiant :

> « Contre la surestimation de la vie sexuelle, destructrice de l'âme, – et au nom de la noblesse de l'âme humaine – j'offre aux flammes les écrits d'un Sigmund Freud ! »

La psychanalyse était particulièrement visée, en tant que « science juive » par cette destruction symbolique de la pensée « impure » et l'on se souvient que cette terrible circonstance donna à l'humour de Freud l'occasion de s'exprimer :

> « Quel progrès ! Aujourd'hui ils brûlent mes livres, autrefois c'est moi qu'ils auraient brûlé ! »

Ce que Freud à cette époque pouvait encore ignorer, c'est que ce « progrès » n'était qu'un premier pas vers le massacre de millions d'êtres humains qui allaient réellement prendre dans les flammes, comme « autrefois », la place des livres sacrifiés.

La vie en Autriche sous l'occupation nazie n'est plus supportable, d'année en année brimades et persécutions s'intensifient. Freud y résiste jusqu'à la limite de ses forces, en impose par son autorité aux fonctionnaires venus l'intimider, puis cède en 1938. Alors, sous la pression de son entourage et aidé par la princesse de Grèce qui paye sa « rançon », il quitte Vienne pour Londres, avec une escale d'un jour à Paris, afin de mettre les siens à l'abri de la peste brune. Une peste qui va s'étendre à tout le continent européen, ô combien différente de celle qu'il pensa apporter dans ses bagages lorsqu'il s'embarqua pour une série de conférences à New York, en 1909.

En juin 1938, à peine arrivé en Angleterre et avant même de s'installer au 20, Maresfield Gardens, il écrit à sa bienfaitrice pour lui faire part de l'un de ses principaux soucis dans cette époque de bouleversements : le tabac ! Marie Bonaparte, afin de ménager la santé et les plaisirs du maître lui fournit des cigares dénicotinisés, un compromis dont il se montre modérément satisfait :

> « Vos cigares sont certainement inoffensifs, même s'ils n'ont pas beaucoup de goût. Jusqu'à présent, je n'ai encore rien trouvé de pareil ici. »

Ayant enfin pris ses quartiers dans la belle demeure de Hampstead, sa dernière adresse, il envoie en octobre 1939 un pathétique message à sa fidèle amie la princesse dans lequel il dresse le constat de faillite des fonctions essentielles à sa vie intellectuelle :

> « Il n'est que justice que la première lettre de mon *home* soit pour vous. Elle ne sera pas longue, car je puis à peine écrire, non plus que parler et fumer. »

À la fin de l'année 1938 et au début de la suivante, dernière année de sa vie, Freud, épuisé par la maladie mais infatigable épistolier, poursuit sa correspondance. L'humour et la dignité qu'il déploie dans ses lettres à Arnold Zweig et à Max Eitingon entrent en résonance, comme en un écho lointain, avec la fameuse lettre de 1899 décrivant sa métamorphose en néoplasme et rappellent les préocccupations qui l'agitaient à l'époque. La parution de la *Traumdeutung* et les débuts de la rupture amicale avec Fliess donnaient alors à Freud le sentiment d'une séparation d'avec une part de lui-même, perte symbolique qui prend tout son poids de réel en cette année 1939 :

> « J'attends toujours un second os qui, comme le premier, doit se détacher de moi. »

L'idée unique et saisissante de son entière transformation en tissu cancéreux, dans sa correspondance d'alors se retrouve également dans les lettres de cette dernière année. Il y évoque de nouveau le carcinome partageant son existence et tentant toujours de lui ravir la place, mais cette fois, la réalité de l'atteinte physique donne une tragique consistance à ses propos :

> « Je ne vous ai pas écrit depuis un certain temps, non seulement parce qu'écrire, comme beaucoup d'autres activités, est devenu trop difficile, mais aussi parce que la situation était trop peu claire. Maintenant nous savons plus ou moins où nous en sommes. Une biopsie a révélé que nous avons réellement affaire à une nouvelle tentative du carcinome de prendre ma place. »

> « Je n'attends plus que le "Moïse", qui doit paraître en mars encore, et après je n'aurai plus besoin de m'intéresser à aucun livre de moi jusqu'à ma prochaine renaissance... Le traitement doit commencer demain (Il n'y a plus aucun doute qu'il s'agit d'une nouvelle attaque de mon cher vieux carcinome, avec qui je partage mon existence depuis maintenant seize ans.) »

Et, en mars 1939, l'humour de Freud se manifeste une fois encore, tragique et désespéré, à propos de sa vieille compagne la maladie, dans le bilan de sa situation dressé à l'intention de Hans Sachs :

> « Le fait est que depuis mon opération en septembre, j'ai souffert de douleurs constantes à la mâchoire, qui n'ont pas cessé malgré l'extirpation d'un fragment osseux. Pour résumer une longue histoire, le résultat de nombreux examens fut que ma vieille maladie récidivait. Le traitement décidé consiste en une combinaison de rayons X pour l'extérieur et de radium pour l'intérieur ; c'est au moins un peu plus doux que de me couper la tête, ce qui était le deuxième terme de l'alternative, et cela peut prolonger la vie de quelques semaines ou de quelques mois. Les médecins prétendent même que leur thérapie peut être réellement efficace. Malgré tout, je ne me fais pas d'illusions sur les résultats possibles à mon âge. Je me sens fatigué et épuisé par tout ce qu'ils me font. Comme chemin vers l'issue fatale, il était aussi bon qu'un autre, bien que je ne l'eusse point choisi moi-même. »

Enfin, en avril et en juin 1939, Freud n'attendant plus rien des jours à venir prend congé de sa fidèle amie Marie Bonaparte, donnant à ses deux dernières lettres le caractère définitif d'un adieu à la vie :

> « On a tenté de me plonger dans une atmosphère d'optimisme en me disant que le carcinome est en régression, que les symptômes réactionnels ne sont que temporaires. Je n'en crois rien et je n'aime pas être trompé [...] Une maladie intercurrente qui mettrait rapidement fin à ce processus cruel viendrait fort à propos. »

> « Le radium a commencé une fois de plus à ronger quelque chose, causant douleurs et manifestations toxiques, et mon univers est ce qu'il était auparavant : un petit îlot de souffrance nageant sur un océan d'indifférence. »

« Un petit îlot de souffrance nageant sur un océan d'indifférence ». Tout est dit pour Freud dans cette phrase terrible où se lit la lassitude de la douleur et le retrait des investissements sur le monde. Freud va mourir, il le sait et le souhaite car plus rien ne le retient ici-bas, ni proches, ni psychanalyse, ni tabac. Max Schur, fidèle à la promesse faite au vieil homme des années auparavant, va le soulager de cette existence qui a basculé dans la souffrance pure et ne signifie plus rien. Le 21 septembre, Freud lui rappelle le contrat passé lors de leur première rencontre :

> « Vous m'avez promis alors de ne pas m'abandonner lorsque mon temps serait venu. Maintenant ce n'est plus qu'une torture et cela n'a plus de sens. »

Et Max Schur se souvient qu'il ajouta, après un moment d'hésitation :

> « Parlez-en avec Anna, et si elle pense que c'est juste, alors finissons-en. »

Dans cet ultime moment, Freud ne pense pas à sa femme Martha, mais à son « Antigone », celle qui continuera, il n'en doute pas, à transmettre sans faillir la flamme de la psychanalyse.

Durant les seize années de sa maladie, Freud a refusé l'aide de tout autre adjuvant que le tabac. Max Schur se souvient qu'il lui fut presque impossible d'adoucir les souffrances d'un patient ayant les barbituriques et les opiacés en horreur. Une lettre du docteur Finzi au docteur Lacassagne en juillet 1939 souligne cette difficulté et suggère avec une involontaire ironie l'éventualité d'un traitement psychologique :

> « Il refuse absolument tout médicament qui soulagerait la douleur, excepté l'aspirine ; de ce fait, il passe de mauvaises nuits et s'affaiblit beaucoup… Ce qu'il lui faut surtout, c'est un traitement psychologique qui lui permettrait de transiger et d'accepter un autre médicament que l'aspirine, mais je n'ose pas le lui suggérer. »

Freud ne songe au secours d'un opiacé qu'en dernière extrémité, lorsqu'enfin il doit renoncer. Dans la nuit du 22 au 23 septembre, aidé à sa demande par trois injections de morphine, il passe de l'inconscience à la mort.

Ainsi, chacune des trois périodes essentielles de la vie, jeunesse, maturité et mort aura été placée pour Freud sous le signe d'un toxique. La cocaïne lui aura permis ses premières expériences scientifiques et la maîtrise de ses angoisses, le tabac, prenant la suite, l'aura lancé et maintenu sur la voie de la psychanalyse, et c'est à la morphine qu'il devra la délivrance, quand le poids de l'atteinte physique sera trop lourd à porter pour le fondateur de la science nouvelle, devenu un vieil homme exilé et malade.

Un : Il n'y a rien de plus bête. C'est mauvais, ça fait tousser, ça donne tout le temps des cancers, et puis quoi : c'est un esclavage. On n'est plus libre.

Deux : Fumer, c'est une déchéance. Ce qu'il y a de bien, quand même, dans le tabac, c'est que, s'il n'y avait pas de tabac, on ne pourrait pas décider de ne plus fumer. Et ça, c'est une grande joie.

ROLAND DUBILLARD, *Les Diablogues*

18

Smoking or no smoking

(Dans un fumoir, deux messieurs en tenue de soirée)

LUI – À l'issue d'un bon repas, mon bonheur ne serait pas complet sans l'un de ces délicieux cigarillos, un collègue me les rapporte directement de Cuba, vous en accepterez bien un ?

L'AUTRE – Non merci, sans façons.

LUI – Allons, une petite entorse à vos principes n'altérera pas votre santé !

L'AUTRE – Non vraiment, mon cher, vous le savez bien : je ne touche pas au tabac. Je reçois suffisamment de ses victimes dans ma clientèle et, par ailleurs, je profite déjà largement de la fumée des autres. Comprenez que je n'éprouve pas le besoin de m'intoxiquer moi-même !

LUI – Ah ! Nous y voilà ! Avez-vous remarqué à quel point il est devenu difficile de nos jours d'aborder ce sujet délicat sans qu'un soupçon d'agressivité se manifeste chez votre interlocuteur ?

L'AUTRE – Agressivité qui relève de la légitime défense ! Renforcée sans doute par le spectacle de l'aveuglement des fumeurs et peut-être aussi par cette tendance au prosélytisme manifeste chez les amateurs de tabac : ils voudraient que la terre entière partage leur passion. Comme le Sganarelle de *Dom Juan* ils ne peuvent sortir un paquet de leur poche sans en offrir à droite ou à gauche. Ils devraient pourtant se rendre à cette évidence, il y a sur notre planète des êtres sensés, appelés non-fumeurs !

LUI – Et voilà ! Il ne suffisait pas que notre société se divise entre exploiteurs et exploités, croyants et athées, ou même entre tenants et adversaires de la psychanalyse, il fallait qu'un nouveau clivage vienne s'ajouter à cette liste déjà longue et non exhaustive : celui qui sépare l'humanité en fumeurs et non-fumeurs ! Jusqu'à nos jours, les oppositions se lisaient dans la géographie de nos villes, instituant une distance entre les classes sociales, beaux quartiers et cités dortoirs, lieux de culte et lieux de plaisir, sans oublier l'essentielle, infranchissable parce que touchant à la différence des sexes : la ségrégation urinaire rappelée à tous par un pictogramme sur la porte des toilettes publiques. Eh bien, ces oppositions se sont maintenant précipitées à l'intérieur même des lieux que nous étions censés partager, quelle que soit notre identité sexuelle, notre appartenance sociale ou notre religion : transports en commun, restaurants, hôtels ont dressé une invisible frontière entre partisans de la santé pulmonaire et irréductibles suicidaires !

L'AUTRE – Une façon d'empêcher ces derniers d'entraîner leur voisinage dans la mort, à la manière de ces mélancoliques dont vous m'avez appris qu'ils font sauter tout l'immeuble lorsqu'ils choisissent le suicide par le gaz !

LUI – À ceci près que l'ombre de l'objet ne plane pas sur la pratique des fumeurs, contrairement à ce qu'il en est des mélancoliques : si je ne craignais un mauvais jeu de mots j'avancerai que fumer est plutôt une manie !

L'AUTRE – Une sale manie, dirons-nous !

LUI – La dimension du plaisir est tout de même centrale dans cette pratique morbide : on dirait que les détracteurs du tabac l'oublient à n'y voir qu'un empoisonnement consenti, une course à la mort ! L'objet en question est autrement complexe, paradoxal, et vous noterez les effets souvent pervers de la propagande anti-tabac : à expliquer en détails les méfaits et les dangers de cette substance, allez savoir si elle ne renforce pas l'attrait pour un interdit qui lui reste attaché depuis les origines ! Nous tenons en la matière un exemple illustre : Freud lui-même, poursuivant sa tabagie alors qu'il ne peut ignorer, preuves en mains, l'effet accélérant de cette substance sur son cancer de la mâchoire. Non ! Si l'on espère quelque succès en ce domaine, il me semble qu'au lieu d'en pointer les dangers on aurait avantage à faire prendre conscience aux fumeurs des raisons inconscientes pour lesquelles le tabac leur donne tant de plaisir. L'élucidation a toujours de meilleurs effets que la menace.

L'AUTRE – De ce côté vous me concéderez un point : la médecine a obtenu davantage de succès que la psychanalyse dans le domaine de la désintoxication tabagique. Vous m'avez dit vous-même que le tabac est un sujet rarement évoqué sur le divan. Les drogues ont donné sur les fumeurs de meilleurs résultats que la cure par la parole !

LUI – Les drogues, je ne vous le fais pas dire !

L'AUTRE – Mon cher, si nous la poursuivions dans cette direction, voilà une discussion qui nous mènerait trop loin. Toujours est-il que je ne suis pas pleinement convaincu de la prédominance du plaisir dans cette activité, ou alors s'agit-il d'un plaisir amer, coupable, auquel la dimension de la mort est intimement mêlée ?

LUI – Je ne prétends pas le contraire quand je parle de paradoxe.

L'AUTRE – Votre maître à penser, lui-même fumeur impénitent, n'a-t-il pas émis quelques hypothèses à ce sujet ?

LUI – Fort peu, trois lignes tout au plus !

L'AUTRE – Lignes essentielles, cependant. Vous savez que je l'ai lu attentivement, ne serait-ce que pour le plaisir de vous apporter la contradiction ! Il établit, si ma mémoire est bonne, un parallèle inconscient entre l'acte de fumer et les pratiques masturbatoires.

LUI – Ne me regardez pas comme ça quand je tire sur mon cigarillo, j'ai tout à coup le sentiment de m'exhiber !

L'AUTRE – Raillez ! Raillez tant que vous voudrez, mais on ne peut nier la dimension régressive de cet acte qui, outre la masturbation, nous ramène encore plus loin, du côté du suçotement. Freud l'a également souligné, ce n'est pas à vous que je vais l'apprendre !

LUI – Je veux bien vous suivre dans cette direction car la ségrégation actuelle serait alors à entendre comme un discours d'inconscient à inconscient, les non-fumeurs adressant à leurs adversaires une protestation : « Cessez de vous donner de la joie devant nous, cette activité est réservée à l'intimité ! », les autres leur répondant : « Nous n'avons pas honte de notre plaisir, détournez-vous, ennemis du plaisir solitaire, si cette vision vous dérange ! » Votre condamnation du tabac au nom de la santé tombe alors, avec celle qui a poursuivi l'onanisme jusqu'au début de ce siècle, où les enfants étaient menacés des pires maux. Souvenez-vous, vous avez peut-être eu droit vous aussi à ces terrifiantes prophéties : « Si tu le touches, ton petit robinet va tomber, on va te le couper, tu vas devenir sourd ! » Les médecins, venant alors au secours des commères pour considérer cette pratique comme dangereuse, avaient fort à faire avec leur propre culpabilité masturbatoire. Ils l'ont transformée en précepte médical. Certains de ces hygiénistes obtus ont même menacé les enfants de troubles pulmonaires ! Vous voyez où je veux en venir : le déplacement crève les yeux !

L'AUTRE – Votre argument serait recevable si la science n'avait démontré la nocivité du tabac ! Le fantasme seul n'est pas à l'origine de cette condamnation, nous en tenons aujourd'hui les preuves irréfutables : des études extrêmement sérieuses ont été menées, en toute objectivité.

LUI – Au risque de vous choquer, je dirai qu'au cœur de cette objectivité, que vous jugez nécessaire de mentionner, le fantasme occupe une large place. La science en a suivi conscieneusement les rails en venant donner consistance aux condamnations obscurantistes. N'êtes-vous pas troublé par le fait que la médecine soit allée dans le même sens que les premiers détracteurs du tabac, quasiment dans les mêmes termes, alors que ces derniers n'avaient aucune de nos méthodes scientifiques pour arriver à des conclusions aussi alarmantes : ils s'appuyaient uniquement sur une morale archaïque ou usaient d'une pensée magique pour soutenir leurs arguments. Pensez à ce qu'avance Jacques Ier dans son *Counterblaste to Tobacco*, mieux connu sous le nom de *Misocapnie* : le tabac y est tenu pour responsable de l'amollissement du cerveau. Dans cette hypothèse d'alanguissement on sent pointer un jugement plus moral que scientifique. Le souverain lui reproche également de provoquer la chute du désir sexuel entre époux et ne craint pas de se montrer contradictoire lorsqu'un peu plus loin il présente ce même tabac comme un aiguillon réveillant les hommes au bordel, dans leur commerce charnel avec les prostituées ! Et il finit par dévoiler son véritable propos : fumer est une offense à Dieu, faisant du citoyen anglais l'égal de ces sauvages païens aux pratiques superstitieuses peuplant le continent lointain d'où est issu le tabac. Éminemment scientifique, en vérité !

L'AUTRE – Laissons le *Misocapnie* de côté, d'autant qu'il a probablement été inspiré à son auteur par la haine qu'il vouait à Sir Walter Raleigh, l'ancien favori de la grande Elizabeth, introducteur du tabac à la cour d'Angleterre. C'était, de plus, sans aucun doute, un écrit politique, désignant à la vindicte populaire un fauteur de trouble idéal, méprisant les préceptes religieux et donc l'ordre public. Mais pour en revenir aux premiers détracteurs on ne peut nier la finesse de leur intuition, que nos chercheurs ont confirmée. Le bon sens populaire a souvent précédé la science, Freud ne me contredira pas, pas plus que vous d'ailleurs, il a trouvé dans cette sagesse bien des confirmations à ses intuitions géniales !

LUI – On peut voir les choses de cette façon, je vous l'accorde, mais on peut également se demander si le discours médical actuel, dont le bien-fondé est incontestable, n'est pas cependant sous les effets du signifiant « tabac », signifiant dont le caractère explosif s'est accentué au fil des ans avec pour résultat une version moderne de l'ancienne lutte contre la sorcellerie. On assiste ainsi à l'extraordinaire déplacement d'une haine ancestrale, haine d'ailleurs bien mal venue de la part du corps médical, car le tabac est à l'origine de découvertes biologiques importantes, si je ne me trompe.

L'AUTRE – Exact, c'est une maladie des feuilles du tabac, la « mosaïque du tabac » précisément, qui a permis d'isoler le premier virus. Mieux encore, c'est sur les cellules du tabac que les botanistes ont découvert l'existence des chromosomes. En effet, on peut le dire : les études sur le tabac ont été d'un apport inestimable pour la médecine et la biologie.

LUI – Alors, quelle ingratitude !

L'AUTRE – Pas d'anthropomorphisme, je vous prie ! Un chercheur ne peut témoigner de la reconnaissance à une plante, pas plus qu'à un rat de laboratoire ou à une drosophile ! Il fait son travail, et en toute objectivité.

LUI – Allons, je sais que cela vous rebute, mais je voudrais vous faire entendre que l'objectivité scientifique est un leurre : que vous le vouliez ou non, il y a un sujet de la science, et qui dit sujet fait référence à l'inconscient. C'est ce sujet qui s'est prononcé contre l'onanisme, c'est le même qui brandit la menace de mort au nez des fumeurs, faute de pouvoir les décapiter comme autrefois en Chine ! Il y a cependant une indéniable avancée culturelle : à défaut de se traduire en acte la condamnation s'étale partout en lettres de feu. Mais la campagne menée aux dépens des fumeurs n'est cependant pas bien loin de l'accusation de pacte avec le diable, celle qui menait autrefois tout droit au bûcher. Voyez quelles proportions elle a prise aux États-Unis ! Quand on pense à cette patrie de la liberté produisant des ligues anti-tabac aux sigles aussi évocateurs que « Smash » et « Shames » !

L'AUTRE – Qui signifient ?

LUI – « Smoker Mortification And Smoker Humiliation » pour la première, « Society to Humiliate, Aggravate, Mortify and

Embarass Smokers » pour la seconde ! Outre-Atlantique la guerre contre le tabac est bien devenue une guerre contre les fumeurs. Les progrès de la chimie ont beau tenir les rênes de la plupart des substances de notre pharmacopée et nous les présenter enrobées d'excipients parfumés, toute cette histoire autour du tabac sent néanmoins furieusement le soufre !

L'AUTRE – Ne jetez pas à votre tour l'anathème sur les médecins ! On ne trouve pas que des hygiénistes ou des inquisiteurs au rang des détracteurs du tabac : un géant de la production littéraire comme Balzac ne pouvait souffrir ni cette substance ni ses consommateurs et en fut un adversaire farouche. Il prétendait que rien de bon ne pouvait sortir du cerveau d'un homme s'adonnant à cette funeste habitude !

LUI – L'histoire lui a donné tort : l'œuvre d'un autre géant, Flaubert, s'est nourrie des vapeurs du tabac, de l'aveu même de son auteur !

L'AUTRE – Admettons. Mais ne nous attardons pas sur le terrain de la littérature, par trop subjectif, et revenons sur mon domaine. Vous ne pouvez pas, ainsi que vous avez tenté de le faire, réduire la recherche scientifique à une lutte fantasmatique contre de vieux démons ! On sait aujourd'hui, avec précision, quel véritable réservoir de poisons constitue le tabac, la nicotine n'étant qu'un représentant de ces dangereux alcaloïdes. Savez-vous que l'on a dénombré quatre mille huit cents variétés de toxiques dans une seule feuille de cette plante ! Quel autre végétal peut rivaliser dans ce domaine avec elle ? N'est-ce pas la preuve du caractère machiavélique du tabac, qui semble avoir été créé pour sécréter les venins les plus subtils tout en nous tenant sous son charme ? Une seule chose plaiderait en sa faveur : son extraordinaire teneur en protéines, qui pourrait nous laisser espérer lui trouver enfin un aspect positif. Hélas, les protéines qu'il produit sont mortelles ! Décidément, tout dans le tabac a un aspect diabolique !

LUI – Voyez comme d'instinct, dès qu'il s'agit de condamner le tabac, vous retenez des arguments que l'Inquisition n'aurait pas reniés ! Par ailleurs, je tiens à vous dire que je ne

« réduis » pas, comme vous le dites, la recherche scientifique, je l'enrichis au contraire d'une dimension que vous lui déniez : une efflorescence fantasmatique.

L'AUTRE – On ne le répétera jamais assez : la réalité scientifique est, comme son nom l'indique, une réalité, indépendante de l'observateur. Elle est examinée à travers l'optique d'un binoculaire, pas à travers le prisme du désir humain ! Et cela n'empêche pas les surprises. N'allez pas croire – car je vous sens venir – que le chercheur découvre toujours ce que son désir de scientifique avait déjà placé dans l'objet de son étude.

LUI – En êtes-vous bien sûr ?

L'AUTRE – Mais évidemment ! Croyez-vous que ceux qui se sont penchés sur le tabac s'attendaient à rencontrer, par exemple, ce fait troublant : parmi les enzymes à l'origine de la nicotine on trouve ornithine et putrescine, présentes également dans le sperme. Ainsi, ce poison contiendrait des enzymes identiques à celles qui nous permettent de transmettre la vie.

LUI – Ah ! Ah !

L'AUTRE – J'aurais dû me douter que cette image allait vous plaire.

LUI – Éros et Thanatos ! Je conçois que cela ait troublé les chercheurs, mais je ne suis pas étonné outre mesure de cette découverte à propos du tabac, tant elle est en harmonie avec son histoire. Sur ce point, je vous l'ai dit, nous nous rejoignons : le tabac est porteur de significations paradoxales.

L'AUTRE – Cela ne vous empêche pas de m'accuser de diaboliser le tabac ! On ne peut pourtant nier une curieuse affinité entre notre corps et cette substance, un lien tacite à l'image de celui qui unit le prédateur à sa proie, et nous n'avons – contrairement à cette dernière – développé aucun leurre pour lui échapper, aucun mécanisme de défense. Il n'est pas de pire concentré de poisons que la nicotine !

LUI – Poison ! Encore un terme portant en lui sa contradiction ! N'oublions pas que son étymologie nous conduit à la fois du côté du breuvage médicinal et du produit toxique. Mais ne dit-on pas que ce poison, la nicotine, serait sécrété par l'organisme lui-même, en doses infinitésimales ?

L'AUTRE – C'est exact et c'est peut-être pourquoi l'organisme se méfie si peu du tabac et lui demeure réceptif, sans dresser de barrière contre lui, comme si l'homme laissait toujours entrouverte sa porte au démon. Un exemple : la nicotine est extraordinairement soluble dans la graisse, or les membranes entourant nos cellules sont précisément composées d'acides gras. Vous devinez la suite : par nature, elles permettent à la nicotine de s'introduire dans notre organisme avec la plus grande facilité ! Et, bien sûr, d'y déposer ses poisons. Quant au cerveau, plus il produit d'enzymes pour neutraliser la nicotine, plus il la tolère, d'autant qu'elle pénètre sans aucune difficulté les centres nerveux et gagne l'organe de la pensée en quelques secondes.

LUI – En somme, l'homme et le tabac sont faits pour s'entendre. Voilà comment la science nous démontre ce que notre corps avait déjà expérimenté : le bien-être apporté par la fumée est immédiat !

L'AUTRE – Qui parle de bien-être ? C'est le risque mortel qui est immédiat, le tabac représente un danger sournois, menant à l'envahissement consenti de l'organisme par une substance qui lui veut du mal.

LUI – Qui lui veut du mal ! À votre tour de céder à l'anthropomorphisme !

L'AUTRE – Et je ne vous ai pas parlé du plus spectaculaire des effets du tabac, concernant notre sexualité.

LUI – Je m'y attendais, cela me semblait un passage obligé.

L'AUTRE – Vous savez que l'érection est un phénomène vasculaire, or le tabac est l'ennemi juré des vaisseaux, il n'épargne aucune artère de notre corps…

LUI – N'ajoutez rien ! J'ai compris. Mais surtout je vois la boucle se boucler. Revenons à celui que vous appelez mon maître à penser, ce cher Freud, et repensons à l'articulation mise en évidence par lui entre l'acte de fumer et la masturbation. Quel châtiment craint l'enfant se livrant à cette activité coupable, accompagnée de fantasmes non moins interdits ? La castration, bien sûr ! La perte redoutée de l'usage de son membre, cette menace agitée en permanence par la figure paternelle ! Eh bien, la voilà de retour, brandie cette fois par le corps médical après l'avoir été par les commères et le roi d'Angleterre, cette peur chevillée au corps de l'homme ! Et comme par hasard c'est à propos du tabac qu'elle ressurgit, pour terroriser les amateurs de cette terrible substance, associés dans la logique inconsciente aux masturbateurs ! N'allez pas me dire après cela qu'un fantasme majeur de l'humanité n'a pas un tant soit peu infiltré le discours scientifique !

L'AUTRE – Mon cher, vous me fatiguez ! Quand je pense que tout cela a commencé autour d'un pauvre cigarillo refusé !

LUI – Allons, brisons là, je sais que nous reprendrons sous peu cette discussion sans fin.

L'AUTRE – Vous avez raison, il se fait tard et mes arguments sont taris, du moins pour le moment !

LUI – Alors, je ne vous laisserai pas partir sans vous offrir un petit quelque chose.

L'AUTRE – Ma foi, un cognac ne serait pas de refus. Vous connaissez ma faiblesse coupable pour ce nectar !

19

Freud, les cendres de Prométhée

LE MATIN DU 26 SEPTEMBRE 1939, à l'ombre des bâtiments de brique rouge du Crématorium de Golder's Green, ils sont nombreux à s'être joints à la famille Freud pour assister à la cérémonie d'incinération : Marie Bonaparte, bien sûr, les Lampl venus de La Haye, et bien d'autres proches et fidèles, parmi lesquels l'écrivain Stefan Zweig. Celui ci fait dans sa langue natale un long discours en hommage à son ami et correspondant, inspirateur de son livre *La Guérison par l'Esprit.* Peut-être pense-t-il, en ce moment solennel, à son portrait du grand homme qui lui valut à l'époque une amicale protestation de la part de Freud. Celle-ci résonne à présent comme une épitaphe :

> « Je pourrais contester la façon dont vous soulignez trop exclusivement la correction petite-bourgeoise de mon caractère, le gaillard est tout de même un peu plus compliqué ; ce qui ne correspond pas à votre description : que, comme tout le monde, j'ai eu mes maux de tête et mes fatigues, que j'étais un fumeur passionné (je voudrais bien l'être encore) qui attribuait au cigare la plus grande partie de sa maîtrise de lui-même et de son ardeur au travail. »

Ernest Jones, à la demande d'Anna et de Martha, prononce l'oraison funèbre. Beaucoup de ceux qui l'entourent et qui ont assisté aux derniers moments de Freud doivent se sentir en profonde sympathie avec lui lorsqu'il prononce ces paroles :

> « Ceux qui connaissent l'horreur des souffrances qu'il a endurées, souffrances qui atteignirent un point d'intensité indescriptible lors de ces derniers mois, doivent être envahis d'un grand soulagement. Il ne souffrira plus. Il était impossible de souhaiter qu'il vécût un seul jour de plus alors que sa vie était réduite à une unique agonie personnelle... On peut donc dire de lui que si jamais homme n'aima autant la vie, jamais homme ne craignit moins la mort... Son esprit créateur était si fort qu'il l'a insufflé à d'autres. Si jamais on peut dire d'un homme qu'il a conquis la mort elle-même et qu'il a survécu en dépit du Roi des Ténèbres qui, à lui, n'inspirait aucune crainte, cet homme est Freud. »

Choisissant de disparaître dans les flammes, Freud anticipe sans le savoir le destin de ses trois sœurs restées à Vienne et qui mourront en déportation, avec les millions d'autres victimes du nazisme. Sa volonté clairement exprimée d'une incinération demeure cependant une énigme lorsque l'on connaît l'emplacement du Crématorium de Golder's Green, situé précisément face au cimetière juif de Londres, austère champ de pierres sans fleurs ni couronnes que la tradition de ses origines aurait dû lui faire choisir. A-t-il voulu retrouver dans ce cérémonial sa fille chérie Sophie, morte brutalement en 1920 de la grippe espagnole, à propos de laquelle il écrivit au pasteur Pfister :

> « Demain elle va être incinérée, notre pauvre "enfant du dimanche !" »

Ou bien a-t-il préféré traverser la route séparant le cimetière du crématorium pour quitter ce monde à la manière de l'un de ses cigares favoris, sous la forme d'un panache de fumée et d'une poignée de cendres, recueillie dans le magnifique cratère grec offert par son amie la princesse de Grèce.

En 1931, pour la remercier de ce présent, il écrivait à Marie Bonaparte :

> « Il m'a fait grand plaisir, et d'ailleurs je me sens à peu près comme un arrière-grand-père, et je puis même avoir quelques regrets de ne pouvoir emporter dans ma tombe aucun de ces beaux vases. »

Est-ce précisément l'un de ces regrets qui lui a fait choisir ce mode de funérailles ? À défaut de pouvoir l'emporter avec lui, l'incinération a permis à l'un des objets de sa collection de devenir sa dernière demeure. Ainsi, dans la mort, la passion du collectionneur a maintenu son exigence tout en subissant un retournement : après que Freud ait passé sa vie à recueillir tant d'objets exhumés, c'est une pièce de sa collection, devenant son tombeau, qui va recueillir ce qui reste de lui.

Son amour de l'archéologie a poussé Freud à transformer son bureau en véritable salle d'exposition, musée de Freud avant de devenir musée Freud. De son propre aveu, cet amour des antiquités ne le cédait en intensité qu'à sa passion pour le tabac. Si ce dernier représenta l'indispensable stimulant nécessaire à son élaboration théorique, sa collection de reliques archéologiques tint quant à elle la place de métaphore de la psychanalyse, souvent employée dans ses écrits. L'œuvre de Freud est, en effet, parsemée d'allusions à Pompéi et de parallèles entre la recherche archéologique et la technique psychanalytique. Il en donna lui-même un vivant témoignage en expliquant à l'un de ses patients les plus célèbres, l'« homme aux loups », les variations du matériel conscient face à l'« inchangé » des représentations inconscientes :

> « J'illustrai ma remarque en désignant les antiquités de mon bureau. Elles n'étaient en fait, dis-je, que des objets découverts dans une tombe, et c'est à leur ensevelissement qu'elles devaient leur préservation. »

L'homme Freud a disparu, seule en reste une poignée de cendres dans un cratère grec, mais au-delà de Golder's Green se développe une œuvre immortelle maintenue vivante par ses continuateurs, dans une atmosphère de conflits et de querelles théoriques. La silhouette familière du petit homme à la force de titan s'est effacée dans la brume londonienne, et pourtant elle s'anime encore sur les films de famille conservés dans le musée où l'on honore sa mémoire. On peut y voir au bord d'un bassin un grand-père attendri montrant des poissons à ses deux petits-fils tenus affectueusement sous le bras, embrassant une fillette courant à lui les mains chargées de fleurs, ou bien encore lisant paisiblement sur une chaise longue, enveloppé de la fumée de son cigare. Sa voix s'est éteinte, qui a dévoilé à tant de patients une vérité ignorée d'eux-mêmes, et cependant on peut encore l'entendre, brisée par la souffrance, luttant contre les difficultés causées par sa prothèse et par le maniement de la langue anglaise, dans une interview qu'il accorda à la BBC en 1938, l'avant-dernière année de sa vie. Cette voix empêchée, traversant plus d'un demi-siècle pour venir à notre rencontre, évoque avec une certaine amertume sa prodigieuse découverte et les conflits qui en résultèrent :

> *« I started, as a neurologist, trying to bring relief to my neurotic patients. I discovered some important new facts about the inconscious, the role of instinctual urges and so on... Out of these findings grew a new science, psychoanalysis, a part of psychology and a new method of treatment of the neuroses. I had to pay heavily for this bit of good luck. People did not believe in my facts and thought my theory unsavory. Resistance was strong and unrelenting. In the end I succeeded, but the struggle is not yet over. Sigmund Freud.»*
>
> [« J'ai commencé ma carrière comme neurologue en essayant d'apporter un soulagement à mes patients névrosés. J'ai découvert quelques faits nouveaux et importants concernant l'inconscient, le rôle des poussées instinctuelles, etc. De ces découvertes est née une science nouvelle : la psychanalyse, une branche de la psychologie et une nouvelle méthode dans le traitement des névroses. J'ai dû payer cher pour cette parcelle de chance. Les gens n'ont ni cru en mes évidences ni trouvé mes théories à leur goût. La résistance était forte et n'a pas cédé. Sur la fin, j'ai réussi, mais le combat n'est pas encore terminé. Sigmund Freud. »]

Si la voix du père de la psychanalyse se fait entendre dans cet unique témoignage sonore, c'est pour évoquer l'opposition que rencontra l'audace de ses théories. Freud parle du prix qu'il eut à payer pour sa découverte, de la résistance qu'elle suscita et de l'adversité à laquelle il dut faire face. Poussé par sa maladie et par les sombres circonstances historiques, c'est ce thème qu'il choisit d'aborder quelques mois avant sa mort, affirmant à la postérité que son combat n'est pas encore terminé. Mais de quel combat s'agit-il et contre qui doit-il le mener ? Si l'on peut aisément repérer dans son entourage scientifique des contradicteurs évidents, prenant d'assaut la tribune ou saisissant leur plume pour battre en brèche sa théorie jugée « pansexualiste », adversaires dont il a fini par triompher, il est un autre ennemi, menant son combat souterrain avec détermination et dont il n'aura pas raison : cette part de lui-même le poussant à sa propre destruction.

La métaphore prométhéenne convenant si bien à l'œuvre et au personnage de Sigmund Freud a suivi sa logique jusque dans ses ultimes conséquences : elle l'a amené, nous l'avons vu, à subir un supplice comparable à celui du titan bienfaiteur de l'humanité. Ce mythe interrogé par Freud porte en lui une leçon à laquelle, sans doute à son insu, il n'a pas été insensible : certes, le renoncement pulsionnel amène de grands progrès culturels, mais le destin de celui qui s'en fait l'agent montre à l'évidence qu'on n'offre pas impunément aux hommes le moyen d'éclairer leur condition. Le sacrifice exigé en échange d'une telle trouvaille, changeant le cours de l'histoire, est, en effet, exorbitant. L'immortel Prométhée s'en est acquitté, voyant dévorer par un aigle son foie toujours renaissant. Zeus, maître de la foudre, n'a pas choisi d'utiliser son arme de prédilection pour réduire à néant son provocateur : il lui a imposé un tourment plus cruel car sans fin.

Comment ne pas penser au cancer de Freud, le rongeant seize années durant, renaissant après chaque intervention, comme le foie du Titan, cancer dont la généralisation eut mis plus rapidement un terme à des souffrances insupportables ? Et comment ne pas évoquer le tabac, qui a permis à Freud, en aggravant ses symptômes, de participer activement à son supplice ?

Pourtant, écrivant au pasteur Pfister, il formulait en 1910 un souhait qui prend dans l'après-coup valeur de dénégation, tant il paraît opposé à ce qui se réalisa dans les dernières années de son existence :

> « C'est pourquoi, tout en me soumettant au destin, comme il convient à un honnête homme, je formule cependant une secrète prière : surtout, pas de longue maladie, pas de misère physique qui paralyse mes facultés de création. »

Souhait déniant probablement la réalité de son désir inconscient, puisque Freud, en fumant, provoqua au contraire l'intensification de sa longue souffrance. Paradoxalement, seule la menace d'une mort brutale d'origine cardiaque lui fera mettre un frein à sa passion tabagique. Cette évidence est soulignée par Max Schur, scribe de la maladie de Freud et dans son récit apparaît clairement la relative indifférence de Freud face aux effets du tabac sur son mal, contrastant avec l'angoisse provoquée en lui par toute atteinte cardiaque :

> « En septembre 1932 nous pûmes voir de nos propres yeux comment une zone indemne se transformait en l'espace de quelques jours en lésion d'apparence suspecte. Cette fois il fallut procéder à une plus large excision. Le rapport de Erdheim soulignait le caractère inflammatoire étendu provoqué par la nicotine. Cela faisait la quatrième opération en sept mois ! J'exposai la situation à Freud en lui montrant le rapport de Erdheim et l'exhortai à ne plus fumer. Il haussa les épaules avec un geste de la main qui lui était caractéristique et rejeta ma suggestion. Comme je l'ai dit, il aurait accepté toutes les restrictions de tabac si elles avaient été motivées par des troubles cardiaques ; mais il n'en était pas question quand il s'agissait d'une lésion risquant de devenir maligne. Le "cœur" représentait à ses yeux un danger immédiat, mais les lésions de la bouche et leur rapport avec le tabac le laissaient indifférent. »

> « Le 5 septembre 1933 Pichler procéda à une électrocoagulation limitée. Immédiatement après avoir regagné sa maison de vacances... Freud eut une légère crise avec tachycardie et légère douleur précordiale... Pendant cet épisode et dans les semaines qui suivirent, il ne fuma pas. Le cœur, la tension artérielle et la circulation demeurèrent normaux. Quant à sa bouche, il en souffrit moins pendant un mois mais l'abstinence fut pour lui une rude épreuve. Quand il reprit son travail, il recommença à fumer. »

Pour Freud, choisissant le destin de Prométhée, il n'est pas question d'être foudroyé : comme le Titan, il veut être dévoré.

Le foie, siège des passions pour les anciens, fut le lieu de la punition du héros mythologique ; chez Freud, en revanche, le siège de la parole, objet privilégié de la psychanalyse, se verra condamné à une lente destruction. Il participera activement à cette dégradation, se montrant même prêt à accélérer son supplice, maintenant sa volonté face aux remontrances médicales, ainsi que le souligne Schur :

> « Le rapport histologique ne révéla cette fois encore aucune malignité... il donnait une excellente description de la lésion typique, soulignant son caractère précancéreux et le rôle étiologique de la nicotine. Mais Freud haussa les épaules devant cette "condamnation de la nicotine". »

Est-ce l'ampleur de sa découverte, révolution copernicienne dans le monde de la connaissance, qui fit naître chez Freud ce souhait d'une longue agonie ? On est en droit de se le demander au vu de sa correspondance, quand à plusieurs reprises l'évocation d'une trouvaille scientifique inégalée s'y associe à l'idée de la gloire posthume de son auteur. Lorsque Fliess pense avoir trouvé les lois régissant la fécondité féminine, Freud lui propose de l'accompagner pour choisir avec lui l'emplacement futur de sa statue, puis lui demande s'il a déjà jeté son dévolu sur un marbre particulier, afin d'y graver son nom. De la même manière, après la parution de la *Traumdeutung*, l'idée s'impose à lui de la trace qu'il laissera après sa mort et c'est encore l'image du marbre – de l'inscription, mais aussi du tombeau – qui lui vient à l'esprit :

> « Crois-tu vraiment qu'il y aura un jour sur la maison une plaque de marbre sur laquelle on pourra lire : "Ici se révéla le 24 juillet 1895 au Dr Sigmund Freud le mystère du rêve" ? L'espoir en reste bien faible jusqu'à ce jour. »

Le savoir, par essence, est pour l'homme l'objet d'une conquête. Sa parole même l'a divisé, créant en lui une part inconsciente, faite précisément de parole, c'est ce que Freud nous a enseigné. En ce sens, toute trouvaille, comme le dira Lacan, est retrouvaille d'un savoir perdu, tombé sous la barre du refoulement et exigeant du sujet un forçage pour réapparaître à sa conscience. C'est pourquoi chez l'être parlant tout apprentissage est sujet à des aléas, difficultés ou impossibilités, les liens tissés avec la dimension inconsciente l'attirant toujours vers ces régions inexplorées de sa propre personne.

Dès lors, on peut imaginer pourquoi la découverte de Freud exigea de lui un effort doublement surhumain, se heurtant à la fois à des résistances psychiques intérieures, du fait du refoulement, et extérieures, de la part d'une société non préparée à cette rupture dans l'histoire de la pensée. Ce que chacun ignorait par nature, Freud l'exhumait pour le mettre à la disposition de tous et, sans doute conscient de cette effraction, il accepta le châtiment et supporta avec une remarquable résignation la menace de mort planant sur lui des années durant.

Max Schur, témoin troublé des dernières années de la vie de Freud, ne peut manquer de s'interroger à ce sujet. Ce franchissement d'un interdit, touchant à la masturbation comme au domaine de la connaissance, pourrait être assimilé selon lui à une sorte de « péché originel » dont Freud eut à acquitter le prix. Une lettre à Fliess de 1899 développait déjà ce lien pouvant s'établir entre symptôme, châtiment et masturbation :

> « Un symptôme apparaît là où une pensée refoulée et la pensée refoulante peuvent coïncider dans un accomplissement de désir. En tant que châtiment, un symptôme, par exemple, est l'accomplissement de désir de l'idée refoulante alors que l'auto-punition constitue le substitut final de l'auto-satisfaction, qui dérive elle-même de la masturbation. »

Cette lettre a inspiré à Schur la remarque suivante, s'appuyant également sur le fait que sexualité et connaissance sont associées par nature à la notion de péché originel :

> « Pour Freud la masturbation n'est donc pas seulement le "besoin primitif" mais aussi le "péché originel". Freud pensait-il être puni de son besoin du tabac – dérivé selon lui du "besoin primitif"? Dans un autre ordre d'idées, pensait-il que son "tyran intérieur", la pulsion qui le faisait progresser dans son travail, punissait l'audace avec laquelle il révélait les secrets de l'esprit ? »

Amené logiquement par cette réflexion à imaginer la maladie de Freud comme punition de sa découverte – annoncée vingt-quatre années auparavant avec la métaphore du « néoplasme » – Schur hésite devant l'ampleur d'un tel mécanisme inconscient et se décide pour un compromis :

> « Je ne suis pas de ceux qui croient que l'inconscient "sait" quelque chose d'une maladie qui ne se déclarera que vingt-quatre ans plus tard. Et je ne pense pas non plus que le cancer de Freud ait été la conséquence directe d'un sentiment de culpabilité né de ce "péché originel" ou de tout autre. Mais je crois, en revanche, que Freud, en un certain sens, n'a jamais oublié cette métaphore et que ceci éclaire d'un jour nouveau et tragique certaines des expressions qu'il a employées durant la dernière année de sa vie. En fin de compte, Freud s'est réellement "puni": si ce n'est pas un sentiment de culpabilité qui est à l'origine de son cancer, il reste que Freud, en persistant à trop fumer, a contribué au développement de sa maladie. »

Fumée-connaissance-masturbation : ainsi se tresse une nouvelle chaîne symbolique dont les trois termes frappés d'interdit sont à différents niveaux générateurs de culpabilité et porteurs de l'idée de châtiment.

Mais cette culpabilité attachée à une découverte vécue comme péché originel ou effraction, se trouve de ce fait même reliée à une autre dimension, dont Freud nous donne une indication dans une lettre à Fliess, datée de février 1899 :

> « Et Shakespeare a dit : "Tu dois une mort à la Nature." J'espère que l'instant venu, il se trouvera quelqu'un pour me traiter avec plus d'égards et pour me dire à quel moment je devrai me tenir prêt. Mon père le savait clairement et, sans en parler, a conservé jusqu'à la fin sa belle sérénité. »

Cette lettre évoque à la fois la dimension de la dette, une mort « due à la nature » et l'appel identificatoire constitué par la mort du père. Freud, au travers de la théorie psychanalytique, nous a enseigné la notion d'un savoir en rapport avec la figure paternelle. Il nous a permis de comprendre la raison de l'échec de nombreux névrosés dans ce domaine, craignant de dépasser une image du père porteuse d'interdit. Car l'inévitable identification paternelle n'empêche pas celle-ci de se révéler contraignante, voire inhibitrice.

Ayant comme chacun traversé cette expérience, Freud l'a décrite avec sa rigueur habituelle. Un texte intitulé « Un Trouble de Mémoire sur l'Acropole » (qui se révèle être plutôt un trouble de perception), inclus dans une lettre de 1936 à Romain Rolland, en donne la description la plus fine. Freud y relate un voyage effectué en compagnie de son frère cadet, au cours duquel un contretemps imprévu leur donne à tous deux l'occasion de se rendre à Athènes. Le projet de cette rencontre inespérée avec l'Acropole, à la surprise de Freud, les rend plutôt maussades et lorsqu'enfin ils se retrouvent au pied du Parthénon, embrassant du regard la capitale grecque, Freud ne peut se défendre d'un sentiment d'irréalité, proche d'une « inquiétante étrangeté ». Ce sentiment, il le rapproche du *too good to be true*, responsable de nombre d'échecs « dus au succès », qui peuvent, dit-il, se traduire par : « Je ne suis pas digne d'un tel bonheur, je ne le mérite pas ». Il ne tarde pas à associer cette formule avec l'idée qu'en sa jeunesse il n'aurait jamais pensé aller si loin, « faire si bien son chemin ». Cette pensée le mène, aussi sûrement que l'histoire d'Athènes « mène à l'idée de supériorité des fils sur les pères », à l'image paternelle et au sentiment de culpabilité :

« Il faut admettre qu'un sentiment de culpabilité reste attaché à la satisfaction d'avoir si bien fait son chemin : il y a là depuis toujours quelque chose d'injuste et d'interdit. Cela s'explique par la critique de l'enfant à l'endroit de son père, par le mépris qui a remplacé l'ancienne surestimation infantile de sa personne. Tout se passe comme si le principal, dans le succès, était d'aller plus loin que son père, et comme s'il était toujours interdit que le père fut surpassé. »

Sentiment de culpabilité renforcé du fait de la réussite « injuste et interdite » de Freud, venant mettre en échec une prédiction paternelle restée vive pour lui, dans ses souvenirs d'enfance. Jacob Freud, surprenant le petit Sigmund, alors âgé d'environ six ans, en train d'uriner sur un tapis, lança dans sa colère une sentence restée imprimée dans l'esprit de son fils :

« Mon père remarqua dans le sermon qu'il me fit : "Ce garçon n'arrivera jamais à rien !" Cela dut être une terrible mortification pour mes ambitions, car des allusions à cette scène reviennent constamment dans mes rêves et elles se combinent régulièrement avec une énumération de mes exploits et succès, comme pour dire : "Tu vois, j'arrive à quelque chose." »

L'érotique urétrale si bien décrite dans « Sur la Prise de Possession du Feu » a poussé le jeune Freud à uriner sur un tapis de façon provocante, puis, après la semonce paternelle, à ne pas limiter ses ambitions et à occuper une place centrale dans l'histoire des sciences humaines. En suivant la logique de ce texte, on peut considérer cet incident comme étant le premier stade du mécanisme archaïque décrit par Freud : l'extinction du feu par le plaisir urétral, équivalent d'une joute entre rivaux, à tonalité homosexuelle. Le renoncement pulsionnel qui a mis fin pour Freud à cette irrésistible tentation l'a amené à une conquête du savoir, s'inscrivant dans une équation symbolique dont nous connaissons maintenant plusieurs termes : jet d'urine-ambition-écriture, flamme-connaissance-notoriété.

Ainsi, Freud a fait mentir son père et ses rêves le lui reprochent constamment car il ne fait aucun doute que le petit Sigmund est « arrivé à quelque chose » surpassant de loin, dans sa réussite, le modeste commerçant de Freiberg. Mais qu'a-t-il fait de la culpabilité qui en a résulté ? N'a-t-elle provoqué qu'un trouble de mémoire sur l'Acropole ?

Constituant pour Freud un instrument de plaisir mais aussi de destruction, le tabac est en position privilégiée comme objet permettant d'étancher la culpabilité envers le père. Il n'en représente cependant pas moins un trait identificatoire, clairement désigné comme tel dans sa réponse au questionnaire sur les grands fumeurs :

> « Mon modèle en cela a été mon père qui fut grand fumeur et l'est resté jusqu'à l'âge de quatre-vingt-un ans. »

Souvenons-nous maintenant du rêve « On est prié de fermer les yeux », directement en relation avec la mort de Jacob Freud. Nous avons vu comment ce rêve a mis en scène pour Freud un aspect de sa relation transférentielle à Fliess, occupant une position paternelle. La phrase clef qui en constitue le centre est, nous l'avons vu, une formulation dérivée d'un « Interdit de fumer » affiché dans les halls de gares, et prend de ce fait la tonalité d'un avertissement, comme le fait remarquer Didier Anzieu, dans *L'Auto-Analyse de Freud* :

> « Défense de fumer, si l'on ne veut pas user prématurément son cœur et mourir jeune [...] maintenant que mon père est disparu, ce sera désormais à mon tour de mourir... »

La mort de son père, écroulement d'un dernier rempart, laisse Freud solitaire face à la question de la mort. Le rêve occasionné par cet événement trouve alors dans sa surdétermination une nouvelle issue. Au-delà de son adresse à Fliess, il fournit une indication à propos d'un choix inconscient qui exercera ses effets sur Freud des années plus tard : fermant les yeux sur cet avertissement, c'est au tabac – objet du père – qu'il confiera le rôle d'instrument de sa propre destruction.

L'identification de Freud à son père ne se limitera pas au trait tabagique. De façon symbolique, il lui empruntera également une caractéristique de sa dégradation physique. Dans la description de la mort de Jacob il est en effet troublant de noter chez Freud des formules que l'on retrouvera sous sa plume quand il s'agira d'évoquer sa propre détérioration par la maladie. En 1896, il écrit à Fliess :

« Mon père est sur son lit de mort. Il perd parfois la tête et se rétrécit régulièrement jusqu'à la pneumonie et à une date fatale. »

Métaphore du rétrécissement qu'il utilisera à son propos une première fois en 1909 dans une lettre à Oscar Pfister :

« Par bonheur, je ne suis plus aussi nécessaire et je puis me permettre de racornir jusqu'à devenir un ornement ; il y a là peut-être un peu de Providence. »

Le thème du racornissement se manifestera encore, avec l'humour habituel de Freud, lorsque déjà très malade il écrira :

« Je vais fourrer ce qui reste de moi dans des vêtements. »

Et c'est cette image enfin qui s'imposera à lui quand, à l'orée de la mort, il choisira pour dernier livre de chevet *La Peau de Chagrin*, d'Honoré de Balzac. Dans la justification de ce choix auprès de Max Schur il retrouvera, sur la fin de sa vie, le mot qui lui servit en 1896 à décrire son vieux père mourant :

« C'était juste le livre qu'il me fallait ; il parle de rétrécissement et de mort par inanition. »

Trait d'identification et instrument d'auto-destruction, le tabac est donc relié sur ces deux versants à la figure paternelle, génératrice de désir de dépassement en même temps que de culpabilité. Il aura tout au long de la vie de Freud le double avantage de lui permettre à la fois un triomphe dans la rivalité (par son aspect stimulant sur son travail théorique) et l'accomplissement du châtiment auquel aspire sa culpabilité (par l'intensification de sa maladie). L'ampleur de ce sentiment chez Freud n'a d'égale que l'ampleur de sa découverte, lui faisant franchir avec audace des interdits psychiques et sociaux extrêmement sévères.

C'est sans doute pourquoi l'on verra le vieil homme affaibli par ses multiples interventions, une prothèse remplaçant une grande partie de son palais, continuer de fumer avec une obstination qui impressionnera son entourage. « Le Monstre » lui-même, à l'origine d'une gêne permanente mais permettant à Freud de continuer de fumer ne sera, de ce fait, que très peu soumis à son ambivalence. Un seul acte manqué révélera une intention agressive à l'égard de sa prothèse, ainsi qu'en témoigne Max Schur :

> « Novembre 1937 : c'est à peu près vers cette époque que Freud cassa, pour la première et dernière fois, la prothèse en la laissant tomber ! Cet acte manqué l'embarrassa et je lui fis remarquer que je m'étais souvent demandé pourquoi cela ne s'était pas produit auparavant. »

Divisé par cet objet qui le relance dans son élan vers le savoir, jouissant et angoissé, sur le terrain de sa passion tabagique Freud ne cédera jamais sur son désir.

20

La cigarette de l'Ange

AUTREFOIS, AU REX, on pouvait fumer. Une affiche sur la façade annonçait cette particularité et je choisissais cette salle, de préférence à d'autres, quand l'envie me prenait de voyager. Au dos de chaque siège était accroché un petit cendrier et les volutes du tabac soufflées par les spectateurs s'envolaient du parterre vers le ciel artificiel, parsemé d'étoiles, où voguaient des nuages. On s'embarquait alors pour une véritable traversée à bord de cette salle avançant sous la voie lactée au rythme inexorable d'un paquebot. Appel au rêve, elle abritait une mystérieuse cité imaginaire, aux villas hispano-mauresques peuplées de meubles et de statues, sur lesquelles venait s'appuyer la voûte scintillante.

Ce décor existe encore, le Rex n'a pas fait naufrage comme l'extravagant Gaumont-Palace aux six mille places, on peut encore y rêver dans la nuit traversée de nuées, à cette différence près que l'on n'y fume plus. J'ai pleuré quand on a détruit le cinéma géant de la place Clichy et j'ai regretté que les règles de sécurité ou la pression des non-fumeurs aient supprimé les petits cendriers du Rex.

Bien sûr, je continue de m'y rendre : je ne connais pas un amateur de cigarettes qui renoncerait à un film sous prétexte que la salle est non-fumeurs. Ma passion du tabac ne va pas jusque-là, l'opportunité d'un autre plaisir peut me faire oublier mon vice quelques heures. Mais si d'aventure l'occasion se présente, dans l'un de ces cinémas de plein air qui fleurissent parfois aux beaux jours, je ne manque pas de tenter cette expérience singulière, comme autrefois dans le lieu magique des Grands Boulevards. Alors deux illusions se conjuguent, entrant en résonance, la rêverie éveillée proposée par le tabac venant s'ajouter au mirage de la projection, jusqu'au vertige.

Il semblerait que le cinéma entretienne des rapports intimes avec le tabac. Est-ce simplement parce que l'un comme l'autre appelle au déploiement de l'imaginaire ? Depuis le *Sunset Boulevard* de Billy Wilder je ne peux me représenter le faisceau lumineux du projecteur sans que viennent y danser les spires et les volutes échappées d'une cigarette. Sur la toile blanche comme sur l'écran de fumée, devant mes yeux qui veulent en être les dupes, dansent des ombres. Les unes appartiennent à la mythologie du cinématographe, mises en mouvement par une illusion d'optique, les autres sont libérées par ma pensée tournant en roue libre, cherchant à deviner des figures dans les nuages. Je peux difficilement imaginer les silhouettes de ces créatures chimériques, dont les portraits signés Harcourt ornaient le hall de nos cinémas de quartier, sans leur indispensable prolongement. Au bout des doigts de Marlène Dietrich, vissé aux lèvres d'Humphrey Bogart, alternant avec un verre de whisky entre les mains nerveuses de Gena Rowlands. Et gageons que dans l'ombre du Rex d'autrefois ces acteurs mythiques déclenchaient, à chaque nouvelle cigarette, l'apparition d'une myriade de points incandescents. Alors, la voûte céleste de la grande salle devenait le reflet du parterre, un rêve de cinéphile projeté dans les étoiles.

L'image de la cigarette favorise l'identification du spectateur aux personnages à deux dimensions qui peuplent l'écran. Le cinématographe, cette invention « sans aucun avenir », comme disaient les frères Lumière, est né à l'époque où la psychologie faisait ses premières armes, puis a connu ses plus grands succès quand le discours psychanalytique (dont l'avenir a également paru douteux) s'est vulgarisé. Les scénaristes, prenant en compte l'existence de l'inconscient, ont fait acquérir aux créatures issues de leur imagination une troisième dimension, une épaisseur serait-on tenté de dire : elles sont devenues plus humaines et donc plus fragiles. Leurs gestes autrefois si sûrs ont commencé à les trahir, une fêlure leur est apparue, les menaçant dans leur intégrité et, souvent, c'est une cigarette à leur main qui s'est chargée de nous en dévoiler le sens. Un paquet sorti nerveusement de la poche nous a désigné un coupable, le tremblement d'une cigarette portée aux lèvres a eu raison d'une fausse assurance, un nuage de fumée envoyé comme un baiser nous a révélé la naissance d'un lien amoureux. À la dimension du plaisir s'est ajoutée celle de l'angoisse, la prestance a laissé transparaître le malaise, l'indifférence la séduction, le tabac a projeté sur l'écran une fumée équivoque, noyé silhouettes et caractères dans un brouillard propice à toutes les ambiguïtés.

Lorsque j'allume une cigarette, je retrouve une de ces équivoques soulignées par le cinéma. Cet objet censé m'apporter une satisfaction me divise aussitôt, mon désir face à lui me devient étranger. Puis-je seulement savoir ce qui me pousse à ouvrir le paquet qui gît au fond de ma poche, ce paquet ouvert par mes soins selon un rite précis et dont je ne laisserai à personne le soin de déchirer l'enveloppe ? Je manifeste par là que cet objet est ma propriété, il fait partie de moi. Et pourtant, sur quel adulte fascinant mon regard d'enfant a-t-il prélevé ce trait ? Puis-je repérer à qui mon geste fait référence ? Est-ce un parent ? un proche ? ou l'image en noir et blanc d'un héros hollywoodien ? Cette première identification, Freud l'a remarqué, porte sur un point précis, elle est selon lui :

> « … partielle, extrêmement limitée et n'emprunte qu'un trait à la personne objet. »

Un long chemin me reste à parcourir pour retrouver celui ou celle à qui j'ai emprunté ce trait unaire, incandescent et parfumé, porte ouverte à une identification. Freud, en ce qui le concerne, l'a clairement reconnu : la passion du tabac était liée chez lui à l'image paternelle.

À partir de là, a commencé la série interminable des cigarettes, dont je ne peux plus tenir le compte. Des marques aussi, car on ne fume pas les mêmes cigarettes à l'adolescence qu'à la cinquantaine et chaque période de ma vie a vu atterrir au fond de ma poche un paquet différent. Mais cet accessoire nécessaire, dès que je fus en âge de fumer, a accompagné chacun de mes gestes et je m'imagine difficilement sans une cigarette à la main. Bien sûr, il y a les indispensables, celles à propos desquelles la question n'a même pas à se poser, se mariant naturellement avec le plaisir de la fin du repas, accompagnant le mouvement de la cuillère dans le café ou couronnant l'achèvement d'une tâche. Mais il y a les autres, celles dont mon geste inconscient va chercher le réconfort et que je retrouve, presque à mon insu, pendues à mes lèvres.

Face à un paysage émouvant ou dans un lieu invitant à la contemplation, je porte une cigarette à ma bouche, afin de mieux jouir de ce qui se présente à mes yeux. L'expression « embrasser du regard » me vient à l'esprit dans ce moment où j'ai le sentiment de fumer ce que je vois. Je peux alors reprendre possession de cet univers, autrefois appréhendé par mes lèvres avides de nourrisson. C'est un mouvement rétrograde, visant à réincorporer ce que l'évolution m'a permis de mettre à l'extérieur de moi, signalant, s'il en était besoin, une nostalgie restée vive de ces moments d'illusion fusionnelle. La fumée à peine palpable pénétrant alors dans mon corps est bienvenue pour signifier une pensée, une vision, un sentiment. Son caractère immatériel la range à la fois du côté de la chose et de ce qui la représente.

Lorsque le temps m'est compté je trouve toujours l'opportunité d'allumer une cigarette, et la fumée rend alors tangible cette dimension, donnant là encore consistance à l'insaisissable. Car le temps résiste à la représentation, peut-être simplement du fait qu'il est au principe même de la parole s'essayant à le signifier. La phrase lui doit doublement son sens, à la fois direction et signification. Mais l'anneau de feu qui doucement dévore le corps de papier de ma cigarette décompte la durée de ma jouissance, la matérialise. Autrefois, mon corps contenait le temps, rythmé par mes besoins naturels, par l'intervalle entre deux apparitions du sein maternel, parenthèse entre veille et sommeil, entre présence et absence de l'être aimé. C'est lorsque j'ai grandi qu'il a commencé à m'échapper. Par la grâce du tabac je peux de nouveau tenir quelques minutes au bout de mes doigts cette quatrième dimension dont je sais qu'elle me précipitera sûrement vers la mort : elle devient alors pour moi l'espace entre deux cigarettes, voire la parabole qui se développe entre le moment délicieux de la première bouffée et l'instant amer de l'écrasement du mégot.

C'est, semble-t-il, dans les moments de contemplation, moments où le regard absorbe, que la cigarette remplit le mieux sa fonction de satisfaction orale. Elle fournit à l'incorporation, mécanisme psychique décrit par Freud puis par Mélanie Klein, un instrument idéal. Fantasmatique mais doté d'un léger poids de réel – l'impondérable poids de la fumée – l'objet regardé, associé à la cigarette, pénètre en nous et dans le même temps cette activité provoque sa destruction, sous la forme de déchets régulièrement déposés dans le cendrier.

Dans certaines circonstances, bien des fois j'ai regretté l'absence de mon paquet réconfortant. Non point tant pour le plaisir d'inhaler sa douce fumée que pour avoir quelque chose en main. Pour la beauté du geste, en quelque sorte. Les enquêtes sur le tabac en témoignent d'ailleurs : ce qui manque le plus à ceux qui courageusement ont choisi d'arrêter de fumer, ce n'est pas la saveur, mais le geste. La contenance qu'apporte une cigarette au bout des doigts, l'aisance apparente et l'élégance conférées à la silhouette par cet objet sont indéniables, mais suffisent-elles à expliquer l'irrépressible besoin qu'elle suscite ? Comment ne pas penser à ce que Freud en a dit, au lien inconscient qu'il a tracé entre l'acte de fumer et la masturbation ? « Besoin primitif », c'est ainsi qu'il a nommé cette activité solitaire, sans doute en raison de son caractère universel, toujours pratiquée, rarement avouée. Il en a souligné le caractère coupable, angoissant, lié au conflit œdipien. Mais il ne faut pas pour autant oublier que la masturbation, source d'angoisse, est aussi un moyen primitif de lutte contre celle-ci. S'agit-il dans ces moments douloureux de s'assurer de la présence de cet appendice menacé, ou de dévier la tension en la transformant en excitation ? Toujours est-il que chez l'enfant en bas âge ou chez l'adulte souffrant de troubles psychiques importants, une activité masturbatoire sans inhibition se manifeste face à des situations angoissantes. Dans cette perspective, devons-nous accorder crédit à la légende selon laquelle, à une époque pas si lointaine, les nourrices avaient pour habitude de masturber les enfants dont elles avaient la garde afin de les apaiser pour la nuit ?

Si l'on suit la logique freudienne on ne s'étonnera donc pas que des circonstances anxiogènes puissent provoquer chez le banal névrosé, de façon dérivée, ce geste fébrile de recherche, d'allumage et de consommation de la cigarette. Aussi pénible que me soit cet aveu, c'est sans doute un phénomène de cet ordre qui advient lorsque, au cours d'une réunion mondaine ou face à des inconnus, je fouille fébrilement dans les poches de ma veste à la recherche de l'objet rassurant.

La cigarette ne m'apporte pas uniquement son secours dans l'épreuve. Face à l'objet aimé, elle me parvient souvent instinctivement aux lèvres, comme complément au bonheur de la rencontre. Une chanson a d'ailleurs célébré ce moment : *La cigarette après l'amour*. N'est-elle pas, en effet, la plus jolie façon de matérialiser un soupir, qu'il soit d'aise ou de soulagement ? Cependant, dans ce moment de rencontre, la cigarette a également pour fonction de tenir l'autre à distance, cet autre dans lequel la tentation est grande de s'abolir. Écran protecteur, boucle narcissique permettant un retour sur soi-même, l'activité autoérotique du fumeur le rassure sur son intégrité menacée. Mais quelle ambivalence dans ce panache de fumée projeté au visage de l'autre, soufflet ou message d'amour selon le contexte ! Peu d'objets possèdent de fait une image aussi contrastée, favorisant l'expression d'affects contradictoires, dont Freud, encore lui, a démontré qu'ils étaient l'essence même des sentiments humains.

Le simple fait de fumer une cigarette précipite en quelques instants le passage de l'oral à l'anal, de l'allumage, semblable au baiser, à l'extinction, proche de la défécation. De la même façon, le fumeur peut être vécu par certains comme un modèle de convivialité distribuant généreusement son objet de plaisir, ou au contraire ressenti par d'autres comme un propagateur de substances nocives et d'odeurs nauséabondes, mettant en péril la santé de son entourage. Par nature, et dans ses paradoxes même, l'objet tabac entre en résonance avec ce qui fait la caractéristique de notre fonctionnement psychique inconscient : mieux que d'ignorer la contradiction il s'en fait l'incarnation !

Sur le chemin de l'Œdipe l'activité masturbatoire nous mène tout naturellement à la question de la castration. Cette dernière est le pivot de ce complexe, le garçon y entrant par où la fille en sort. Pour le premier, les traces de cette douloureuse épreuve auront pour nom angoisse de castration, pour la seconde, *penisneid*, l'envie de pénis. Bien des occasions dans la destinée de chacun des deux sexes réveilleront ces cicatrices mal refermées et le besoin d'un objet substitutif se fera alors ressentir, dérisoire sans doute, et bien éloigné de l'objet originel, mais permettant durant quelques instants de se réconforter en s'assurant de la présence, au bout de soi, d'un prolongement visible par tous. Ce tison enflammé volé aux dieux par Prométhée, c'est le phallus. Freud l'a déchiffré ainsi :

> « Que la flamme apparaisse au sens mythique comme phallus ne peut être mis en doute... »

Le destin de l'inventeur de la psychanalyse, moderne Prométhée, ressemble en bien des points à celui du héros mythologique. Le tabac, trait emprunté à la figure paternelle et lui facilitant l'élaboration de sa théorie a permis à Sigmund de dépasser Jacob, avec toute la culpabilité restée attachée à cette victoire dans la rivalité. La découverte de la psychanalyse, apport aux humains d'une trouvaille fondamentale, véritable révolution dans le savoir, peut bien être comparée à la transmission du feu, d'autant que pour Freud elle se fit cigare en main. Quant à la maladie le rongeant des années durant, provoquée et aggravée par le tabac, il est tentant de l'entendre comme prix à payer pour cette effraction, délogeant l'homme de sa position de maître en la demeure. Comment, dès lors, ne pas rapprocher la mâchoire de Freud du foie de Prométhée ?

Ne peut-on, en suivant cette logique, affirmer que chaque fumeur reproduit à sa façon l'exploit de l'un de ces titans, Freud ou

Prométhée ? Sans doute, si l'on pense que la conquête du tabac se fait d'abord sous la forme d'un larcin, d'un plaisir dérobé à l'autorité parentale, puis se prolonge en permettant au fumeur de prouver sa maîtrise par l'exhibition au monde de ce feu domestiqué, enfin, peut-être, trouve son achèvement dans le risque du châtiment, la menace que chaque inspiration de ce produit toxique représente pour la santé apportant un surplus de jouissance.

Cet objet de complétude, face auquel, fumeurs ou non, nous avons à nous situer, ce tison, ce prolongement de soi, c'est la cigarette, tout simplement. Blonde, brune ou rousse, comme une femme. Tout petit cylindre incandescent promené au bout des doigts, minuscule trait considéré par certains comme effraction et qui fait aujourd'hui fraction, divisant la société en deux espèces, s'ajoutant de nos jours à la division fondamentale que constitue la différence des sexes. Objet moderne, sans lequel certains gestes resteraient inachevés, certaines silhouettes amputées. Version contemporaine de l'éventail, du réticule, de la bourse, de la canne, de l'une de ces prothèses dont l'humanité n'a jamais pu se séparer et qui a pris différentes formes au fil des siècles. Sans doute un effet de cette incomplétude livrant l'homme au monde, du fait de sa naissance brutale, dans un état de tragique prématuration, fragile petit d'homme qui ne peut subvenir seul à ses besoins, sa vie tenant à un fil tendu entre lui et cet objet sans lequel il n'est rien.

C'est une chose ou c'est un autre, ou la chose d'un autre, parfois une chose en place d'autre, parfois un autre utilisé comme une chose, ou autre chose. Mais même à cela il ne se laisse pas réduire, cet objet complexe, ce quelque chose bien différent d'une chose et toujours dans l'ombre d'un autre. Nécessité intime, il est protéiforme : objet d'amour, de désir, de répulsion, objet transitionnel, contra-phobique, objet de ressentiment, de sollicitude, de jouissance, de convoitise, objet de tous nos vœux ou de notre curiosité. Complément de notre corps, il peut, lorsque nous le serrons sur notre cœur, figurer le « plus » venant tenter de combler le « moins » attaché à notre condition d'être parlant.

Pourquoi le « moins » ? Parce qu'une part de nous-mêmes nous échappe à jamais, divisés que nous sommes par cette opération de la parole : cette part, la psychanalyse lui a donné pour nom l'Inconscient, le ça, l'Autre. Ensuite, parce que l'accession au langage se fait au prix d'une perte : dès l'origine, tombe un reste de l'opération signifiante, un objet précisément, ni tout à fait nous même ni tout à fait un autre. Cet objet cause du désir, nommé par Lacan objet (a), n'est pas unique : c'est le sein, demandé à la mère par l'enfant, ce sont les fèces, demandées à l'enfant par la mère, les deux constituant un espace intermédiaire, n'appartenant ni à l'un, ni à l'autre. Ainsi pourra-t-on ajouter à la série la voix, le regard, toujours séparables de nous, jamais propriété de l'autre. On y retrouve, mais en d'autres termes, certains de ces objets constituants les stades décrits par Freud : oral, anal, auquel il a ajouté le stade phallique, accession à la génitalité, marqué également dans sa théorie par la menace d'une perte, nommée par lui angoisse de castration.

Conséquence d'un renoncement ou fait de structure, selon que l'on se réfère à Freud ou à Lacan, la vie psychique de l'homme se trouve ainsi toujours placée sous le signe d'un objet perdu, dont la proximité l'angoisse mais dont il cherche le reflet. Ce reflet, bien des objets peuvent en être porteurs, mais ils se révèlent décevants et sont rapidement abandonnés, brûlés après avoir été adorés, pour être de nouveau remplacés par d'autres. Mais de cette série un objet se détache, doté de qualités particulières, objet phœnix renaissant sans cesse de ses cendres et apte à occuper toutes les places, abhorré par certains, élu par d'autres, mais jamais absent de notre fantasmatique : l'objet tabac.

Pour les uns l'abandon du sein se fera sans peine et l'épreuve du sevrage sera franchie allégrement. Mais c'est parfois pour mieux buter, dans un second temps, sur l'éducation sphinctérienne. Pour les autres c'est le contraire : alors qu'ils accorderont volontiers à l'objet anal sa place de déchet, le sein restera pour eux marqué d'une inguérissable nostalgie. Sur la route harmonieuse – et exceptionnelle – d'un développement sans heurt, l'objet oral et l'objet anal seront laissés sans regrets par certains, ou les deux seront pour d'autres le lieu d'un indéracinable attachement. Mais quels que soient leurs succès ou leurs échecs en ce parcours, tous ont rendez-vous avec l'angoisse de la perte du pénis, organe érigé à la dignité de phallus, signifiant de cet objet marqué pour les uns comme pour les autres d'un signe négatif. On ne peut mieux mettre les conséquences de cette expérience en exergue que ne le fit Freud, disant : « l'anatomie c'est le destin », ou Lacan énonçant : « la fille est sans l'avoir, le garçon n'est pas sans l'avoir ».

L'Histoire se souvient de l'expédition de Colomb et des trésors qu'elle rapporta. Le tabac fut le plus précieux d'entre eux, commençant à la fin du XVe siècle sa prodigieuse aventure, au moment où notre vieille Europe allait connaître sa Renaissance. Dans cette époque charnière se lançant à l'assaut des grandes découvertes, le monde en effervescence, en proie aux troubles d'une nouvelle naissance, accueillit avec joie le présent venu d'un autre monde. Le singulier objet au succès foudroyant avait l'avantage d'entrer en résonance avec son époque, en équilibre sur un fil ténu entre pensée magique et pensée scientifique, objet primitif hérité des sauvages du Nouveau Monde, avec son aura de sorcellerie et d'animisme, métamorphosé de l'autre côté de l'Atlantique en objet de la science médicale, aux vertus curatives et fortifiantes. Ainsi cette rencontre féconde fut placée d'emblée sous le signe d'un paradoxe, qui devait perdurer jusqu'à nos jours : le tabac, dès son apparition, fut considéré comme la meilleure et la pire des choses.

Objet inespéré parce que porteur de significations innombrables, sous la forme de la prise, de la chique, puis de la pipe, du cigare ou de la cigarette, le tabac n'est pas près de perdre sa place centrale dans l'économie psychique de l'homme. Protéiforme, il est, en effet, doté de ce privilège que peu de substances peuvent lui disputer : passe-partout du désir, il se propose toujours à notre satisfaction pour remplacer l'objet perdu. Que celui-ci soit oral, et le tabac viendra opportunément combler ce creux qu'une bouche avide souhaiterait remplir. Que l'objet soit anal, et le tabac occupera tout naturellement la place de déchet malodorant. Que l'angoisse de castration surgisse, et apparaîtra au bout des doigts du fumeur ce triomphant brandon, déni momentané d'une possible perte. Soutien du regard, de la voix, matérialisation du temps, il s'offre également à incarner les contradictions et les paradoxes dont l'inconscient n'est pas avare, ambivalence des sentiments, nouage étroit de l'amour et de la mort.

On comprend mieux en ce sens que l'addiction tabagique ne soit pas l'apanage d'une structure psychique particulière. Se brûlant au feu d'un signifiant devenu réel pour lui, le psychotique consumera sa vie au rythme de sa cigarette. L'obsessionnel s'en satisfera, tant par les rituels qu'il lui permettra que par la relation du tabac à la sphère anale, le phobique l'élira comme écran protecteur devant toute situation à éviter, l'insatisfaction de l'hystérique le brandira, si possible à l'extrémité d'un fume-cigarette.

Réfugié de nouveau dans l'ombre enveloppante d'une salle de cinéma, je regarde le rideau devenu transparent s'ouvrir sur le rêve. Marlène est juchée sur un tabouret, elle porte des bas noirs, un haut-de-forme, et sa silhouette provocante est nimbée d'un halo de fumée. Dans la salle brumeuse du cabaret, le professeur Unrat la regarde, il la dévore des yeux, ou plus certainement il est dévoré par cette image qui va bientôt le livrer aux flammes. Devenu le dernier des hommes, humilié, il couvrira sa tête de cendres. Le couvre-chef et le fume-cigarette, qui font de cette artiste de cabaret un être à qui rien ne manque, ne sont pas pour rien dans la fascination qu'exerce Lola-Lola sur le vieil homme.

Mais le pouvoir de la chanteuse ne s'arrête pas au professeur, il s'étend aux spectateurs dont je fais partie, réunis dans une salle du Quartier latin. Cette fumée échappée de sa bouche dans un univers tout de noir et blanc a pour moi une couleur : elle est bleue. Sans aucun doute la fumée de la cigarette de Marlène est bleue, la créature asexuée qui la projette devenant l'incarnation de cet objet qu'elle tient au bout de ses doigts, apte à se couler dans toutes les formes. Pour des générations de cinéphiles, le nom de Lola-Lola va se confondre avec celui du lieu où elle se produit, tant il convient à sa nature éthérée et vénéneuse. Ce soir, dans cette salle où l'on ne fume pas, me vient une conviction : la cigarette, impalpable objet du désir, c'est l'Ange Bleu.

21

Freud, la victorieuse bouche

La parole est l'unique instrument dont dispose la science psychanalytique, la découverte freudienne le revendique. Son auteur l'a révélé au monde en dévoilant la dimension de l'inconscient, lui-même structuré, selon la formule de Lacan, « comme un discours ». Ponctuée par les interventions de l'analyste, dans ce dispositif apte plus que tout autre à lui donner sa consistance, une parole se développe et produit en retour ses effets sur le sujet.

L'œuvre de Freud est une science de la parole qui valut à son créateur honneurs mais aussi épreuves. Comment s'étonner, dès lors, à la lumière de ses hypothèses sur la culpabilité, que le lieu de la parole soit devenu précisément pour lui celui de la souffrance ? Car c'est bien en ce lieu privilégié que va s'exercer son châtiment, rendant son élocution difficile et atteignant même le conduit auditif, provoquant chez lui une surdité quasi totale de l'oreille droite. Pour Freud, les deux fonctions essentielles à la pratique de la psychanalyse, parole et écoute, se trouveront mises en échec du fait de sa maladie.

Cette castration symbolique, que l'on devine insupportable pour le fondateur de la nouvelle science, il la rendra cependant quasiment réelle en demandant avec insistance que l'on pratique sur lui une intervention encore expérimentale à l'époque. Au début du siècle, en effet, l'action hormonale avait été reconnue comme ayant une influence sur le développement du cancer, mais il n'existait pas encore d'hormones injectables. La seule solution thérapeutique consistait donc en une ligature des canaux spermatiques, forme de castration que Freud demanda à subir en novembre 1923, ainsi que le relate Max Schur :

> « À l'époque on ne disposait pas encore d'hormones injectables. Comme on pensait que la formation du cancer était partiellement due au processus de vieillissement, la ligature des canaux spermatiques, appelée "opération de rajeunissement de Steinach" (Freud en avait mentionné les travaux dans *Au-delà du principe de plaisir*), était considérée comme un moyen de prévenir le retour de la maladie. Je me demandais qui avait pu conseiller cette opération à Freud jusqu'au jour où il me dit qu'elle avait été faite sur sa demande. »

Freud réclame cette castration, d'un poids aussi réel que symbolique, pour des raisons évidemment curatives et préventives. Mais on ne peut s'empêcher de repenser à la seule hypothèse théorique à laquelle il se soit livré à propos des pratiques du fumeur, les présentant comme un équivalent masturbatoire. Or l'angoisse de castration, née du conflit œdipien selon la théorie freudienne, se manifeste particulièrement autour des habitudes masturbatoires. Le danger réel dont parlait Freud est du côté de cette menace, toujours présente dans la vie psychique de l'enfant. Rappelons-nous la description qu'il en faisait dans son article « Le Clivage du Moi dans les Processus de Défense » :

> « ...Supposons donc que le Moi de l'enfant se trouve au service d'une puissante revendication pulsionnelle qu'il est accoutumé à satisfaire, et que soudainement il est effrayé par une expérience qui lui enseigne que la continuation de cette satisfaction aurait pour conséquence un danger réel difficilement supportable. »

Cette frayeur, nous disait-il, amène l'enfant à une solution de compromis au prix d'un clivage du Moi, ménageant les deux termes du conflit :

« C'est donc un conflit entre la revendication de la pulsion et l'objection faite par la réalité. L'enfant cependant... répond au conflit par deux réactions opposées, toutes deux valables et efficaces... Les deux parties en litige ont reçu leur lot : la pulsion peut conserver sa satisfaction ; quant à la réalité, le respect dû lui a été payé. »

Ce texte, sans doute influencé par la tabagie de Freud, nous laisse entendre que le « respect dû à la réalité » a été largement payé par son auteur, ce que l'on peut constater dans l'après-coup, à la relecture de ces lignes. La « puissante revendication pulsionnelle » que représenta pour lui le tabac, à mi-course entre l'activité masturbatoire et la conquête de la connaissance, lui fit rencontrer l'expérience de la maladie. Celle-ci lui enseigna « que la continuation de cette satisfaction aurait pour conséquence un danger réel difficilement supportable » celui de la castration et de la mort. Freud a alors répondu au conflit par « deux réactions opposées, toutes deux valables et efficaces » en clivant son comportement face au tabac, reconnaissant et déniant à la fois ses effets nocifs sur sa personne.

Peter Gay, dans sa biographie : *Freud, une vie*, a remarqué et tenté d'éclairer ce point :

« La jouissance que fumer procurait à Freud, ou plutôt son besoin invétéré, devait être irrésistible, car après tout, chaque cigare constituait un irritant, un petit pas vers une autre intervention et de nouvelles souffrances. Nous savons qu'il reconnaissait son addiction, et considérait le fait de fumer comme un substitut à ce "besoin primitif" : la masturbation. À l'évidence, son auto-analyse n'avait pas atteint certaines strates, et laissé irrésolus certains conflits. Son incapacité à renoncer aux cigares met en lumière cette disposition humaine, trop humaine, que Freud nomme savoir-et-ne-pas-savoir : pouvoir appréhender quelque chose par la raison, mais non pas en tirer les conséquences appropriées. »

« Savoir et ne pas savoir » est une position difficile à tenir, sacrifiant à la fois une part de réalité et une part du Moi. Ce sacrifice en a appelé un autre de la part de Freud et c'est sous la forme de la "livre de chair" dont parlait Shakespeare dans *Le Marchand de Venise* qu'il s'est acquitté de sa dette. Lésion de la zone où s'exerce la parole, accompagnée d'une forme de castration, atteintes réelles autant que symboliques, permettant à son insatiable appétit tabagique et épistémologique de continuer à se manifester. À ce prix, en effet, et pour reprendre les termes mêmes de Freud, « la pulsion a pu conserver sa satisfaction ».

La nature même de la découverte freudienne a mis en évidence la fonction de la parole, comme essentielle à la structuration de la psyché humaine. Si le dicton «Être puni par où l'on a péché » trouve ses racines dans quelque nécessité inconsciente – ce que Freud, à l'écoute du bon sens populaire, n'aurait pas contredit – on peut, en effet, constater que pour celui qui offrit aux humains la flamme de la connaissance volée aux dieux, le châtiment du pêché s'est manifesté dans la zone des satisfactions essentielles. Parler, fumer et manger, autrefois principales sources de plaisir, sont devenus dans les dernières années de la vie de Freud des activités sources d'indicibles souffrances, travail, « substance de travail » et « substance vitale » devenant, dès lors, des adjuvants inaccessibles.

Mais en dehors de la révolutionnaire « cure par la parole » offerte par Freud à l'univers du savoir, un autre élément le prédestinait-il à tirer parti – et à souffrir – de cette zone de jouissance ?

Sans doute, car la psychanalyse nous a appris à aller chercher au plus loin dans l'histoire du sujet les traits indentificatoires, les événements ou les signifiants-maîtres pouvant avoir eu un effet déterminant sur son futur destin d'adulte. En ce qui concerne Freud, peut-être faut-il aller chercher la réponse au-delà de ce qu'il a bien voulu nous confier de ses souvenirs d'enfance, dans l'élément le plus originaire qui soit : son inscription dans le symbolique sous la forme de son nom propre. Nous savons, depuis l'éclairage apporté par Lacan sur cette question, que le sujet, avant même sa venue au monde, trouve sa place dans l'ordre symbolique, ne serait-ce que sous la forme de son nom, signifiant destiné à le représenter. Tout signifiant en tant que tel est soumis aux règles de fonctionnement du langage et donc aux lois de l'inconscient, condensations, déplacements. Ces variations de sens ne sont pas sans effets – comme métaphores et métonymies – sur la structure même du sujet ou sur le réel de son corps.

Le signifiant du nom du père de la psychanalyse n'échappe évidemment pas à cette règle, « Sigmund Freud » contenant, en effet, des traits en rapport avec le lieu de la jouissance, de la découverte et des tourments de l'inventeur de la psychanalyse. Hilda Doolittle, fidèle patiente et peintre délicat de l'intimité de la cure, nous a fourni, dans son *Tribute to Freud*, un portrait sensible de celui qu'elle appelait « le Professeur ». Avec son sûr instinct de poète, elle a su interroger le nom de celui qui la délivra de ses angoisses :

> « Nous avons victorieux ou victoire, "Sieg", et l'unique voix, la voix, ou la parole, ou l'énonciation, "Mund", Sigmund… Il y avait de la musique dans chaque syllabe qu'il énonçait et il y avait de la musique implicitement dans son nom, la "Sieg-mund", la voix victorieuse ou l'énonciation. »
>
> « Sigmund, la voix chantante ; non, c'est réellement "Sieg-mund", la victorieuse bouche, ou la voix, ou la parole. »

Ajoutons à la « victorieuse parole », contenue dans le signifiant de son prénom, le patronyme même de Freud, sonnant en allemand comme *freude*, la joie. Rapprochons-le de pénibles souvenirs d'enfance évoqués par Freud, où, jeune garçon, il eut à souffrir de plaisanteries sur son nom de famille et de rapprochements ironiques entre « joie » et « filles de joie » (entre *freude* et *freudenmädchen*). Dans cette perspective, le signifiant « joie » a pu se rapprocher pour lui de « plaisir » et résonner d'un sens sexuel qui lui est resté ainsi attaché. Ainsi, le prénom (victorieuse bouche) et le nom (joie) de Freud se composeraient exclusivement de termes touchant à l'idée de victoire de la parole et de sexualité, thèmes fondamentaux et constitutifs de la psychanalyse.

Nous comprendrons peut-être mieux alors la relation établie à son insu par la « voix chantante » d'H.D. :

> « Je sais qu'il a eu une très grave rechute d'une ancienne grave maladie, quelque cinq ans auparavant ou à peu près, et qu'il a été de nouveau opéré de cette forme particulièrement pernicieuse de cancer de la bouche ou de la langue, et que par miracle (à l'étonnement des spécialistes viennois) il s'est rétabli. »

Ignorant le lieu précis de l'atteinte de Freud (palais et mâchoire), Hilda Doolittle pense, dans la logique de son intuition, que la maladie du « professeur » a touché une zone privilégiée, celle-là même qui lui a valu tant de victoires thérapeutiques par le pouvoir des mots : la bouche ou la langue. Dans sa clairvoyance de poète, elle ne se trompe pas car l'inventeur de la psychanalyse a bien été blessé dans l'organe de la parole.

L'homme qui a légué au monde une science encore aujourd'hui contestée, permettant à la parole de triompher de la maladie et ouvrant la voie au plaisir retrouvé, avait pour nom Sigmund Freud. Ce nom devenu si célèbre ne contenait rien de moins que les signifiants victoire, bouche et joie, liés symboliquement à sa découverte. En châtiment de ce qu'il a pu vivre comme une effraction, ouverture d'une nouvelle boîte de Pandore ou victoire coupable dans sa rivalité avec le père, un retournement symbolique a produit ses effets ravageants sur le corps du vieil homme, aidé en cela par le tabac. Ce retournement, qui ne peut étonner les familiers de la psychanalyse et de la logique de l'inconscient, a transformé sur la fin de sa vie la victoire de Freud en défaite : sa bouche empêchée s'est réduite au silence et la joie de sa trouvaille a laissé place en lui au tragique de la maladie et de la mort.

Da vide off, montez Christ haut,
fi lippe mort hisse, pâle mal,
crève n (a)...

22

Golder's Green

« D'ICI, IL VOUS SERA PLUS FACILE d'y accéder par le bus », me dit le libraire, « Hampstead est construit sur une colline, comme Montmartre, et si vous voulez prendre le métro, vous serez obligé d'en faire le tour pour trouver la station, c'est assez long ».

À ma question sur l'emplacement de l'urne de Freud, ce spécialiste de la littérature analytique a en revanche opposé un silence poli, il pouvait seulement m'indiquer le cimetière, pour le reste il ne savait rien. Tout comme la caissière du musée, qui s'était excusée de ne pouvoir me renseigner. Tous deux avaient même semblé trouver ma question incongrue, presque inconvenante.

Dans la belle maison de Maresfield Gardens, j'ai acheté le livre d'Hilda Doolittle, H.D. pour les Anglais, et je suis heureux de l'avoir trouvé car à Paris on m'a dit qu'il était épuisé. Là, dans ce lieu voué à la mémoire de Freud où l'on projette des films de famille restituant l'image d'un homme âgé et élégant étreignant ses petits-enfants et caressant affectueusement ses chows-chows, on entretient meubles, statuettes et cendriers mais on ne sait pas où se trouvent les cendres du maître de maison.

Elles ont pourtant une sépulture, on ne peut pas faire comme si elles s'étaient envolées dans un ciel glacé de Pologne, avec celles de ses sœurs. Dans une niche, sur une stèle de marbre avec son nom gravé, si mes souvenirs sont exacts. Je sais, moi, qu'elles reposent là, mêlées à celles de son épouse Martha, dans un cratère grec offert par Marie Bonaparte, un vase dont il a dit qu'il aimerait l'emporter dans sa tombe. Et cet objet lui sert maintenant de tombe. J'en ai même vu la photo, mais à la fin de quel livre ? Voilà, c'est cela qui m'échappe. J'ai feuilleté tous ceux de ma bibliothèque sans pouvoir le retrouver.

L'arrêt de bus se trouve face à la boutique d'un marchand de journaux. Sur la vitrine un farouche opposant au tabac a collé un panonceau, semblable à ceux indiquant un danger sur les armoires électriques. On y voit une tête de mort, noire sur fond blanc, un mégot coincé entre les dents, surmontant une inscription morbide et ironique : « *Death cigarettes sold here* ». J'entends un rire. Fumant comme moi en attendant l'autobus, une vieille femme a suivi mon regard et me lance :

« *Impressing is'nt it ?* ».

Nous commençons à échanger quelques mots, en anglais d'abord puis, rapidement, en français, une langue qu'elle pratique fort bien. Elle a vécu et travaillé à Paris de longues années, elle en garde la nostalgie. Avec son long visage et ses cheveux gris coupés à la Jeanne d'Arc, son imperméable mastic et ses chaussures de sport, elle ressemble à Anna Freud. Je lui demande ce qui l'a amenée en France.

« J'étais photographe, j'ai appris le métier auprès d'une très grande dame, Florence Imgard, vous la connaissez ? »

Je ne la connais pas, j'ose le lui dire.

« Une femme extraordinaire. Elle m'a vraiment tout appris durant ces années que j'ai passées auprès d'elle, elle photographiait Paris comme personne ! »

J'imagine la photographe en question sous les traits de Dorothy Burlingham.

Nous continuons notre conversation dans le bus. Avisant sur mes genoux le sac de plastique enveloppant le livre d'H.D. et portant le logo du Freud Museum (un graffiti téléphonique de

Freud lui-même, une sorte d'élément de frise grecque), elle me demande où ce dernier se trouve. Je le lui situe.

« Je sais qu'il a vécu ici, dans une maison toute proche, je me souviens très bien quand il est arrivé d'Autriche, juste avant la guerre, on en parlait dans tous les journaux, j'étais encore une petite fille. »

Derrière la vitre, sous un léger crachin, les fenêtres blanches et les façades de brique rouge défilent. La vieille femme s'absorbe un moment dans la contemplation des gouttes de pluie traçant leurs diagonales sur la vitre du bus, puis se penche vers moi pour me demander où je me rends. Je lui explique que je cherche la tombe de Freud et que c'est la raison de ma visite à Golders Green, j'ajoute que je ne sais d'ailleurs pas à quel arrêt descendre. À elle, du moins, ma recherche ne paraît pas surprenante.

« Les cimetières sont des lieux extraordinaires, les plus beaux jardins que l'on puisse trouver dans ces grandes villes » dit-elle, « À Paris j'allais souvent me promener au Père Lachaise, j'y venais pour déposer des fleurs sur la tombe d'une amie, une grande photographe, Florence Imgard, vous la connaissez ? »

Elle a déjà oublié. Ma promenade freudienne met décidément sur mon chemin des passantes habitées par une idée fixe.

La vieille dame m'indique la station qui dessert Golders Green, elle m'explique en détail le chemin à suivre pour parvenir au cimetière, « le cimetière juif », ajoute-t-elle. Un long trajet à pied m'en sépare encore, elle me souhaite bonne route mais quand je me retourne pour lui adresser un signe amical elle est déjà plongée dans la lecture de son journal.

J'arrive enfin face aux grilles. J'ai la mauvaise surprise de les trouver closes. Au-delà des barreaux s'étend à perte de vue un désert de pierres, aride, sans l'ombre d'une végétation, pavé de dalles immaculées sur lesquelles les proches des défunts ont déposé des petits cailloux, en souvenir de leur visite. Nous sommes un samedi, je suis à quelques stations de bus de la dernière maison de Freud et sans doute à quelques pas de sa dernière demeure, face au cimetière juif de Londres, un cimetière semblable à un champ de pierres, sans une fleur, austère, et, bien sûr, fermé le samedi, jour de Shabbat. J'allume une cigarette.

Death cigarettes sold here. Tout en expirant ma fumée, je me fais le reproche de mon étourderie lorsque je remarque, juste en face, très exactement de l'autre côté de la route, une série de bâtiments entourant une chapelle de briques, surmontée d'un haut clocher qui pourrait tout aussi bien être une cheminée. Aucune inscription n'indique la nature du lieu sur le mur d'enceinte, mais la mention *Waiting Room* au dessus d'une porte me laisse penser que je me trouve face au crématorium. Je revois très précisément la photo du livre, dans les dernières pages, avec sa légende : « Le vase grec contenant les cendres de Sigmund Freud, crématorium de Golders Green, Londres ». L'urne doit évidemment se trouver là, puisque Freud a choisi – volontairement en rupture avec la tradition juive – de se faire incinérer en cet endroit, de l'autre côté de la route, juste en face du cimetière juif.

La dernière bouffée me fait tousser, j'écrase ma cigarette, traverse la route et franchis un porche pour me retrouver devant une étendue d'un vert profond piquetée de crocus jaunes et mauves, un tapis de couleurs semblable à un tableau de Turner. Tout autour, des rosiers par centaines, entretenus avec amour, affichent à leurs pieds des noms et des dates. Le contraste est saisissant avec le parc pétrifié que je viens de contempler. Une allée serpente dans ce jardin florissant, bordée de stèles et de pierres gravées sur lesquelles une végétation grimpante s'accroche. Elle referme sa boucle sur les bâtiments du columbarium. Je la parcours, cherchant des yeux l'urne grecque perchée sur sa colonne, telle que j'ai cru l'apercevoir dans le livre. Mais quel livre ?

Deux fois je fais le tour de la prairie d'où jaillissent les corolles des robustes petites fleurs sans trouver un monument conforme à celui qu'a enregistré ma mémoire, peut-être défaillante. Je pénètre enfin dans le columbarium, imposante bâtisse à plusieurs étages, tapissée de niches habitées de petits récipients de marbre, d'amphores, de coffrets en forme de livres. Mais rien qui ressemble à ce que je cherche. Je croise bien deux visiteurs qui montent les escaliers, une rose à la main, mais, pas plus que le libraire ou la caissière du musée, ils n'ont idée de l'emplacement de l'urne. Ils ignorent même que les cendres de Freud reposent là. L'endroit est désert en ce samedi, le bureau des renseignements fermé, il me faut renoncer à me recueillir devant un monument à la mémoire du père de la psychanalyse. Je suis venu pour rien.

Un peu désappointé, je m'assieds sur une marche, résistant à la tentation d'allumer une nouvelle cigarette, dont les cendres nourriraient à leur tour les crocus parsemant la pelouse d'un vert tellement anglais, où tant de poussière a été répandue. Je me laisse aller à la mélancolie tranquille du lieu, atmosphère qui soudain me semble propice à la lecture. Alors, je déballe sur mes genoux le livre que j'ai acheté le matin même à Maresfield Gardens, *Tribute to Freud*, d'Hilda Doolittle, H.D., la poétesse américaine qui vint consulter le maître à Vienne, Berggasse 19, et fit de sa cure le plus beau des récits. J'en parcours rapidement les pages, cherchant confusément une réponse à ma quête, une phrase qui pourrait donner du sens à cette promenade inutile. Et j'ai le sentiment de l'avoir trouvée en tombant sur ces lignes limpides et sages :

> « Il s'en est allé avant que l'explosion, le bombardement et les feux aient dévasté cette ville ; il est maintenant cette poignée de cendres, enserrée dans une urne ou répandue dans l'herbe et les fleurs de l'un de ces Jardins du Souvenir, en dehors de Londres. Je suppose qu'il doit y avoir une plaque de marbre, là sur un mur du jardin ou une petite boîte dans une niche à côté d'une allée. Je n'y suis jamais allée, ne serait-ce que pour contempler un nom familier suivi peut-être d'une date, puis errer le long d'une allée, bordée d'ifs taillés ou, plus probablement, d'une lavande parfumée, vert poussière, et penser au Professeur. Car c'est ailleurs qu'est notre Jardin du Souvenir. »

…M'sieur l'docteur, c'est grave ma blessure ?
Oui, j'comprends, y'a plus d'espoir…
Le coupable, j'en sais rien j'vous l'jure,
C'est l'métier, la rue, le trottoir.
Le coupable au fait j'vais vous l'dire :
C'est les hommes avec leur amour,
C'est le cœur qui se laisse séduire,
La misère, qui dure nuit et jour…
Et puis j'm'en fous, mais donnez-moi,
Avant d'mourir, une dernière fois…

Du gris, que dans mes pauvres doigts
Je me roule,
C'est bon, c'est fort, ça tourne en moi ;
ça me saoûle.
Je sens que mon âme s'en ira
Moins farouche,
Dans la fumée qui sortira
De ma bouche.

Du gris,
E. Dumont-F-L. Beneche

Épilogue

RETOMBEZ EN ENFANCE, puis décidez que le temps des cigarettes en chocolat et des allumettes en sucre est révolu. Faites comme un petit garçon que j'ai bien connu : déchirez une page de ce livre et lissez-la proprement du plat de la main sur votre table de travail, dans l'ombre propice de votre chambre d'enfant. Puis taillez consciencieusement votre crayon, celui qui aurait pu vous servir à corriger vos devoirs, à griffonner une adresse ou à écrire ces pages. Utilisez pour ce faire un taille-crayon à réservoir, celui dont vous rêviez depuis longtemps, solidement fixé au bureau de l'instituteur, avec ses deux orifices et sa manivelle, instrument convoité qui vous incitait à faire disparaître le crayon entier dans la bouche vorace pour n'en retirer qu'un mégot pointu. Un crayon miniature, à la mine de plomb affûtée comme une aiguille, réduit à un centimètre de laque verte ou pourpre.

Sortez le réservoir du corps du taille-crayon et secouez-en le contenu sur la feuille de papier, le geste précis, tel que vous l'imaginez aux priseurs répandant la poudre de leur tabatière sur le dos de leur main. Lorsque vous aurez des éventails de copeaux en quantité suffisante, bordés de leur liseré de couleur, roulez la page (vous aurez choisi celle qui vous inspire) en un fin cylindre et portez celui-ci à vos lèvres. Dans la cuisine saisissez la boîte d'allumettes ménagères, la rouge et blanche aux flancs bruns rugueux, puis frottez sur elle le bout soufré. N'oubliez pas d'inhaler à la dérobée la vapeur qui se dégage du bâtonnet enflammé pour la recracher en un panache bleuté, d'un air mystérieux, au grand émerveillement de vos petits camarades qui ne fument pas encore ou toussent à en mourir lorsqu'ils se risquent à essayer.

Portez le feu à l'extrémité de votre cylindre et soufflez la flamme dès qu'elle prend de l'ampleur. Enfin, lorsque le foyer de papier et de taillures de crayon rougeoie, aspirez de toutes vos forces pour tenter d'emplir votre bouche d'une fumée à l'âcre saveur de feu de bois. Fumez le livre : si vous avez pris soin, en roulant votre page, d'en laisser le texte à l'extérieur vous pourrez déchiffrer quelques mots, vite, avant que l'anneau incandescent ne les dévore pour vous les précipiter, impalpables et brûlants, au fond des poumons.

Ce plaisir pris à la sauvette, vous essaierez plus tard de le retrouver avec une palette de cigarettes aux teintes pastel et aux filtres dorés qu'un parent vous rapportera de Suisse avec ordre de ne pas en faire usage. Mais cela restera toujours un peu loin de la volupté que vous aurez arrachée à l'enfance en sacrifiant l'un de vos plus beaux crayons, en mutilant un livre aimé pour en consumer les mots, les inhaler avec gourmandise, avant qu'advienne pour vous le moment de fréquenter les débits de tabac et d'entrer dans l'âge d'homme.

Ce sera, souvenez-vous, avec un paquet de Week-End, demandé d'une voix à peine audible au buraliste. Vous en avez longuement contemplé l'emballage bleu, blanc et or et apprécié le fait qu'il faille l'ouvrir précisément comme un livre, sa reliure découvrant alors deux rangées de dix cigarettes au garde-à-vous, vingt chapitres à déguster. Vous avez hésité un instant avant de vous décider à arracher l'une d'entre elles à ses compagnes, puis vous avez franchi le pas. Un peu plus tard, sur un chemin peu fréquenté, vous avez croisé le regard désapprobateur de deux promeneurs, au moment même où vous tiriez la bouffée inaugurale. Ce regard, vous en êtes conscient aujourd'hui, n'a pas été pour rien dans le plaisir que vous avez pris à votre premier faux pas. Fier de n'avoir pas trop toussé, vous avez pu avec audace imaginer partager ce moment avec les copains, fort de votre longueur d'avance, dans la cabane à outils au fond du jardin, assis en cercle comme des Indiens.

Ce fut le début de votre carrière de fumeur et devant l'étal du débit de tabac vous avez pu ressentir un frisson de gourmandise comparable à celui que vous donnait le tourniquet du libraire chargé de livres de poche, qui ne coûtaient pas plus de deux francs à l'époque. Ces paquets colorés, ces marques alléchantes, ces noms exotiques recélaient autant de promesses de plaisir que les couvertures illustrées des livres bon marché. Vous entriez dans le monde des adultes.

Plus tard, vous avez essayé de comprendre le mécanisme secret de la petite fabrique à cigarettes souvent entrevue dans les mains de votre grand-père, un coffret de métal strié muni d'une ouverture oblongue, comme celle d'une boîte aux lettres. Un claquement sec, et voilà que jaillissait de la fente, comme un lapin du chapeau d'un magicien, le petit cylindre de papier aux extrémités hirsutes, avec son aspect artisanal et son goût de travail bien fait.

Plus tard encore, devenu étudiant, vous avez tenté de vous mettre à la pipe lorsque vous ont attendu les longues soirées de révisions. Petit frémissement de plaisir à l'achat du matériel, contemplation de l'objet sculpté qui épouse si bien la forme de la main, et dont on sent qu'il va, au fil des années, en devenir le prolongement. Satisfaction à contempler l'ustensile comparable aux rutilants couteaux suisses, le cure-pipe avec son éventail de tiges destinées à l'entretien, débouchage, curage, bourrage. Et du courage en poche pour les heures studieuses de la nuit, dans la pièce obscure parfumée aux vapeurs de miel de l'Amphora ou du Clan.

Mais vous avez bientôt abandonné ces chemins de traverse pour retrouver à travers l'étoffe la sensation familière et rassurante du paquet déformé par son long séjour au fond d'une poche. Et à chaque cigarette vous est revenu le parfum de ce moment délicieux et coupable où vous avez franchi le portail de la cour des grands, écrasant du pied votre premier mégot bien avant que tout fût consumé. Souvenez-vous : vous avez mâché un chewing-gum afin de rendre insoupçonnable votre haleine et pris le chemin du retour en vous assurant de la présence, au bout de vos doigts, de la reliure recelant son trésor dérobé aux adultes.

C'est sans doute ainsi que s'est subrepticement tissé pour vous un lien inattendu entre le plaisir solitaire du tabac et celui de l'écriture, par la grâce de ces mots offerts aux flammes et par celle, des années plus tard, du petit paquet de Week-End : un livre bleu, blanc et or refermé aujourd'hui sur votre secret.

Bibliographie

ANDREAS-SALOME L., *Lettre ouverte à Freud*, Paris, 1983, Lieu Commun.
— *Correspondance avec Sigmund Freud*, Paris, Gallimard, 1970.
ANZIEU D., *L'Auto-analyse de Freud*, Paris, PUF, 1959.

BAUDELAIRE C., *Les Fleurs du mal*, Paris, 1857.
BERTHELSEN D., *La Famille Freud au jour le jour*, Paris, PUF, 1991.
BOUYER S., GAFFET A., DENIS C., *Anthropologie du tabac*, Paris, L'Harmattan, 1997:
- GUISE R., « La littérature et le tabac ».
- LAGNY M., « Écran de fumée à l'écran ».
- MARTIN E., « "Le Misocapnie" de Jacques Ier, roi d'Angleterre ».
- PETRY C., « Le tabac dans la peinture : images et significations ».

CHEMAMA R.,(sous la direction de), *Dictionnaire de la psychanalyse*, Paris, Larousse, 1993.

DELRIEU A., *Sigmund Freud, index thématique*, Paris, Economica, 1997.
DOOLITTLE H., *Tribute to Freud*, Manchester, Carcanet, 1956.
DUNETON C., *La Puce à l'oreille*, Paris, Stock, 1978.

FAVETON P., *Autour du tabac*, Paris, Ch. Massin, 1988.
FLAUBERT G., *Correspondance*, Paris, La Pléiade, 1973.
FLEM L., *La Vie quotidienne de Freud et de ses patients*, Paris, Hachette, 1986.
FREUD S., *Correspondance*, Paris, Gallimard, 1966, 1979.
— *La Naissance de la psychanalyse*, Paris, PUF, 1956.
L'Interprétation des rêves, Paris, PUF, 1926.
— *Études sur l'hystérie*, Paris, PUF, 1956.
— *Uber Coca*, Vienne, 1884.
— *Psychopathologie de la vie quotidienne*, Paris, Payot, 1969.
— *La Technique psychanalytique*, Paris, PUF, 1953.
— *Trois Essais sur la théorie de la sexualité*, Paris, Gallimard, 1962.
— *Résultats, idées, problèmes* (I, II), Paris, PUF, 1984.
— *Cinq Psychanalyses*, Paris, PUF, 1954.
— *La Technique psychanalytique*, Paris, PUF, 1953.
— *La Vie sexuelle*, Paris, PUF, 1969.
— *L'inquiétante Étrangeté et autres essais*, Paris, Gallimard, 1985.
— *Abrégé de psychanalyse*, Paris, PUF, 1949.
— *Délire et rêves dans la « Gradiva » de Jensen*, Paris, Gallimard, 1949.
— *Malaise dans la civilisation*, Paris, PUF, 1971.
— *L'Homme Moïse et la religion monothéiste*, Paris, Gallimard, 1986.
— *Essais de psychanalyse*, Paris, Payot, 1967.

FREUD-ABRAHAM, *Correspondance*, Paris, Gallimard, 1969.
FREUD-BINSWANGER, *Correspondance*, Paris, Calmann-Lévy, 1995.
FREUD-FERENCZI, *Correspondance*, Paris, Calmann-Lévy, 1996.
FREUD-JUNG, *Correspondance*, Paris, Gallimard, 1970.
FREUD-PFISTER, *Correspondance*, Paris, Gallimard, 1966.
FREUD-A. ZWEIG, *Correspondance*, Paris, Gallimard, 1973.
FREUD-S. ZWEIG, *Correspondance*, Paris, Rivages, 1991.

GAY P., *Freud, une vie*, Paris, Hachette, 1991.

GRIMBERT P., *Psychanalyse de la chanson*, Paris, Les Belles Lettres/ Archimbaud, 1996.

HITTIER H., SABOURIN L., *Le Tabac*, Paris, PUF, 1965.

JONES E., *La Vie et l'œuvre de Sigmund Freud*, Paris, PUF, 1958.

KY T., GUILBERT J.-M., DIDOU M., *L'Art de fumer sans en mourir*, Paris, L'Aube, 1996.

LACAN J., *Écrits*, Paris, Seuil, 1966.

LESOURNE O., *Le grand Fumeur et sa passion*, Paris, PUF, 1984.

MANNONI O., *Un Commencement qui n'en finit pas*, Paris, Seuil, 1980.

MASSON J. M., *The complete letters of Sigmund Freud to Wilhelm Fliess*, Belknap Harvard, 1985.

MOLIÈRE, *Dom Juan*, Carrefour, 1996.

REY A., (sous la direction de), *Dictionnaire historique de la langue française*, Paris, 1992.

REYNAERT P., ELHEM P., *Le Cinéma en fumée*, Paris, Contrejour, 1990.

RIMBAUD A., *Poésies complètes*, Paris, Gallimard, 1960.

ROBERT M., *La Révolution psychanalytique*, Paris, Payot, 1964.

ROUDINESCO E., PLON M., *Dictionnaire de la psychanalyse*, Paris, Fayard, 1997.

SACHS H., *Freud, mon maître et mon ami*, Paris, Denoël, 1977.

SCHUR M., *La Mort dans la vie de Freud*, Paris, Gallimard, 1975.

WITTELS F., *Sigmund Freud, der Mann, die Lehre, die Schule*, Leipzig, 1924.

Lettres de famille de Sigmund Freud (1911-1938), Paris, PUF, 1996.

Imprimé en France, par l'imprimerie Hérissey à Évreux (Eure) - N° 91719
HACHETTE LITTÉRATURES - 43, quai de Grenelle - 75015 Paris
Collection n° 25 - Édition n° 01
Dépôt légal : mars 2002
ISBN : 201 279057.7